歷史的裂縫

——對歷史與人性的窺探

雷頤 著

目次

歷史總會被記起

斯人已逝

歷史總會被記起

曾、趙之辯：清王朝到底還能撐多久？

　　如果不是曾國藩回鄉組織湘軍拼死鎮壓太平軍、不是他開啟引進西方「船堅炮利」的洋務運動，晚清不可能出現所謂「同治中興」，清王朝可能更早就壽終正寢了。然而，儘管他對清王朝忠心耿耿、效盡犬馬之勞以保其江山社稷，但與機要幕客趙烈文的一次小小論辯，卻使他開始憂慮清王朝究竟還能支撐多久、其壽命到底還有多長。在《能靜居日記》中，趙烈文詳記了他與曾的這次談話及此後曾國藩對清王朝命運的思索。

　　只要沒有緊急繁忙的軍政事務，曾國藩晚上往往喜歡與幕客聊天。同治六年六月二十日，即西曆 1867 年 7 月 21 日晚，時任兩江總督的曾國藩與趙烈文聊天時憂心忡忡地對趙說：「京中來人云：『都門氣象甚惡，明火執仗之案時出，而市肆乞丐成群，甚至婦女亦裸身無袴。』民窮財盡，恐有異變，奈何？」趙烈文回答說：「天下治安一統久矣，勢必馴至分剖。然主威素重，風氣未開，若非抽心一爛，則土崩瓦解之局不成。以烈度之，異日之禍必先根本顛仆，而後方州無主，人自為政，殆不出五十年矣。」就是說，現在「天下」統一已經很久了，勢必會漸漸分裂，不過由於皇上一直很有權威，而且中央政府沒有先爛掉，所以現在不會出現分崩離析的局面。但據他估計，今後的大禍是中央政府會先垮臺，然後出現各自為政、割據分裂的局面；他進一步判斷，大概不出五十年就會發生這種災禍。聽了趙烈文這番話，曾國藩立刻眉頭緊鎖，沉思半天才說：「然

則當南遷乎？」顯然，他不完全同意趙烈文的觀點，認為清王朝並不會完全被推翻，有可能與中國歷史上多次出現的政權南遷、南北分治、維持「半壁江山」的王朝一樣。對此，趙烈文明確回答說：「恐遂陸沉，未必能效晉、宋也。」他的認為清政府已不可能像東晉、南宋那樣南遷偏安一隅，恐將徹底滅亡。曾國藩反駁說：「本朝君德正，或不至此。」趙烈文立即回答道：「君德正矣，而國勢之隆，食報已不為不厚。國初創業太易，誅戮太重，所以有天下者太巧。天道難知，善惡不相掩，後君之德澤，未足恃也。」趙的談話確實非常坦率，他實際上否定了清王朝「得天下」的道德合法性。清軍因明亡於李闖、吳三桂因紅顏一怒大開城門而入關，所以「創業太易」；入關後為鎮懾人數遠遠多於自己的漢人而大開殺戒，如「揚州十日」、「嘉定三屠」，所以「誅戮太重，這兩點決定了清王朝統治缺乏「合法性」。而清王朝後來的君王──可能他心中所指為康、乾、嘉──的「君德」故然十分純正，但善與惡並不互相掩蓋彌補，何況「天道」已給他們帶來了文治武功的「盛世」作為十分豐厚的報答，因此這些後來君主們的「德澤」並不能抵消清王朝「開國」時的無道，仍不足補償其統治的合法性匱缺。對趙從清王朝得天下的偶然性和殘暴性這兩點否定其統治的合法性的這番言論，曾國藩並未反駁，沉默很久後才頗為無奈地說：「吾日夜望死，憂見宗祏之隕。」「祏」是宗廟中藏神主的石屋，「宗祏之隕」即指王朝覆滅，曾國藩也預感到清王朝正面臨滅頂之災。

　　當然，在一段時間內，曾對此問題看法仍十分複雜矛盾。雖然有時承認現在「朝無君子，人事債亂，恐非能久之道」，但有時又對清王朝仍抱某種希望，認為現在當朝的恭親王奕訢為人聰穎、慈禧遇事「威斷」，所以有可能避免「抽心一爛」、「根本顛仆」的結局。

而趙烈文則堅持己見，認為奕訢「聰明信有之，亦小智耳」，慈禧「威斷」反將使她更易受蒙蔽。要想挽救頹局，像現在這樣「奄奄不改，欲以措施一二之偶當默運天心，未必其然也」。「默運天心」頗有些神秘主義色彩，但在此更可將其理解成為一種「天道」、某種「歷史規律」，現在局面如此不堪，如無體制的根本性變革僅靠現在這樣頭痛醫頭、腳痛醫腳的修修補補，實則無濟於事，而奕訢、慈禧均非能對體制作出重大改革之人，所以清王朝難免分崩離析的命運。趙烈文端的是富有洞見，不僅對歷史大勢看得透徹，而且作為一個遠離權力中心、根本無法近觀奕訢、慈禧的「幕客」，對此二人的判斷卻準確異常，為以後的歷史所證明。奕訢確是朝廷中少有的開明權貴，近代初期的一些革新措施大都與他有關，因此當時有視野開闊、思想開明之譽，但 1898 年清王朝救亡圖存最的機會的維新運動興起時，他卻堅決反對，證明趙在 1867 年對他作的僅「小智耳」的論斷不虛。慈禧、乃至大清王朝以後不斷為其「威斷」所蔽所誤已為眾所周知，無須再贅。趙的眼光，確實老辣。

不過，曾對趙的論斷仍無法或不願完全相信，總感到清王朝總還有一線生機，尤其是當不久朝廷下諭依總理衙門奏請令督、撫、將軍對外交問題開誠佈公暢所欲言時，曾國藩興奮異常，認為這是當政者將振衰起弊之兆，清王朝振興有望，最起碼可以像東晉、南宋那樣長期偏安。

同治七年七月下旬（1868 年 9 月中），曾國藩被任命為直隸總督。由於直隸管轄京城四周，曾國藩終於有機會第一次見到慈禧太后、同治帝、恭親王奕訢及文祥、寶鋆等高官，在幾天之內四次受到慈禧太后的召見。對此，他當然備感榮耀，直隸總督之職位不僅使他能近距離觀察清王朝的「最高層」領導，而且使他能對全國的

形勢有更多瞭解，這時他才知道國家的頹敗遠遠超過自己原來的預料，而朝中根本沒有可以力挽狂瀾之人。同治八年五月二十八日（1869 年 7 月 7 日）晚上，他對剛剛來到保定直隸總督府的趙烈文坦承自己對時局、朝政的失望，對慈禧太后、慈安太后、奕訢、文祥、寶鋆、倭仁這些清王朝最高統治者們的人品、見識、能力、優點與弱點逐一分析點評了一番，分析點評的結果是他們皆非能擔當王朝中興重任之人。他們尚且如此，其餘的人更加庸碌無為，曾國藩不禁哀歎清王朝的未來「甚可憂耳」。這種局面，正是一個衰朽政權用人制度「逆淘汰」的結果，但反過來，這種「逆淘汰」又會加速這個政權的衰敗。最終，他不得不同意趙烈文兩年前的論斷，清王朝已經病入膏肓，難以救藥。

　　歷史驚人準確地應驗了趙烈文的預言，清王朝終於在 1911 年土崩瓦解，距 1867 年預言它不出五十年就徹底垮臺正好四十又四年；而且，接踵而來的也是趙所預言的長期「方州無主，人自為政」、即軍閥割據的混亂局面。當然，曾、趙已分別於 1872 和 1894 年去世、並未看到自己的預言、預感「成真」，對他們來說，這或許倒是一種安慰。因為雖然預料到清王朝行將就木，他們也只能做大清王朝的孤臣孽子，難有他選。

7

欲成大事，不能昧於歷史大勢

初到上海覆陳防剿事宜折　　　　同治元年四月十八日

評點：一生事業由此「隆隆直上」

到上海參與「協防」，可說是李鴻章擺脫曾國藩、真正「自立門戶」的開始，李鴻章以後的「宏偉事業」實皆由此奠基。為何如此，還須細細從頭說起。

太平天國起義後，清朝的「國家軍隊」綠營兵腐朽不堪，簡直是不堪一擊，相反，倒是曾國藩辦的團練、組建的湘軍這種「民間武裝」，在鎮壓太平天國的戰鬥中卻屢建奇功。於是朝廷開始鼓勵地主豪紳大辦團練。

1853 年 2 月，太平軍從武漢順江東下，攻佔安徽省城，殺死安徽巡撫。這時，安徽地方當局一片混亂，猶如驚弓之鳥，也開始紛紛興辦團練自保。此時李鴻章還在京城當翰林院編修，據說某天他正在琉璃廠海王村書肆訪書時聽說省城被太平軍攻佔，於是「感念桑梓之禍」，同時認為投筆從戎，建功立業的時機到來，於是趕回家參與興辦團練。李鴻章以一介書生從戎，無權無兵無餉，更無絲毫軍旅知識，所以徒有雄心壯志而一敗再敗，一事無成，曾作詩以「書劍飄零舊酒徒」自嘲，足見其潦倒悲涼的心境。

1859 年初，幾乎走投無路的李鴻章在其兄李翰章的引薦下入曾國藩幕。在曾國藩幕中，經過幾年戎馬歷練的李鴻章顯示出過人的

辦事能力，深得曾的器重。不過，心志甚高的李鴻章並非對幕主唯唯諾諾，而是主見甚強，曾因某些建議不為曾所用而負氣離開曾幕。不久曾國藩念其才幹，修書力勸他重回己幕。而李也認識到離開曾國藩自己很難成大事，於是「好馬也吃回頭草」，並不固執己見，欣欣然重回曾幕。由此亦可見曾、李二人處世之道的圓熟。

　　1861 年下半年，太平軍在浙東、浙西戰場連獲大捷，直逼杭州、上海。此時上海早已開埠，「十里洋場」中外雜處，富庶繁華，有「天下膏腴」之稱。上海受到太平軍威脅，官紳自然驚恐萬狀，於是派代表到已經克復安慶的曾國藩處乞師求援。此時正在傾全力圍攻「天京」的曾國藩感到手下無兵可分，於是拒絕了上海官紳的乞求。不過來者知道李鴻章深受曾國藩的器重，於是私下找到李鴻章「曉之以理，動之以利」，詳陳上海的繁華盛況：「商貨駢集，稅厘充羨，餉源之富，雖數千里腴壤財賦所入不足當之」，如果上海被太平軍佔領，如此巨大的財源「若棄之資賊可惋也」。此說利害明顯，自然打動了李鴻章，於是他力勸曾國藩援救上海。在他的勸說下，曾國藩亦認識到上海對兵餉的重要，同時想藉此爭得江蘇巡撫重要職位，於是決定派兵滬上。經過慎重考慮，曾國藩決定派他的胞弟曾國荃前往，不過考慮到此時湘軍兵勇嚴重不足，又改派曾國荃為主帥、得意門生李鴻章為輔領兵援滬。

　　之所以要派李鴻章前去輔佐曾國荃，並非因為曾國荃能力不行，而是湘軍素來只徵召湖南人，無論在何處作戰，都要經常返湘募兵，長期作戰在外，兵源終愈來愈緊，此時很難大量分兵援滬。而曾國藩早就認為徐、淮一帶民風強悍，可招募成軍以補湘軍之兵源不足。李鴻章是安徽合肥人，又是他久經歷練的「門生」，自然是回藉募兵援滬的最佳人選。早就想「自立門戶」的李鴻章立即抓住

這一機會，急忙趕回家鄉。要在短期內組建一支軍隊殊非易事，於是他通過種種渠道，將家鄉一帶舊有的團練頭領招集起來，迅速募兵招勇，加緊訓練，短短兩月之內就組建起一支有幾千人之眾、以湘軍為「藍本」的自己的私人軍隊——淮軍。

不料，曾國荃對率兵援滬卻是百般不滿，因為他一心要爭奪攻克「天京」的頭功，於是採取種種辦法違抗兄命，拒不放棄進攻「天京」而援兵上海。無論老兄曾國藩如何三番五次地催了又催，老弟曾國荃就是遲不動身，無奈之中，只得改變計畫，僅派李鴻章率淮軍前往。這樣，李鴻章就由「輔」變「主」，對他來說，這可是改變一生命運的關鍵一步。

1862 年 4 月初，在曾國藩湘軍的支援下，李鴻章率剛剛練成的淮軍乘船東下抵達上海；這月底，就奉命署理江蘇巡撫，幾個月後便實授江蘇巡撫。之所以能如此一帆風順，端賴曾國藩保舉。就在李鴻章在 1861 年 12 月趕回家鄉辦理團練時，曾國藩接進行諭旨，奉命調查江蘇、浙江兩省巡撫是否稱職勝任。曾國藩在覆奏《查覆江浙撫臣及金安清參博士學位折》中稱這兩省巡撫均不稱職，指責江蘇巡撫「偷安一隅，物論滋繁」，「不能勝此重任」，並附片奏保李鴻章不僅「精力過人」，而且「勁氣內斂，才大心細，若蒙聖恩將該員擢署江蘇巡撫，臣再撥給陸軍，便可馳赴下游，保衛一方」。以曾氏當時的地位，他的意見不能不為朝廷重視。因此迅速任命李鴻章為巡撫同時身兼通商大臣。

對曾國藩而言，此事是將地位重要的江蘇行政權力納入了自己的「勢力範圍」，使當地的「軍政」和「民政」實際統歸自己，解決了困擾自己多年的「軍隊」與「地方」的矛盾。對年近四十的李鴻章而言，此事使他成為朝廷的一員大臣，雖然從官制上說仍是兩江總督曾國藩的屬下，但已擺脫了曾國藩「幕員」身份，頓時豪情萬

丈，其一生事業「由此隆隆直上」。當然，李鴻章也知道這完全是曾國藩對自己的「栽培」，所以立即致書曾氏深表感謝：這都是您對我多年訓練栽培的結果，真不知如何報答，「伏乞遠賜箴砭，免叢愆咎」。

近代中國的歷史大勢證明，「華洋雜處」的上海在近代中國的地位越來越重要；「洋人」在中國政治中起的作用越來越重要。誰能掌控上海，誰就財大氣粗；誰能與「洋人」打交道，誰就舉足輕重。正是在保衛上海的過程中，李鴻章開始了具體與「洋人」打交道的漫長生涯，也因此他後來才能在政壇上超過「湘系」成為近代中國最重要的權臣。顯然，就個人權勢隆替而言，當時「防衛上海」要比爭得「克復天京」的「頭功」重要得多。可惜曾國荃拒不赴滬而失此「良機」，足見其昧於歷史大勢。更顯曾國荃短視的是，當他九死一生奪下「天京」後，連夜上奏報捷，結果不僅沒有得到清廷的獎賞，反而被清廷嚴厲斥責。朝廷降諭指責他不應在破城當日夜晚返回雨花臺大本營，且應對上千太平軍將士突圍負責。不久上諭又追查天京金銀下落，命令曾國藩查清，追回上繳。清廷的諭令對曾國荃毫不客氣，點名痛道：「曾國藩以儒臣從戎，歷年最久、戰功最多，自能慎終如始，永保勛名。惟所部諸將，自曾國荃以下，均應由該大臣隨時申儆，勿使驟勝而驕，庶可長承恩眷。」實際提醒曾氏兄弟如不知進退，將「勛名」難保、不能「長承恩眷」，暗伏殺機。鳥盡弓藏、免死狗烹是中國的政治傳統，曾氏湘軍以一支私人軍隊如此功勛卓著，清廷不可能不對其高度警惕，一定要將其裁撤而後安。顯然，對曾國荃來說，當時他的最佳選擇應該是去「協防」上海，而將「克復天京」的頭功讓予他人。但正是曾國荃對歷史大勢的短視無知，成就了李鴻章以後的「宏圖偉業」。

事實說明，凡成大事者，必不能昧於歷史大勢。

李鴻章與「阿思本艦隊」
──清政府初次試辦海軍的失敗

　　「船堅炮利」，可說是近代國人對西方列強的最初印象。但清政府建造近代海軍的過程卻一波三折，極不順利，在近代史上一度沸沸揚揚的「阿思本艦隊」事件中，李鴻章配合曾國藩，起了重要作用。透過這一事件，可以看出李鴻章的真實思想，可以看到清政府起初是短視愚昧、不思進取，繼而又過於急功近利的危害，亦反應出中外之間的矛盾、各地方利益集團間的矛盾。而對這些矛盾的處理不當，則是清政府初次試辦近代海軍失敗的重要原因。

　　在第一次鴉片戰爭中直接與英國侵略軍交戰的林則徐深刻感受到近代海軍的威力，提出「師夷長技以制夷」的主張，最早提出了建立近代海軍的構想。但當時朝野卻仍昧於世界大勢，還認為中國是位於世界中心的「天朝上國」，外國仍是遠遜於中國的「蠻夷之邦」，「師夷造船」有失「天朝」體制，所以不僅安於現狀，而且反對買船造船。林則徐提出購買、仿造近代軍艦的想法和實踐遭到朝野上下的激烈反對，道光帝甚至在林則徐建議造船的奏摺上硃批道：「一片胡言」。

　　林則徐建立近代海軍的方案被否定，有名無實、落後腐敗、早就不堪一擊的綠營水師仍是當時中國唯一的水軍。雖然後來在鎮壓太平天國的運動中，湘軍在江南多次與太平軍進行水戰，不得不建設水師但仍是舊式水軍。第二次鴉片戰爭時期，英法侵略軍從海上

進攻，最後直入都城，使朝野深受震動，一些人開始認識到近代海軍的厲害。隨著第二次鴉片戰爭的結束，出現「中外和好」之局，太平天國成為清政府的「心腹之患」，從十九世紀六十年代初清廷開始考慮仿造或向西方購買軍艦以鎮壓太平天國。這時，距林則徐提出的建立近代海軍的的建議已整整二十年矣！而就在這二十年間，西方的海軍發生了飛躍性發展，蒸汽艦已逐步取代帆艦成為海軍主要艦隻。

　　清政府準備建立近代艦船的消息傳出後，英國反應最為迅速，駐華外交官和其他人員等立刻到總理街門勸說建造輪船不如買英國輪船。1861 年 4 月，剛剛代理中國海關總稅務司的赫德向恭親王奕訢建議說只要花幾十萬兩銀子就可從外國買一支艦隊，並可請外國軍官進行訓練。奕訢為赫德建議所動，認為曾國藩等提出的造船太慢，緩不濟急，於是飭令赫德經辦買船事宜。赫德制定了詳細計畫，實際要花銀一百三十萬兩。對財政長期困難的清政府來說，一百多萬兩銀子確非小數，所以奕訢一時難以決定，故未上奏。8 月下旬，曾國藩上《覆陳購買外洋船炮折》，承認「購買外洋船炮，則為今日救時之第一要務」。「輪船之速，洋炮之遠，在英、法則誇其所獨有，在中華則震於所罕見。若能陸續購買，據為己物，在中華則見慣而不驚，在英、法亦漸失其所恃。」這年冬天，浙江數城接連被太平軍攻克，清廷驚慌不已，加速了買船進程。在此期間，赫德一直積極活動鼓動買船，他知道清政府因財政困難一時難下決心時便提出可動用關稅。主管此事的奕訢即為此議所動，於 1862 年 1 月下旬上奏，稱現在「浙江寧波、杭州兩府，相繼失守，賊勢益張，難保不更思竄出寧波，為縱橫海上之計」。因此「請飭下江蘇巡撫，迅速籌款雇覓外國火輪船隻，選派將弁，駛出外洋，堵截寧波口外，以防

賊匪竄逸。並令廣東、福建各督撫，一體購覓輪船，會同堵截」。第二天，朝廷就批准了此奏。早無準備，喪失了二十年時光，直到現在事到臨頭、軍情十萬火急時才匆匆忙忙想建立近代海軍，這就難免要付代價不菲的「學費」。

從 1862 年 2 月起，清政府與赫德開始具體商談買船的各項事宜。經過一番交涉和討價還價後，最後確定購買英國製造的中號輪船三艘、小號輪船四艘，共需銀價六十五萬兩，並經赫德推薦由正在英國休假的中國海關第一任總稅務司、英國人李泰國（Lay, Horatio Nelson）在英具體經辦買船事宜。他早在 1842 年即隨其父來華，曾任英國駐上海副領事，1857 年以漢文副使身份北上天津，參與與中國欽差大臣交涉修約。1858 年的中英《天津條約》與《通商章程》，據認為都出自他手中，1859 年被派為海關首任總稅務司。這些經歷使他總以「中國通」自居，對華態度粗暴。

確定了所買船隻的大小數量價格後，緊接著就要確定內地水手、水勇的選配。這個問題事關新艦隊的控制權，有關各方都不相讓，矛盾驟然尖銳。由於買船的目的是為了鎮壓太平軍，所以總理衙門起初自然奏明由正與太平軍激戰的曾國藩「酌配兵丁，學習駕駛，以備防江之用。」但赫德認為曾國藩不會由他擺佈，故反對此議，提出「添配內地水勇人等，應由廣東、福建、山東沿海等處，選募生長海濱、習慣出洋、不畏風濤之人，分配駕駛，可期得力。」他的建議自然得到這些地方的地方官支持，但卻遭到曾國藩的強烈反對。曾國藩認為仍應維持總理衙門原議「配用江楚兵勇，始而試令司舵司火，繼而試以造船、造炮，一一學習，庶幾見慣而不驚，積及而漸熟」。曾國藩位高權重，對他的話，赫德也不能不讓三分，於是提出船上炮手可用湖南人。最後，總理衙門決定由曾國藩「悉

心籌商，妥為配派，不必拘定何省之人，但以熟悉洋面，能守法度，日久易於駕駛為要義」。這一飭令可謂圓滑，既決定由曾國藩辦理、照顧了他的利益面子，又要求他「不必拘定何省之人」，關照他人的利益。最後，曾國藩決定每船酌留三四名「洋弁」，其餘即配楚勇，以後再參以浙江、廣東、福建等沿海處兵勇。曾國藩的想法是：「始以洋人教華人，繼以華人教華人，既不患教導之不敷，又不患心志之不齊，且與長江各項水師出自一家，仍可聯為一氣，不過於長龍、舢板數十營中，新添輪船一營而已。」

但事實證明，曾國藩過於樂觀了。

1863 年 1 月中旬，李泰國在英籌建艦隊。他推翻了六十五萬兩原議，提出再加二十萬兩，經過一番討價還價後，中方同意再加十五萬兩，共八十萬兩。同時，李泰國聘請英國海軍上校阿思本（Sherrard Osborne）為總司令，因此史稱「阿思本艦隊」或「李泰國──阿思本艦隊」。然而令人震驚的是，身在倫敦的李泰國未經清政府同意就擅自代表清政府同阿思本簽訂了一個有十三款的合同，其主要內容是：「中國現立外國兵船水師，阿思本允作總統四年。但除阿思本之外，中國不得另延外國人作總統。」「凡中國所有外國樣式船隻，或內地船雇外國人管理者，或中國調用官民所置各輪船，議定嗣後均歸阿思本一律管轄調度。」「凡朝廷一切諭阿思本文件，均由李泰國轉行諭知，阿思本無不遵辦；若由別人轉諭，則未能遵行。」「如有阿思本不能照辦之事，則李泰國未便轉諭。」「此項水師各船員弁兵丁水手，均由阿思本選用，仍須李泰國應允，方可准行。」「倘有中國官員，於各兵船之官員兵丁水手人等有所指告事件，則李泰國會同阿思本必得詳細查辦。」「李泰國應即日另行支領各員薪俸工食、各船經費等銀兩，足敷四年之數，存儲待用。」

　　這些條款最重要的內容是就是中國政府實際不能管理、指揮阿思本艦隊，不僅如此，今後中國購買軍艦、新式海軍都歸阿思本管理指揮！而阿思本只接受中國皇帝的諭令，實際是只受李泰國指揮，因為中國皇帝諭令只有通過李泰國轉達才有效，否則就不遵行！1863 年 5 月，李泰國回到中國，來往於上海、北京之間。在上海，他要求李鴻章由海關提銀十二萬兩，支付船炮欠款和官兵川資，並告訴李鴻章船到之後每月開銷將不止赫德曾說過的三萬兩。他要銀十二萬兩，為李鴻章嚴詞拒絕，李泰國於是大怒說要向恭親王索要這筆錢款。李鴻章也不示弱，回答說無論怎樣也無錢，你能把我怎樣？並且頗有些自吹自擂地說自己現有重兵十萬，攻克長江上游從未有過外國人援助。若你現在如此要脅，可能會激怒軍情，你我不免一戰。李泰國當即拂袖而去，而李鴻章也怒不相送。李鴻章感到事情嚴重，如果艦隊到達後僅日常維持費用海關就難以保證，便急忙將詳情函告總理衙門，要總理衙門早作準備：「外國弁兵口糧，既非中國兵勇可比，李泰國性情褊躁，索餉甚急，情勢洶洶，刻不容緩。目下海關收數太絀，無力承應。若不預為陳明，稍有貽誤，致滋他變，則鴻章罪戾更重。敢祈迅速核定分派，請旨嚴飭各關，按月由稅務司扣交李泰國、赫德收用，應免決裂。」義正詞言，卻又有自己利益的考慮，希望各方分攤費用，而不是僅由上海一處負擔。幾天後，李鴻章再次致函總理衙門。首先，他對李泰國任意加價極其不滿，認為「國家度支有節，豈同買菜求添」，恐怕今後李泰國還會不斷加價，「將來漫無限制，何以應其所求？」第二，他認為船員應以中國人為主，並且只要是中國人即可，不必分這省那省，而李泰國卻提出要以英國人為主，四年內不可更換。他提醒總理衙門，此點與赫德原議不符，應堅持原議。第三，他還對李泰國與赫德兩

人人品作了一番比較，認為「赫德人尚平正」，「周旋中外之間，隨事盡力，眾譽交推」。而「李泰國承其父餘焰，權譎百出」，由於參與天津換約談判，「既狡焉得逞，眼界遂大，氣勢頗張，其視赫德若輩蔑如也」。李泰國「見赫德漸為中國寵信，稍自樹立，既陰忌之，又恐此項兵船謹受中國節制，不能復遂其恣肆，故立意盡反赫德之議，將以困中國而便其私」。他建議總理衙門「仍用原議赫德會同辦理輪船一切事宜，即不能專倚赫德而置李泰國於局外。要在處處隱寓抑揚，以重赫德之勢而輕李泰國之權」。「赫德此時所以不能置議者，權勢不足故也。若中國益倚任之，外國人亦承隨其言論所向而左右之，則赫德可復理其原議。庶不致此項兵船落在李泰國手中，為虎傅翼，後患將不可終窮也。」看來，他不僅在處理國家間關係時「以夷制夷」，在處理個人關係時竟也「以夷制夷」。從此處他對赫德的褒揚有加，可以看到今後赫德在中國政壇將起重要作用。最後，他強調「船中自總理大員以及弁兵柁手炮手人等，須層層節制，倘有違反罪過，不遵調遣，應照中國法律懲治。總之，此項兵船係中國購買雇用，即是中國水師，進退賞罰，應由中國統兵大員及該船管帶之中國大員主張。其會帶之外國兵官，及辦事人等，不得把持專擅。以上各條，仰祈慎之於始，嚴定章程，明立條約。」顯然，李鴻章最關心的是中國政府對此艦隊的主權。

在上海與李鴻章爭執一番後，李泰國來又到北京，與奕訢等總理衙門官員反覆爭論。李泰國一定要清政府認可他擅自與阿思本簽訂的合同，而總理衙門則認識到這個合同的實質是「一切均歸阿思本、李泰國調度。而每年所用經費則以數百萬計，並請將各關稅務全歸李泰國管理，任其支取使用。其意思借此一舉，將中國兵權、利權全行移於外國。」所以在談判中不論李泰國如何「反覆抗論，

大言不慚」，總理衙門堅持認為：「所立十三條，事事欲由阿思本專主，不肯聽命於中國，尤為不諳體制，難以照辦。」總之，此次總理衙門堅持中國一定要有指揮權。經過一個多月的爭辯，李泰國自知未經中國政府認可擅自簽約實在沒有道理，於是不得不與總理衙門重新議定《輪船章程》五條。其主要內容是：「由中國選派武職大員，作為該師船之漢總統。阿思本作為幫同總統，以四年為定。用兵地方聽督撫節制調遣。阿思本由總理衙門發給札諭，俾有管帶之權。此項兵船，隨時挑選中國人上船學習。」經費每月供給，統歸李泰國經理。

重新議定的《輪船章程》之實質是指揮權在中國，對其能否實現，曾國藩、李鴻章等人均持懷疑態度。曾國藩此時早無起初的樂觀，認為「悉由中國主持，竊恐萬辦不到，其勢使之然也。」「節制之說，亦恐徒托虛名。」甚至提出為挫折李泰國之驕氣，「以中國之大，區區一百七萬之船價，每年九十二萬之用款，視之直輕如秋毫，了不介意。或竟將此船分賞各國，不索原價，亦足使李泰國失其所恃，而折其驕氣也。」如此建議雖說荒謬，卻說明他壓根認為李泰國不會將艦隊交給清政府，所以不如乾脆白白送給他人。

李鴻章在致總理衙門函中也表示了自己的疑慮。他認為指揮權歸中國、中國派人上船學習「名慕正矣，義極嚴矣」，但「外國人性情，攬權嗜利，不約皆同」，所以欲分其權有「三難」：一是外國水兵有幾百人之多，「彼眾我寡，一傳眾咻」，更加語言不通，所以中國官員根本無法指揮。二是「李泰國久在中國，深知虛實」所以他總是趾高氣揚，即便他不從中使壞阿思本之流也未必聽中國調度，若他「再把持唆弄，顛倒是非，更難保統兵大員之不受挾制」。三是洋人「未必肯實心教練，果願華人之擅長。且其輪船機器、炮火精

微，亦非頑夫健卒所能盡得其奧妙」。最後，他語重心長地說：「鴻章近與若輩交涉軍務，悉心體會，微有閱歷，又深知李泰國心術險詐，目前不願中國人專權，即將來不願中國人接收。愚慮所及，不敢不為殿下切實陳之。」應該承認，此「三難」確實深中肯綮。

然而，主管總理衙門的奕訢對李鴻章的意見並不以為然，仍樂觀地認為這「五條」能夠實現，中國有可能收回指揮權，故回答李鴻章說：「來書論及此事共有三難，崇論宏議，令人欽佩。但本處猶望閣下知其難而制之，不願閣下畏其難而聽之。現在輪船奏明歸曾帥及閣下節制調遣，應如何設法黔制，收回在我之權，唯望閣下與曾帥圖之也。」

事情果然不出曾、李所料，阿思本於當年 9 月率艦隊駛抵上海，並於 9 月 20 日到達北京。到京後便與李泰國同一起到總理衙門，堅決要求推翻《輪船章程》五條，雙方激烈爭辯長達二十多天。英國駐華公使布魯斯也參與進來，公開表態支持阿思本，而總理衙門則以布魯斯自己曾多次說過「中國兵權不可假與外人」反駁，布魯斯啞口無言，便請美國駐華公使蒲安臣（Burlingame, Anson）出面調解。蒲安臣多次與雙方商談，但雙方意見仍無法統一。最後，雙方都認為只能將此弁員遣散，艦隊駛回英國變賣。又經過一番討價，決定價款歸還中國，但中國要支付阿思本和其他兵弁一筆不小的遣返費。總之，這一買一賣，清政府損失了數十萬兩銀子。

這就是清政府初次試辦近代海軍的命運。

在「理」與「力」之間
——以李鴻章處理「秘魯華工案」和英國「馬嘉理案」為例

　　在國與國之間的「外交」中，「公理」與「實力」是兩大重要因素。不過有「理」者未必有「力」，有「力」者未必有「理」，因此「理」與「力」的關係確實複雜難明。在「炮艦外交」橫行的十九世紀，「力」無疑遠較「理」強。在這種背景下，積貧積弱的近代中國往往有「理」而無「力」，在錯綜複雜、結果難料的外交紛爭中究竟是「不自量力」地「據理力爭」還是甘認「無能為力」而「委曲求全」，確難判斷。決策正確，則國家、民族利益得到維護；決策失誤則國家、民族利益受到損害。而李鴻章在十九世紀七十年代中期幾乎是同時處理的「秘魯虐待華工案」和英國翻譯被殺的「馬嘉理案」，頗為典型地表明瞭弱國在「理」與「力」之間的困境。

據理力爭

　　在對外交往中，李鴻章向來傾向於「息事寧人」、「委曲求全」，但與秘魯關於華工問題的談判卻態度強硬，頗為少見，卻也能反映出他的對外交往的策略。

　　我國東南沿海人多地少，因此向有出洋謀生的習慣，在近代以前，華僑主要集中在東南亞一帶。不過，這些背景離鄉到海外謀生的華人卻一直被視為「天朝棄民」，所以「祖國」並不關心他們在海外的生死存亡。滿清王朝由於實行嚴厲的鎖國政策，屢屢嚴申海禁，對出洋謀生者更加仇視。

　　清初規定凡官員兵民私自出海貿易及遷往海島居住者都按反叛、通賊論處斬，凡國人在「番」託故不歸者一旦回國，一經拿獲即就地正法。到雍乾兩朝，對出洋者的處理雖已無那樣嚴厲，但仍視其為對天朝的判背。如雍正曾兩次降諭說「此等貿易外洋者，多係不安本分之人」，「嗣後應定限期，若逾期不歸，是其人甘心流移他方，無可憫惜，朕意不許令其復回內地」。「從前逗留外洋之人，不准回籍」。乾隆五年（1740年），荷蘭殖民者在爪哇屠殺逾萬華人，即史上著名之「紅河（溪）慘案」，消息傳到國內，當時的兩廣總督卻上奏說：「被殺漢人，久居番地，屢邀寬宥之恩，而自棄王化，按之國法，皆干嚴譴。今被戕殺多人，事實可傷，實則孽由自作。」乾隆則表態曰：「天朝棄民，不惜背祖宗廬墓，出洋謀利，朝廷概不聞問。」這就是當時中國政府對海外華人的態度。

　　鴉片戰爭使中國大門洞開，清政府不得不屈服列強壓力，簽訂一系列不平等條約，其中一項是允許華工出洋做工。因為列強此時需要要招徠大量中國廉價勞動力，以滿足黑奴貿易被禁止後各國殖民地對於勞動力的需求。由於中國「開禁」，葡、荷、西、英、美、法等國家的「人口販子」開始以「豬仔販運」、「苦力貿易」、「賒單苦力」、「合法招工」等各種非法、合法手段從中國沿海各地掠賣華工到南美洲、大洋洲和太平洋各島做勞工。各地華工受到殘酷迫害與壓榨，成為變相的奴隸，許多人死於非命。

　　華工的悲慘遭遇，引起了中外各界的廣泛關注和強烈憤怒。由於允許華工出洋，清政府對華工的態度自然也有所轉變，開始關注海外華工生存狀況。秘魯是擄掠上、虐待華工的主要國家之一。1869、1867 年總理衙門先後接到由美國公使轉來的秘魯華工求援稟文，曾有要施以援手的表示。而李鴻章早在 1870 年就關注過海外虐待華工問題，曾建議總理衙門在日本長崎派員，兼充各港領事，以資聯絡邦交，保護華僑。1872 年，他得知一艘拐運華工的秘魯輪船在日本被扣後，立即憤怒地表示由於秘魯與中國並未建交、更無有關販運華工條款，所以純係非法，建議清政府派員赴日會審。1873 年 10 月，秘魯代表葛爾西耶（Garcia y Garcia, Aurelio）來華商定兩國通商條約事宜，總理衙門要李鴻章與葛談判時提出由於秘魯虐待華工應令其將華工全部送回中國、並且聲明不再招華工，然後才能商議兩國立約問題。李鴻章判斷，要求在華招工是秘魯此次提出「立約」的主要目的，所以要籍此嚴定有關章程、「以除民害」，並回復總理衙門表示嚴格遵示，對秘魯的無理、過分要求「據理斥駁」、「內外一意堅拒」。從 10 月下旬起，李鴻章開始與葛爾西耶談判。談判中，葛氏矢口否認秘魯虐待華工，說是傳聞失實，報導有誤，反說秘魯一貫保護華工，並提出中方可以派人到秘魯調查。對此，李鴻章出示了種種證據，並斥責秘魯為「無教化、無禮儀」之國，虐待華工已為西方各國共知，更引起中國民眾的強烈憤怒。同時他「將計就計」，表示同意派人到秘魯調查華工狀況，等查明華工狀況後再決定是否與秘魯立約。這一招果然厲害，葛爾西耶不得不出爾反爾，表示反對，並以中斷談判回國相要脅。李鴻章態度依然強硬，談判陷入僵局。由於是秘魯急於與中國「立約」主動提出要與中國談判，所以葛爾西耶暗中請英國駐華公使來津勸李鴻章妥協，勿令葛氏返國，此建議也

為李鴻章明確拒絕。看到李鴻章不為所動，葛爾西耶便於 12 月中旬離開津赴京，想活動其他列強一起向總理衙門施壓。李鴻章對他說按照慣例，封河後自己將回到省城保定處理直隸省政務，公務繁忙，只能在第二年春回天津時再商談立約之事。雙方談判遂告一段落。

1874 年 5 月，葛爾西耶又回到天津與李鴻章重新談判。經過一番唇槍舌戰，雙方終於議定《會議查辦華工專條》草案，而後開始談判通商條約事宜。雙方均有準備，各有方案，最核心的問題是秘魯能否與其他列強一樣「利益均霑」，而李鴻章堅決不同意此點。葛氏見李鴻章毫不動搖，又活動其他列強向總理衙門施壓。在列強壓力下，總理衙門傾向妥協。這時李鴻章見得不到總理衙門的支持，終於在 6 月底與葛爾西耶簽訂了《中秘查辦華工專條》與《中秘友好通商條約》。這兩個條約雙方各有讓步：秘魯要求的與西方列強「一體均霑」被寫入條款，這是中方原本不同意的。但在中方堅持下，秘魯原來不同意或不甚同意的一系列保護華工的措施也寫入條款。如規定中國派員到秘魯調查華工狀況，華工在秘魯享受寄寓該國其他外僑的一切權益，華工受到雇主虐待可向當地政府或法院控告，秘魯政府有保護華工和督促雇主履行同華工簽訂的合同的責任，合同期滿應出資送其回國，秘魯船隻不准在中國口岸誘騙運載華人出洋、違者嚴懲。

1875 年 7 月，秘魯派遣特使愛勒謨（Elmore, Juan Frederico）來華換約。事前李鴻章已派陳蘭彬、容閎秘密到古巴、秘魯調查華工情況。李鴻章得知中國秘魯條約簽訂後華工在秘魯依然受殘酷迫害，非常氣憤。他在給總理衙門的信中怒不可竭地寫道：「自陳、容二員節次分往詳查，始悉該國虐待華工甚於犬馬，受虐者自盡者不知凡幾。凡有血氣之倫，莫不切齒。」由於秘魯言而無信，所以他提出如果不在照會中「剴切議明即含混與之換約，則是從前既往之

華工不能使生，而隨後之復往之華工又將就死，而十數萬日在水火，嗷嗷待援之人更無來蘇之望矣。」因此他認為不能就此與秘魯換約，提出保護華工的換約附加條件，即或加訂條件，或添用照會，然後再與以前簽訂的條約一併互換。對李鴻章的提議，愛勒謨以自己只來換約、未被授權其他事宜表示拒絕，並且提出根本不應討論此事。在談判中，由於李鴻章等態度強硬，愛勒謨甚至拂袖而去，私下又找一些列強駐華使節為其說項，由他們「擔保」愛勒謨在換約後交出照會。但李鴻章毫不退讓，經過將近一個月的反覆爭辯，終於迫使愛勒謨以過照會的形式保證秘魯切實保護華工。8 月 7 日，愛勒謨交出照會，中秘條約同時在天津正式互換。李鴻章當然明白僅憑條約並無法約束秘魯，所以上奏朝廷立即派員出使秘魯，隨時保護華工利益。朝廷接受了李鴻章的建議，決定派陳蘭彬為出使美、西、秘國大臣，容閎幫辦一切事宜。

在中秘交涉中李鴻章之所以「一反常態」地「據理力爭」、表現出少有的強硬維護了國家、民族的利益與尊嚴，因為他認為秘魯只是一個各方面還較落後的小國、窮國，不足以對中國構成威脅。而對強國，他則是「有理也讓三分」。當然，此由他對「時」、「勢」的判斷所決定。在處理「秘魯虐待華工案」同時發生的「馬嘉理案」或曰「滇案」，他的態度，則大不相同。

委曲求全

要瞭解李鴻章處理馬嘉理（A.R.Margary）案的整個思路，則不能不先對當時中國面臨的周邊環境有所瞭解。

　　在十九世紀六十年代中期以前，清政府認為列強意在通商而不是要推翻其統治「取而代之」，意識到可以利用列強來鎮壓太平天國，因而調整其對外政策；同時，由於種種原因，列強之間對中國實行了被稱為「合作政策」的聯合侵略政策。因此在一段時間內，出現了所謂「中外和好」的局面。然而，各帝國主義國家實際都想自己在華利益的「最大化」，表面「合作」暗中卻加緊自己的侵略活動，所以它們對華侵略的「合作政策」根本不可能持久。到了七十年代中期，列強紛紛加緊在華侵略活動，中國西北、東南和西南邊疆的危機幾乎同時出現。如俄英染指、爭奪新疆，日本開始侵臺試探，英、法兩國分別加強了對緬甸和越南的侵略，其意在侵入我國的西南邊疆。這些，標誌著邊疆普遍危機的開始。正是在這種背景下，發生了看似偶然實卻必然的「馬嘉理案」。

　　如前所述，英、法兩國早就分別侵佔了與我國西南邊境接壤的緬甸和越南，從十九世紀六十年代起，兩國就開始了侵略我國西南的競爭，雲南由於與緬甸、越南兩國相鄰，因而首當其衝。為了先於法國進入雲南，英國於 1874 年，英國在印度和緬甸殖民當局組成了由陸軍上校柏郎（H.A.Browne）率領的探路隊偵探開闢滇緬商路的可能；同時，他們要求英華公使派一名通曉漢語、熟悉中國情況的官員到緬甸隨同探路隊進入中國。這年 7 月，英國駐華使館來到總理衙門，要求中方發給幾名官員由緬甸進入雲南的護照。總理衙門提出邊境地區難保安全，但在英方執意堅持下，更由於當時日本侵略臺灣時局緊張，總理衙門不願此時引起英方不快，隨即同意英方要求。

　　英方決定派上海英國領事館官員馬嘉理到雲南迎接柏郎的探路隊。馬嘉理從上海動身，經湖北、湖南、貴州進入雲南然後入緬，

於 1875 年 1 月 17 日從到達緬甸八莫，與已在八莫的柏郎等人會齊。2 月初，他們開始向中國邊境進發；2 月 21 日，先行進發的馬嘉理一行在中國雲南蠻允附近為邊吏李珍國率部和當地士紳所阻，雙方頓起衝突，馬嘉理開槍打傷中方一人，中方隨後將馬嘉理及其與幾名隨行的中國人打死。柏郎未敢繼續前進，率探路隊退回緬甸八莫。事後，雲南巡撫岑毓英向清政府報告說殺死馬嘉理的是當地「野人」。但英方認為岑毓英素來仇視洋人，李珍國為岑的部下，如無岑的指使李珍國不敢擅自阻攔、更不敢殺死馬嘉理。不管究竟是否岑毓英指使，此事確給英方攫取更大侵華權益提供了口實。

此案發生後，英國外相立即訓令駐華公使威妥瑪要求清政府作詳細調查，並提醒他牢記探路隊到雲南的目的。1875 年 3 月 19 日，威妥瑪正式向中國政府提出六條要求：一、中國和英印政府派員前行調查；二、英印政府可再派探路隊入滇；三、賠款十五萬兩；四、中英立即商定辦法，落實 1858 年天津條約所規定的優待外國公使；五、免除厘金；六、解決中英間歷年「懸案」。這六條的前三條與「滇案」有關，而後三條與此案根本無關，足見威妥瑪欲將以此作為擴大侵略中國權益的藉口。

如前所述，這時正是中國的西北、東南邊境受到嚴重威脅的時候，因此聽說馬嘉理被殺，清政府大吃一驚，急忙向威妥瑪表示將盡快通知雲南當局進行調查。隨後上諭嚴令岑毓英迅速確查究辦此案。對於威妥瑪的六條要求，清政府斷然拒絕。威妥瑪由於一時沒有強有力的手段強迫中國就範，同時其他國家也反對英國單獨擴大在華權益，於是改變策略，集中要求實現前三條要求，並以與中國斷交相威脅。在他的威逼下，清政府開始妥協，原則上同意英方的前三條要求。由於當時只有上海可與倫敦通電報，為便於與本國政

府聯繫同時要求柏郎到滬相商，威妥瑪於 1875 年 4 月初到達上海。為表示重視，中國則在 6 月 19 日任命李鴻章的哥哥、湖廣總督李瀚章為欽差大臣和前總理衙門大臣薛煥前往雲南查辦。採取退讓和息事寧人的方針，是清政府對此案的基本態度，從曾國荃給其姪曾紀澤的一封信中可以看出當時的情狀：「京師城裏以威妥瑪拂衣出京，大家恐懼情狀，亦頗露醜。」稍後介入此事的李鴻章採取委曲求全態度，自不使人感到意外。

經過與本國政府緊鑼密鼓的聯繫後確定了此案方針後，威妥瑪於 8 月初由上海返回北京路過天津時主動找李鴻章商辦此事，意在借李之力使清政府盡快屈服。而清廷也指令李鴻章設法打探英國的真實想法，並要他盡可能「開導」威妥瑪緩和事態，同時要求他與丁日昌「相機而行，力顧大局，俾免決裂」。因此李鴻章在天津與威妥瑪及其翻譯梅輝立（W. F.Mayers）多次會談交涉。

「俾免決裂」自然成為李鴻章的方針。威妥瑪到天津時，李鴻章剛處理完日本侵臺事件，正就秘魯虐待華工事件與秘魯交涉。在給朝廷的《秘魯換約事竣折》中，他就提到「此次威妥瑪為雲南之事，氣焰張甚」。在隨後的一系列奏摺和給總署的信函中，他多次提到威妥瑪「憤激不平之氣，狂妄無理之言，殊甚駭異」。威妥瑪怒氣衝衝地說事情已經發生半年中國一直拖延不辦，並當著李鴻章的面指責總理衙門說總署向來遇事總說從容商辦，但卻一件都不辦，「今日騙我，明日敷衍我，以後我再不能受騙了。中國辦事那一件是照條約的？如今若沒有一個改變的實據，和局就要裂了」。「和局就要裂了」一再成為威氏的「殺手鐧」。儘管李鴻章連連解釋說中國一直按條約辦事，但威氏完全不聽解釋，指責中國「自咸豐十一年到今，中國所辦之事，越辦越不是，就像一個小孩子，活

到十五、六歲，倒變成一歲了」。竟提出「中國改變一切，要緊尤在用人，非先換總署幾個個不可」。對此言論，李鴻章則「嚴詞辯駁，並曉以國政非爾等所能干預，彼此既經立約和好多年，難道竟將條約半途而廢？且威大人與總理衙門大臣共事已久，均極相好，不就應出此無理決裂之語」。在多次交涉中，威妥瑪提出了幾條具體要求：在通商口岸撤去厘卡；內地多開商埠；優待公使；清政府護送英國到雲南調查的有關人員；派一、二品實任大員親往英國對滇案表示歉意；朝廷應降旨責問岑毓英等對此案失察之責；派遣道歉使臣及責問岑毓英的諭旨必須明發並在《京報》上公佈；這些諭旨中凡提到「英國」字樣必須抬寫，因為中國文書中提到朝廷、國、聖上、祖宗、壇廟等傳統都是抬寫，英國此要求有與中國平行對等之意。

在與威妥瑪的交涉中，李鴻章的策略是無論如何不能破裂，盡量將此事說成是當地「野人」所為，與當地官員關係不大。同時，表示可以滿足威氏提出的一些條件。但對於詰責岑毓英一條，他提出現在情況還未查清，要等到查確實情後再分別參辦。不過，在給朝廷、總理衙門的奏摺和信函中，他則對岑毓英大為不滿。英方曾提出馬嘉理持有中國護照，是合法進入中國境內反被地方官所殺，這說明「朝廷禁令不能行於外省，洋人入內地到處皆可藐視效尤，用兵劫殺，和約必不能守，釁端必不能免」。李鴻章認為英方的看法「語雖激烈，卻亦近情」，而岑毓英來信說當地軍民「齊團守境，尚無不合」表明「其於外交之道懵然不知，殆未為大局計，亦未為自固計耳」。在給郭嵩燾的信中也寫道：「岑公藐視外事，初太唐突，繼復遷延，致成積釁。」同時，他在 8 月 13 日給總理衙門的〈請酌允威使一二事〉的信中建議同意派使臣赴英道歉、責問岑毓英但不

公開發鈔、同意英人前往調查等事。總之，他的看法是同意「一二事」，「俾威使得有轉場」。

但李鴻章的這一策略並未奏效，威妥瑪執意要求滿足全部條件。在這種情況下，李鴻章對有可能「失和」「深為焦慮」，於 8 月 24 日又給總理衙門寫信，再三強調他認為「滇案不宜決裂」的理由。他建議由總理衙門上奏，請旨密敕其兄李瀚章等「認真查究」，並且「措詞不妨從嚴，緣滇中視此事太輕」。而「中外交涉，先論事理之曲直。此案其曲在我，百喙何詞」。他認為，中國只能委曲求和，並將其比作壯夫斷腕：「語云毒蛇螫手，壯夫斷腕。不斷腕則毒螫不能消也。」之所以強調「壯夫斷腕」，因為他知道清政府不願處罰有關官員，認為有失體統：「本案緊要關鍵所在，尊處難於措手，自恐有大吏失體之處。」因此，他對總理衙門勸道：「然若朝廷為其所累，致壞全局，則失體更甚。熟重熟輕，高明必思之熟矣。」當然，他的主張是處罰低級官員而輕責高官，不僅想讓「下級」擔責以保「上級」，同時還有進一步打消總理衙門對處罰官員的顧慮之意：「邊將調練擅殺之罪重，而疆吏失察之咎輕，正所以保全疆吏。」他告訴總理衙門自己本想滿足威妥瑪一二項要求以息事寧人，但威氏根本不答應，「竟不肯絲毫通融」，故威妥瑪已準備進京與總理衙門交涉。對此，李鴻章提出自己的意見：「如不大礙國體，似可酌量允行，以慰其意而防其決裂。」因為一旦決裂，後果不堪設想：「若果決裂，不僅滇邊受害，通商各口先自岌岌莫保，南北兵力皆單，已有之輪船炮臺斷不足以禦大敵。加以關卡閉市，餉源一竭，萬事瓦解。彼時貽憂君父，如鴻章輩雖萬死何可塞責。」最後這句話端的是一箭雙雕，既表明自己如此妥協也是為了忠於朝廷，同時也是提醒總理衙門的官員：中英一旦決裂，你們根本擔不起這個責任，「萬死何可塞責」！

　　在隨後的一年多時間內，中英雙方為「馬嘉理案」反覆交涉，清政府的基本原則是避免「決裂」。這固然是清政府早就定下的方針，但也與李鴻章的主張有關。

　　雖然威妥瑪到天津與李鴻章多次會談想藉李影響清廷政策，清廷也想要李鴻章打探威氏的真實意圖，但李鴻章畢竟沒有被正式授權處理此事，許多事情無法做主。所以，威妥瑪在 1875 年 9 月就回到北京，直接與總理衙門交涉。

　　回到北京後，威妥瑪繼續堅持優待公使、擴大各口通商特權、雲南邊貿、整頓商務等條件。對這些條件，總理衙門不可能完全接受，所以談判時斷時續進行了好幾個月。當然，在威妥瑪的威逼下，中方步步退讓。1876 年 4 月，李瀚章、薛煥的查辦結論終於出爐，奏報到京。按照他們的說法，殺死馬嘉理和阻止柏郎的都是當地的「野人」。對此結論，威妥瑪的反應非常強烈，認為「直同兒戲」，要求「岑毓英以及各官各犯，必須提京審訊；李瀚章、薛煥查辦不實，亦應一併處分」。聲稱：「中國如不照辦，是國家願自任其咎，自取大禍。」這時，清政府準備在增開口岸及整頓商務等方面滿足英國的要求，但堅拒將岑毓英等提交審訊。5 月 31 日，恭親王奕訢與幾個總理衙門大臣訪問威妥瑪，威氏再次要求將岑毓英等多名中國官員提到京城重審。奕訢立即聲明此事萬辦不到，案件已在雲南審理結束，而且 21 日上諭已經宣示岑毓英因母喪丁憂去官。對總理衙門這種態度威妥瑪其實已經料到，所以在 6 月 2 日，總括英國的要求列為八條。他告訴總理衙門，如果中方接受這八條，可以不重新提審岑毓英等中國官員，並電告英國政府除賠款外，馬嘉理案已經結束。如果八條被拒，他則堅持要求提岑等人到京審訊。如連此點也不答應，英國將從中國撤回使館人員，要求巨額賠款，並佔據

部分中國領土作為擔保。很明顯，威妥瑪知道清政府肯定不會同意將岑毓英等高官提京重審，實際是將此條作為訛詐清政府同意其他種種要求的條件。這八條要求是一年多以來英方關於「馬嘉理案」本身及英國擴大在華權益的具體化。

威氏八條提出後，中英雙方展開緊張談判。對他的要求，清政府當然不能完全同意，但又害怕談判破裂，於是清赫德出來調停。威氏看透清政府其實不敢反抗，只是不願意一下子完全接受，總想討價還價一步步妥協。而這時英國正因土耳其問題發生國際危機，英國外交部要求威妥瑪盡快解決此事，所以威氏對清政府的步步妥協政策已不耐煩，於是又離京經天津赴滬，以談判破裂相要脅。他這一招果然見效，清政府急忙命令李鴻章在天津設法挽留並儘量與他定議，為李鴻章正式介入此事提供「引線」。

李、威會談後，威妥瑪一方面堅持離津南下上海，另一方面卻又要求清政府正式委派全權大臣與他談判，為「和談」留下餘地。威氏不久到煙臺避署，又通過赫德指名要李鴻章作為清政府全權大臣到煙臺與他談判。在英方的威逼下，清政府於 1876 年 7 月 28 日命令李鴻章到煙臺與威妥瑪會談，李鴻章正式負責解決此事。李鴻章認為此事應迅速了結，因為拖得越久，越易節外生枝，英方要價越高，而將岑毓英等提京審訊是威妥瑪要脅的主要手段，因此主張提岑毓英來京與威妥瑪面質。但總理衙門認為「此舉有礙中國體制，中國決不能允」，而其他方面均可讓步。其實，這一年多的種種「背景」，已大體決定了談判的結局，李鴻章也自知難有作為。所以，大有進退兩難之感。他在給沈葆楨的信中說英國可以對中國朝廷隨意提要求，而我卻不能隨意對待他們，因為「稍不如願，恐兵端隨其後，若使其如願，天下之惡皆歸焉」。也就是說，如果不遂英方之願，

雙方就可能開仗；如果滿足英方要求，自己就要承擔「天下之惡」的罪名。在給總理衙門的信中，他表示原來希望能另派大員前往談判，但「今既奉旨專派，雖蹈湯火，豈敢固詞」，但他又一吐苦水：「將來籌辦有未周到，不求局外原諒，不顧事後譏彈，幸同共濟者尚能鑒其苦衷耳！」很明顯，他深知談判結果必定是屈服，會遭到國人痛責，他謹希望總理衙門和朝廷能體諒他的苦衷。另一方面，他這也是提醒總理衙門談判結局也有你們一份，責任要由大家共負。

李鴻章要離津赴煙臺的消息傳來，天津紳民一怕影響本城安定，二怕英國人將李鴻章抓走，便在城廂內外遍貼告白，同時集會選出代表到總督府攀留，表示如果李鴻章啟程，他們將「臥路攀轅」，不然就與洋人滋鬧。李鴻章認為在天津會談於己有利，便利用輿情，派人到煙臺面邀威妥瑪到天津會談，但被威氏嚴拒。威妥瑪之所以堅持要在煙臺會談，因為煙臺距大連僅有幾小時的航程，一支英國艦隊就停泊在大連港內，足以顯示軍事力量。果然，在中英會談開始不久，英國艦隊司令就乘兵船來到煙臺，明目張膽進行武力威脅。在美國公使勸說下，李鴻章終於 8 月 17 日乘輪船離開天津，第二天到達煙臺。會談尚未開始，在會談地點的選定上中方先即遇挫。

會談一開始，威妥瑪就要求提岑到京審訊作為要脅手段，為李拒絕。由於煙臺是避暑勝地，此時俄、法、西、美、奧等國駐華公使均在此渡假，他們對一年多來英國一直想單獨擴大在華權益的做法日益不滿，不贊成威氏的一些橫蠻要求。李鴻章當然知道此點，仍用其「以夷制夷」的基本路數，表現出鎮定、悠閒之態，先後應邀參觀德國、英國軍艦，並設宴招待英、德、美、法、日、奧七國公使，營造出「群情歡洽」的樣子，他們因此紛紛出來調停，「公論頗不以提京為是」。第二、第三次會談仍是從提岑到京說起。李鴻章

知道朝廷決不可能同意此點但在其他方面可以讓步，只得力求威氏另議其他辦法作為免議提京的交換，正中威氏下懷。在會談中，威妥瑪為了盡快達到目的，威脅說中國十八省地方官大都藐視外國人，只有像 1860 年英法聯軍打到京城「那時或可改心」。他進一步說「此案若問真正罪人，不是野番，不是李珍國，也不是岑撫臺，只是中國軍機處」。他邊說邊取出一則屬於中國機密的咸豐十年間要求地方官限制洋人的諭旨作證，大大出乎李鴻章意料。

李鴻章在給總理衙門的「述煙臺第四次會議並論外交」的信中報告說，直到 8 月 29 日雙方四次會談時，威妥瑪開始仍要將滇案提京，但他按總理衙門的意見，堅持如果情況確實如此可以提京，但如果沒有證據則堅決不能。在他的堅持和各國公使的反對下，威妥瑪終於同意「另議條款」，但卻要求中方「必須全允始能結案」，不容中方討價還價。在信中他進一步闡明了自己對外交的一些基本觀點：「鴻章細思此事始末，鈞署及查辦星使似皆在誤會之處。」都認為英國藉此要脅是「常態」，但如果不給英國把柄，即不給其「可挾之端」則「不至因此失和」。案件初發時，不同意一些細小的讓步，到事態嚴重時「則允其大者仍不能結」。他明白英方要求滇案提京只是為「需索之計」，如果中方能查明案情真相並拿出證據證明與官員無涉，則我方可「理直氣壯」，「此外要索盡可壹意拒絕」。但「疆吏任性顢頇在前」，而查辦此案的官員由於「不諳洋務」所以也未能徹底查清此案，「以致枝節橫生」。他重申自己一年前「毒蛇螫手，壯夫斷腕」的觀點，意在催促總理衙門「權衡關係輕重情形」，盡可同意威氏要求。他知道達成的協議當然於中國不利，肯定會有「清議」強烈反對。對此，他譏之為：「士大夫清議浮言，實未諳悉機要」，但「內外諸當事為所搖撼，於本案情節視若淡漠。此時不才即焦頭

爛額,於事何裨?」其潛意思是說事情之所以發展到現在難以收拾的地步,責任都在與此事有關的「內」(總理衙門)「外」(邊疆大吏)大臣們聽信了「清議浮言」,現在我焦頭爛額也沒有辦法。短短一句話,即將責任完全推給了別人。

緊接著他強調威妥瑪「意有所挾,出言無狀」,而自己是「靦顏忍忿,曲與周旋,深為痛心」,已含垢忍辱盡了最大的努力。而後他甚至不無要脅地寫道:對威妥瑪所提條款「勢必不能盡允」,但又沒有其他盡快了結此事的辦法,所以自己「只有回津坐待決裂。後患之來,不堪設想」。最後,他用心頗深地將幾天前給總理衙門的信中曾談及的威妥瑪取出的咸豐十年九月寄諭稿照鈔附呈,並深感歎威氏不知如何看到此諭,結果威氏「挾彼疑此」,自己只能「百喙難明,徒為浩歎」。連如此核心機密都為對方獲得,自己還能有什麼辦法呢?不知總理衙門各位大臣讀完此函作何感想,又有何辦法。

在隨後緊張的談判中,李鴻章在個別問題上有所爭辯,但基本上滿足了威妥瑪的全部要求。1876 年 9 月 13 日,雙方正式簽約,這就是中國近代史上使國家、民族權益進一步受到損害的《煙臺條約》。

當然,事後、尤其是塵埃落定百年後分析當年決策者的成敗得失確實容易,置身漩渦中心、一念之差就關係國家民族生存榮辱的當事人所承擔的責任與壓力當非他人、更非後人所能體味。因此歷史研究的目的、起碼主要目的並非盛讚或嚴責前人,而是通過對其成敗得失的分析,為後人提供前車之鑒。

全局問題需全局討論

——以晚清「海防」「塞防」之爭為例

　　中國傳統「邊患」主要在西北邊境，但鴉片戰爭使中國有史以來第一次遭到從海上來的大規模的外敵入侵，一向較為安全平靜的東南沿海竟成為國防前線。然而，隨著中國海上大門被強迫打開，沙俄在西北的侵逼活動也日甚一日。於是，財政困窘的清廷面臨「東」、「西」兩面「邊防」的艱難選擇。海防塞防爭論，在另一方面說明自太平天國農民起義被鎮壓下去之後，內部矛盾相對趨於緩和，而外部矛盾日益激化。清廷的「政治路線」從鎮壓「內亂」為主轉為抵禦「外侮」為主。具體而言，1874 年日本侵臺的炮聲，打破了自 1860 年以來「中外和好」的相對平靜，「蕞爾小國」日本竟敢發兵中國臺灣，並迫使中國賠款了事，東南海疆危機再現，不能不使清政府大為震驚，再次正視「海防問題」，從而引發了「海防」、「塞防」爭論。

　　1874 年 11 月 5 日，總理衙門遞上《海防亟宜切籌武備必求實際疏》，強調籌辦海防的必要性和緊迫性，提出「練兵」、「簡器」、「造船」、「籌餉」、「用人」、「持久」等六項具體措施，請求飭令有關大臣討論、實施。11 月 19 日，正在廣東家居的前江蘇巡撫丁日昌請人代為遞上《海洋水師章程》六條，提出海軍分區設防、統一指揮的主張，具體說來設立北洋、東洋、南洋三支海軍，分轄北海、東海、南海三面海域。清廷將總理衙門和丁日昌的條陳交濱江沿海各

省督撫、將軍討論，限一月內覆奏。這時左宗棠在陝甘總督任上，根本不屬濱江沿海地區故不在飭議大員之列，但總理衙門認為他「留心洋務，熟諳中外交涉事宜」，所以特別咨請他參加籌議。

在這次爭論中，有關官員紛紛上奏，提出自己的看法。大體說來，有主張專事海防經營而放棄塞防、主張注重塞防放棄海防建設和主張海防塞防並重這三種觀點。其中影響最大、最具代表性的是李鴻章和左宗棠的觀點。

奏章向來簡短的李鴻章這次破例寫了洋洋萬言的《籌議海防折》逞上，系統地闡述了自己對海防問題的看法，其內容不僅涉及海防，而且還進一步引深到洋務運動其他問題。他首先分析中國面臨的國際形勢：中國「與各國條約已定，斷難更改。江海各口門戶洞開，已為我與敵人公共之地。無事則同居，異心猜嫌既屬難免。有警則我虞爾詐，措更不易周」。他讚揚總理衙門的「六條」將「目前當務之急與日後久遠之圖業經綜括無遺，洵為救時要策」。但是，要將其立即付諸實施卻非常困難，因為「人才之難得、經費之難籌、畛域之難化、故習之難除」都難在短期內解決，所以「今日所急唯在力破成見，以求實際而已」。緊接著他就觸及到問題的核心，他所要力破的「成見」是：「歷代備邊，多在西北，其強弱之勢客主之形皆適相埒，且猶有中國界限。」而「今則東南海疆萬餘里，各國通商傳教來往自如，麇集京師及各省腹地，陽託和好之名，陰懷吞噬之計。一國生事，諸國構煽，實為數千年來未有之變局」。列強憑藉近代化船堅炮利實為中國「數千年來未有之強敵」，而中國仍「猶欲以成法制之」，則如患者不論何種疾病皆以古方治之，肯定不能見效。因此他認為「居今日而欲整頓海防，捨變法與用人，別無下手之方」。這時所謂「變法」主要是指變革軍事制度，建立近代陸海軍；「用人」

主要是指改革科舉制度，培養新式人才。建立近代陸海軍需要巨額軍費，所以在籌餉方面他主攻停止進軍新疆，改用招撫辦法處理阿古柏叛亂，認為英、俄等國一直圖謀新疆，「揆度情形，俄先蠶食，英必分其利，皆不願中國得志於西方。而論中國目前力量，實不及專顧西域，師老財痡，尤慮別生他變。」在他看來，「新疆不復，於肢體之元氣無傷；海疆不防，則腹心之大患愈棘」。「其停撤之餉，即勻作海防之餉。否則只此財力，既備東南萬里之海疆，又備西北萬里之餉運，有不困窮顛躓者哉？」在此折中，他仍借機強調籌餉的另外一個重要方面是要發展各類近代民用企業。

對李鴻章提出的暫緩西征、全力經營海防的觀點，左宗棠堅決表示反對。他認為：「東則海防，西則塞防，二者並重」，現在西北用兵乏餉，正指望沿海各省協濟為大宗，「若沿海各省因籌辦海防急於自顧，紛請停緩協濟，則西北有必用之兵，東南無可濟之餉，大局何以能支？」因此他主張水陸並重，一邊收復新疆，一邊加強海防。

李、左之爭確是關於國防戰略不同觀點的爭論，但卻又參有強烈的派系利益之爭。李鴻章淮系的主要地盤在北洋，因此格外強調海防的重要性。左宗棠湘系的勢力由東南已移到西北，所以強調西北邊疆的重要，堅決反對「漸棄新疆」，主張收復新疆是當務之急。由於遠離東南沿海，左宗棠還堅決反對丁日昌提出的建立北、東、南三洋海軍的建議，認為沿海一水可通，只要各處駐有輪船，自可聯成一氣，所以海軍應集中領導統一指揮。

經過反覆斟酌，清廷決定採取海防、塞防並重的方針，一方面任命左宗棠為欽差大臣督辦新疆軍務，「速籌進兵，節節掃蕩」；另一方面任命李鴻章督辦北洋海防事宜、沈葆楨督辦南洋海防事宜。雖然清廷的傾向性明顯是海防重於塞防，但既然確立了「海防、塞

防」並重的方針就不能過分偏重海防，結果不僅實現了規復新疆的計畫，而且海軍建設開始重到高度重視。所謂籌備海防，主要就是建立近代海軍，由於財力確實困難，清政府不能不放棄同時創建三支海軍的想法，決定「先就北洋創設水師一軍，俟力漸充，就一劃三」，因此李鴻章及其北洋海軍一直處於舉足輕重的優先地位。這次戰略大討論，對中國近代海軍建設和發展確實具有重要意義。討論甫一結束，李鴻章就開始了北洋水師的創建，這是中國海軍史上的一個里程碑。

這次「海防」、「塞防」大討論說明，許多問題看似局部，其實事關全局。如此次開始僅討論東部的「海防」問題，看似與西部的「塞防」無關，但實際關係到東、西部的資源配置，如果偏重「海防」必定忽視「塞防」利益。總理衙門本來是因為左宗棠熟悉洋務和中外交涉問題而請他參加討論，但實際上他卻代表、反映了不同地區的利益訴求，起了某種利益平衡作用。所以，一些重要問題，並不能只由「有關」官員參加討論，因為「有關」人員往往會只想到自己的利益。相反，看似「無關」人員也同樣應參與討論、他們的意見應同樣受到重視。試想，如果討論「海防」問題只許濱江沿海官員討論，而不讓地處西北的左宗棠參加，很可能就會作出置「塞防」於不顧的「專重海防」這種片面、只顧某一方面利益的決定。或者反過來，如果討論西北「塞防」問題時不讓李鴻章等代表東部「海防」利益的官員參加，很可能就會作出置「海防」於不顧的「專重塞防」的決定。

重大問題往往事關全局性問題，所以應當全局討論。

鐵路與政爭
——以李鴻章修鐵路為例

直到今天，鐵路對一個國家國計民生仍有重要意義，在一百多年前，其意義之重要更不待言。但是，修建鐵路在近代中國引起的反對卻最強烈，爭論時間最長也最激烈。

姓「君」還是姓「共」？

洋務派造炮造船，當然知道修建鐵路的重要，所以從十九世紀七十年代起就不斷提出修建鐵路的主張。1872 年，俄國出兵侵佔我國伊犁，李鴻章借機提出改「土車為鐵路」的主張，指出俄國侵佔伊犁，「我軍萬難遠役」，如果不修鐵路，新疆等西北邊境就無法運兵，而且不僅俄國想侵佔西北，英國同樣垂涎雲南、四川，如果中國自己開採煤礦、修建鐵路，則列強將有所收斂，而中國「三軍必皆踴躍」，否則，中國將面臨更加緊迫的局面。但這種完全符合實際的救時之策，在當時卻遭到一片反對，據說「聞此議者，鮮不咋舌」，視為駭人聽聞之論。1874 年，日本派兵侵略我國臺灣，海疆告急，李鴻章又乘機提出修建鐵路的主張。這年底，他奉召進京見恭親王訢時，力陳中國修建鐵路的重要，並請先造清江到北京的鐵路，以便南北交通。奕訢向來支持洋務運動，當然同意李鴻章的觀點，但

他深知修鐵路將會遇到頑固派的強烈反對，恐難實行，所以對李鴻章說此事「無人敢主持」。李鴻章仍不甘心，希望他有機會勸說慈禧、慈安，但奕訢回答說「兩宮亦不能定此大計」。由此可見修鐵路的阻力之大，而李鴻章便不再直接談此問題，轉而不斷策動他人提修路建議。1876 年，丁日昌擔任福建巡撫後，李鴻章要他上疏建言在因臺灣遠離大陸，只有修鐵路、架電線才能血脈暢通，才可以防外安內，不然列強總會對臺灣垂涎三尺。1877 年，清廷表示同意丁日昌所請，但此事卻因經費短絀而中止。轉眼幾年過去，到 1880 年，中俄伊犁問題不僅沒有解決反而更加緊張，兩國之間的大規模軍事衝突一觸即發，運兵成為重要問題。在這軍情緊急時刻，淮軍將領劉銘傳應召進京，就防務問題提供對策。到京後，劉在李鴻章的授意下上《籌造鐵路以圖自強折》，正式提出修建鐵路的主張，並認為這是自強的關節點。劉折中具體提出應修從北京分別到清江浦、漢口、盛京、甘肅這四條鐵路。但由於經費緊張，不可能四路並舉，建議先修清江浦到北京線。局勢的演變和劉折的說理充分，清廷似為所動，命令分任北洋大臣和南洋大臣的李鴻章、劉坤一就此發表意見。

修建鐵路是李鴻章的一貫主張，而劉折本就是他的授意，所以他立即洋洋灑灑地寫了《妥議鐵路事宜折》，約四千言，將壓了幾年的想法一吐而出。他知道反對修建鐵路的最大阻力是「道義」、「傳統」、「祖宗成法」，所以他首先必須進行「意識形態自衛」或「意識形態證明」，論證現在修建鐵路與中國古代聖人剡木為舟、剡木為楫、服牛乘馬、引重致遠本質一樣，目的都是以濟不通、以利天下。針對頑固派一貫堅持的理論，認為機器是敗壞人心的「奇技淫巧」，他強調機器能使「人心由拙而巧，器用由樸而精，風尚由分

而合」，而且，「此天地自然之大勢，非智力所能強遏也」。然後，他再概述國際局勢，強調鐵路在列強興起、強盛中的作用。從國際形勢再說到中國面臨的險境，自然引申出修建鐵路的「九利」，在這「九利」中，經濟與軍事是富國強兵最重要的。對這「九利」，他不吝文字，詳細陳說，以期打動朝廷。具體的修路方案，他完全贊成劉銘傳的主張（其實，劉的方案本就是他的方案），先修清江浦到北京線。他當然明白，朝廷必然會擔心修路經費和主權問題，所以直陳由於所需資金龐大，無論是官還是商，都難以湊集，只能向洋人借債。但他強調，在借洋債時必須在合同中訂明一切招工、採購材料及鐵路經營等事，都「由我自主，借債之人毋得過問」，而且還規定不許洋人附股，強調與海關無涉、由日後鐵路所收之利歸還借款。

然而，頑固派的反對更強烈、力量也更強大。如有人上奏指責說：「觀該二臣籌畫措置之跡，似為外國謀，非為我朝謀也……人臣從政，一旦欲變歷代帝王及本朝列聖體國經野之法制，豈可輕易縱誕若此！」有人奏稱說鐵路「行之外夷則可，行之中國則不可。何者？外夷以經商為主，君與民共謀共利者也；中國以養民為主，君以利利民，而君不言利者也」，修鐵路是「蠹民」的「邪說」。還有人上奏說鐵路逢山開路、遇水架橋是驚動山神、龍王的不祥之物，會惹怒神靈，招來巨大災難……頑固派根本不從「技術」層面反駁洋務派，而是將是否應當修鐵路這種技術問題提升到「道德」層面，從道德上否定獨鐵路、使主張修鐵路者居於「不道德」的「道德劣勢」。對鐵路，也要問一問是姓「君（主）」還是姓「共（和）」，對什麼器物都要問「姓」什麼的「性質」之爭、將技術問題道德化、意識形態化也可說是中國的悠久傳統之一罷。

　　洋務派重要人物、南洋大臣劉坤一以圓滑著稱，知道反對修鐵路者力量強大，所以上奏時態度模稜兩可，認為修與不修各有利弊，最後要求清廷飭令劉銘傳再仔細推敲修路的利弊後再作決定。

　　由於反對者力量強大，而洋務派又很難從「道德」、「意識形態」層面反駁頑固派的詰難，所以清廷於 1881 年 2 月 14 日發佈上諭：「疊據廷臣陳奏，僉以鐵路斷不宜開，不為無見。劉銘傳所奏，著毋庸議。」這次修鐵路的爭論以洋務派失敗結束，中國近代化再次受挫。

中國鐵路海軍造

　　1884 年 8 月的中法馬江戰役，是中國近代海軍組建以來對外第一仗，卻以福建水師幾乎全軍覆沒慘告結束。海軍的慘敗，才使清廷開始重視海軍建設。此前，海軍發展很不理想，除北洋海軍外，其餘南洋、福建、廣東三支水師發展極其緩慢。更重要現在看來更難理解的是，全國竟然沒有一個統一的海軍指揮機關，各支水師皆由當地督撫管轄，本就很難協同作戰，而各督撫更將水師看作是自己的私產，更難調遣。簡單說，清廷仍是用管理傳統水師方法管理近代海軍，根本未意識到近代海軍裝備技術相當複雜，必須統一、系統管理高度，遠非當年水師可比。

　　對此種狀況的危害，李鴻章十分清楚。所以在 1884 年 2 月末，即中法馬江海戰半年前，他就曾向總理衙門建議設立「海部」統管全國海軍。然而，李鴻章的這一急迫的建議並未得到朝廷贊同。直到半年後中國海軍馬江慘敗，朝廷這才開始再次「籌議」海防，李

鴻章當然不會放過這一等了十年才來的機會，上了長長的《設立海軍衙門折》，充分展開、論述了建立全國性「海軍衙門」的理由。在這個奏摺中，李鴻章並不就事論事，而是詳細、全面回顧了近十年來近代海軍建設的艱難歷程，提出了海軍事業的發展藍圖。他把這些年自己的想法與苦水一傾而出，字裏行間隱現出對朝廷對海軍事業重視不夠的不滿和對今後能得到朝廷的支持的期盼。他分別談了艦船、艦隊、造船、軍港、船塢、炮臺、學校等幾個方面的具體情況。最後，他明確提出建立一個統管全國的海軍衙門：「西國設立水師，無不統以海部，即日本亦另設海軍以總理之。」而中國分南、北兩洋，且各省另有疆臣，調遣困難、意見也不統一，許多規章制度也不同，「任各省歷任疆吏意為變易，操法號令參差不齊，南北洋大臣亦無統轄劃一之權」。這種混亂狀況，怎能打仗？怎能不立即設立一個全國性的指揮機關？

收到李鴻章的奏摺，清廷認為所言甚有道理，便要他來京，與中樞各位大臣一同商議其事。9月30日，清廷諭令軍機大臣、總理衙門王大臣、會同李鴻章妥議海防事宜，醇親王奕譞也一併與議。最後由總理衙門覆奏，提出設立海部或海防衙門，由特派王大臣綜理其事，考慮到可供海戰之船不多，暫時先從北洋已有船隻精練海軍一支，等到以後再考慮其他艦隊。10月12日，慈禧太后發佈懿旨，同意成立「總理海軍事務衙門」（簡稱「海軍衙門」），由醇親王奕譞為總理，慶郡王奕劻、李鴻章為會辦，曾紀澤為幫辦。

但誰也沒想到，在李鴻章的運作下，海軍衙門竟「破天荒」開始修築鐵路。

原來1880年底，關於是否能修鐵路的大爭論以洋務派失敗而告終。但李鴻章並不甘心，一直在尋機重提此事，而且，他明白修鐵

路雖然不可能作為一項「國策」，但有可能在他的勢力範圍內作為一項「地方」的「土政策」施行。

就在爭論最激烈的 1880 年，他就悄悄開始試探性地動工修建開平煤礦唐山至胥各莊鐵路，以便運煤；1881 年這條約十公里的短短一段鐵路建成後，他才正式奏報清廷，並有意將其說成是「馬路」。李鴻章真不愧是後來「遇到紅燈繞開走」的前輩。李鴻章汲取了在「大爭論」中未得到朝中有力支持而失敗的教訓，所以在修路的同積極活動，尋求權貴的支持。此時醇親王奕譞早已取代恭親王奕訢，最為慈禧太后倚重，所以李鴻章全力做他的工作。他多次給奕譞寫信，說明興辦鐵路的種種好處，奕譞有所心動，所以李才敢將唐胥路修完。但李一直認為修路應是舉國興辦，所以在給醇譞的信中說修鐵路在中國「阻於浮議」一直未能興辦，並且明確表示希望由奕譞直接出面「主持大計」。

1885 年中法戰爭結束，戰爭中暴露出海軍調度協調的問題，清廷最終同意成立「海軍衙門」；同時陸軍調兵遣將行動遲緩的嚴重問題也暴露出來，清廷也不得不面對這個問題重新考慮是否應當鐵路。在這種情況下，經過醇譞、李鴻章的努力，清廷終於在 1886 年決定將鐵路事宜劃歸由奕譞為總理，李鴻章等人為會辦的海軍衙門辦理。由「海軍衙門」負責修建鐵路，也可說是當時的「中國特色」。

你爭我奪

1886 年，身為海軍衙門總理奕譞到天津巡視北洋海口，與李鴻章具體商訂修路辦法。奕譞後來說他對修鐵路以前也曾「習聞陳言，

嘗持偏論」反對修路，但經中法戰，又「親歷北洋海口，始悉局外空談與局中實際，判然兩途」，於是支持修路的態度更加堅決。但以奕譞此時的權位之重，卻也不敢大張旗鼓地主張修路，所以在天津巡視北洋海口與李鴻章商議時也不得不想方設法避開強烈的反對意見。他對李鴻章說，如果修鐵路，還必須從已修成的胥各莊一路修起，因為修唐山到胥各莊的鐵路是為了運開平礦的煤，關係不大，反對的意見可能會小一些，這樣此事才有可能辦成。李鴻章也認為事情只有如此才可行，更加在唐胥鐵路基礎上逐年修建，相當一段時間內所經之地都在他管轄的直隸境內，更易辦成。

據此，李鴻章採取一點點來、穩步前進的策略。開平礦務局在李鴻章的授意下就在這一年便以要運煤以方便商業為理由，將唐胥鐵路延長到蘆臺附近的閻莊，總長從十公里延長到約四十多公里，改稱唐蘆鐵路。同時，李鴻章趁熱打鐵，成立了開平鐵路公司，招集商股二十五萬兩。就在 1886 年底，李鴻章又與奕譞相商，提出將唐蘆鐵路延長修建到大沽、天津。1887 年春，由奕譞出面奏准動工修建，強調這段路是「為調兵運軍火之用「，並將開平鐵路公司改名為中國鐵路公司。此路第二年便告建成，這條從唐山到天津的鐵路全長終於達到一百三十公里左右。可以看到，從 1880 年修唐胥路到 1888 年延長到天津，幾年間李鴻章一直緊鑼密鼓，不放過任何「可乘之機」，硬是一點點修成了鐵路。其間當然也有小小的波折，如胥路剛修成時一位英國工程師用礦上的廢舊鍋爐改造成一臺蒸汽機車拉煤時，卻遇到頑固派的反對，曾不得不改用騾拉運煤車皮，幾經周折，方許蒸汽機車運行。唐山天津的線修通後，李鴻章視察了這條鐵路，親身體驗了鐵路的快捷，大為滿意地說：從天津到唐山的鐵路一律平穩堅實，所有橋樑和機車都符合要求。除停車檢修時間

不計外，全程二百六十里，只走一個半時辰，比輪船快多了。這時李鴻章信心大增，想趁熱打再把鐵路從天津延伸到京城附近的通州。

1888 年 11 月，李鴻章又通過奕譞主管的海軍衙門奏請修築津通路，其理由是津通路將沿海與內陸聯結起來，可以「外助海路之需，內備徵兵入衛之用」，有利於軍事、防務。這一奏請得到朝廷批准，沒想到卻捅了馬蜂窩。頑固派本來可能是對醇親王有所顧忌，對李鴻章悄悄修路忍而又忍，並未大張旗鼓表示反對，現在他要把鐵路修到天子腳下，豈可容忍！反對聲於是像炸開鍋一樣，一時彈章蜂起，紛至遝來，掀起了近代關於鐵路的又一次大爭論。頑固派有的上奏朝廷，有的致函奕譞，想爭取他而拆掉李鴻章的後臺。為了聳人聽聞，頑固派與前幾次一樣，首先指責修路是「開闢所未有，祖宗所未創」，還將修路與「災異」聯繫起來，認為清宮太平門失火就是「天象示儆」。大體而言，頑固派的意見集中於以下幾點：一、修鐵路有利於外敵入侵。認為如修築津通路，一旦外敵入侵即可經由鐵路直達京師。二、修路擾民。鐵路所經之地，要拆毀民間田廬墳墓，必致民銀怨沸騰。三、修築鐵路奪民生計。鐵路修通後，將導致成千上萬原來的水手、船夫、客店主貧困失業，斷了他們的生計。面對眾多位高權重的大臣的強烈反對，李鴻章這次因有醇親王支持，所以與頑固派針鋒相對，反復辯駁，毫不示弱。對於鐵路「資敵」的責難，他反駁說敵人前來也必須用機車、車廂運兵，我方可先將機車、車廂撤回，使敵無車可乘；另外，到時還可以拆毀鐵軌或埋下地雷，使敵人不可能利用鐵路長驅直入。相反，鐵路將使中國運兵更加快捷。針對「擾民」觀點，他以修築唐山到大沽、大沽到天津的鐵路為例，認為修路應當儘量避免拆毀民間房屋墳墓，萬一無法避免時，只要給居民以「重價」，民眾就不反對修路。至於

說到鐵路「奪民生計」，他認為更沒有道理，從國外和國內已修通的鐵路沿線來看，鐵路沿線生意發達，修鐵路、通火車只會增加各種職業。

1880 年底關於鐵路的第一次大爭辯時，雙方基本只能空論修路的利弊，無法以經驗、事實來檢驗。這種空論無疑使頑固派的「道德」、「意識形態」話語顯得更有力量，再加上頑固派比洋務派強大得多，以洋務派失敗告終。而現在這一次大爭論，則有已經修成的唐津鐵路以事實證明了鐵路的優越性，從而在一定程度使爭論從「道德」、「意識形態」層面「降底」到技術層面；更加中法戰爭後奕譞意識到鐵路的重要所以堅決支持修路，這樣贊成與反對雙方力量旗鼓相當。面對這種兩派勢均力敵的局面，朝廷一時仍拿不定主意，於是認為各位「廷臣於海防機要，素未究心，語多隔膜」，而各省將軍督撫向身處各重要地方，親自辦理防務，「利害躬親，自必講求有素」，所以慈禧於 1889 年 2 月 14 日發佈「懿旨」，要地方大員也發表意見。但這些「地方官」都諳熟官場的「遊戲規則」，知道贊成與反對兩派在朝廷各有勢力，不能輕易得罪，結果明確表態支持與反對的都是少數，大多數都是含糊其詞、態度曖昧。這時，兩廣總督張之洞經中法戰爭後已轉而贊同洋務，所以明確表態支持修鐵路。不過，他的建議卻是停修津通路，改修腹省乾路，即從盧溝橋到漢口的盧漢路。幾經權衡，清廷最後採納了張之洞的建議，決定緩建津通路，先建盧漢路，歷時半年的大爭論遂告結束。

從是否修鐵路來說，這次爭論以洋務派勝利告終，所以奕譞在給李鴻章的電報中高興地稱讚張之洞的建議是「別開生面，與吾儕異曲同工」。然而，李鴻章的心情卻複雜得多：一方面，從 1872 年俄國出兵侵佔我國伊犁他提出改「土車為鐵路」的主張起，到現在

已近二十年，雖然十分艱難、耽誤了二十年寶貴時光，但朝廷最終同意修路，他當然為此高興；但另一方面，張之洞的建議明顯是為限制自己的北洋系勢力進一步擴張，而朝廷決定也明顯揚張抑己，所以又有深受打壓之感，時有怨憤。而洋務派內部確有不少人對李鴻章北洋系擴張過快大為不滿，如威望甚高的曾國荃上奏堅決主張要修鐵路，認為今天不修明天肯定也要修，各國皆同，但對修津通線一事卻三緘其口，決不附和，亦不欲李鴻章勢力過大也。

不過，李並不甘心自己的計畫落空、勢力受損。他知道，要修長達三千華里的盧漢路談何容易，約需三千萬兩白銀，幾乎是朝廷年收入的一半。所以他在給其兄的信中不滿地說張之洞「大言無實」，最後「恐難交卷，終要瀉底」。因此，他對修盧漢路採取袖手旁觀的態度。但張之洞不愧是洋務運動的後起之秀，也是官場高手，豈能讓李鴻章作壁上觀？想法設法也要讓李鴻章「上馬」為我所用，所以向朝廷建議盧漢路分幾段修築，先修南北兩段；南段從漢口到信陽，由他負責；北段從盧溝橋到正定府，由李鴻章負責。他還提出以十年為期，前幾年先建鐵廠、鋼廠，後幾年再開始修建鐵路，「兩端並舉，一氣作成」。對此主張，李鴻章大不以為然，曾以此中前輩教導後輩的口吻致電張之洞說，從開採鐵礦、煉鋼到做成鐵軌、機車實非易事。如日本一直在大修鐵路，工、料雖然都用土產，但直到現在鋼軌仍不得不從西洋進口。最後，他表示「自愧年衰力薄，不獲目睹其成耳！」一是以此推脫，二是表示自己看不到那一天，其實是對張大潑冷水。就在他詞就兩難之際，沙俄加緊修建東方鐵路，直接威脅到「龍興之地」中國東北的安全，李便於 1890 年 3 月會同總理衙門上奏朝廷，提出東北、朝鮮受到日本、俄國嚴重威脅，因此建議緩建盧漢路、先修山海關內外的「關東鐵路」以加強防務，

此奏立即得到朝廷批准，諭令李鴻章督辦一切事宜。李鴻章大喜過望，再不以「年衰力薄」推卻，並迅速派人前往測量堪路。以當時形勢而言，確應先修關東鐵路，而李鴻章也確實善於「把握機會」擴大自己的勢力。

關東鐵路實行官辦，將原來修盧漢路的每年兩百萬兩移作關東鐵路之用。因為唐津鐵路已修至灤州的林西鎮，李鴻章決定關東鐵路由林西造乾路出山海關至瀋陽，再到吉林，再從瀋陽造到牛莊、營口的支線。1891 年，他在山海關設立了北洋官鐵路局。當一切按計劃進行，林西至山海關段一百多公里長的鐵路於 1894 年春建成通車後，戶部決定挪用關東鐵路經費給慈禧太后作六十壽辰慶典之用，其他如山海關到瀋陽等主要部分不得不被迫停建，而這正甲午戰爭前夜的關鍵時刻的關鍵地點！

「鐵路」這種新式交通方式在近代中國幾十年的命運真可謂一波三折。從要不要修鐵路之爭到怎樣修鐵路的明爭暗鬥，可以看到新事物引進中國的艱難曲折、新舊觀念的激烈交鋒、各種政治力量的尖銳較量、國家和朝廷與地方官員之間的博弈、不同派系乃至相同派系間利益關係複雜的你爭我奪……不啻是一幅當日社會、官場的「縮圖」。

（原載《隨筆》，2006 年第 3 期）

從「官辦」、「官督商辦」到「民營」
──清末企業所有制變化

　　鴉片戰爭使中國面臨現代化挑戰，創辦大機器生產的近代企業是現代化的主要內容。然而，近代企業在清末的發展卻困難重重，使中國的現代化轉型步履蹣跚，極不順利。阻礙、束縛企業發展的因素當然不少，但主要障礙還是企業的所有制變革屢屢滯後。

官辦企業的正負效應

　　對面臨外患與內亂頻仍的晚清朝統治者來說，無論是反對列強欺凌的「師夷長技以制夷」，還是對內鎮壓農民起義，從鞏固自身統治來說，都應迅速創辦近代化企業。

　　兩次鴉片戰爭的失敗和國內農民戰爭的衝擊，使統治階級內部的少數開明派開始認識到洋槍洋炮的厲害，在鎮壓太平天國運動中取得一定權力的漢族地方官員如曾國藩、李鴻章、左宗棠，而不是滿族中央「朝廷」，成為「洋務運動」的主要動力，這些封疆大吏在自己的「勢力範圍」內開始興辦近代工廠。

　　然而，以辦近代企業為主要內容的「洋務運動」，在發軔之時即被指為「潰夷夏之防，為亂階之倡」，曾遇到今人難以想像、難以理解的反對。這種爭論、反對，在洋務運動三十年中一直未停。以現

代大機器生產來造槍炮船艦、通電話電報，明明是統治者在近代圖
生存不可或缺的措施，卻遇到統治階級中占主導地位的冥頑不化者
以「夷夏綱常」這類傳統的意識形態為武器的強烈反對。頑固派總
是將問題上升到「道德」的高度，他們強調：「立國之道，尚禮義不
尚權謀；根本之圖，在人心不在技藝。」數理化科學知識和大機器
都被他們譏之為會使人心變壞、道德墮落的「奇技淫巧」，而且他們
強調這是「奉夷為師」、必將導致「變而從夷」。修鐵路、架設電報
線對一直處於軍情緊急、財政困難之中的清王朝可說是當務之急，
但卻遭到激烈反對。例如，他們認為電線可以「用於外洋，不可用
於中國」，因為：「夫華洋風俗不同，天為之也。洋人知有天主、耶
穌，不知有祖先，故凡入其教者，必先自毀其家木主。中國視死如
生，千萬年未之有改，而體魄所藏為尤重。電線之設，深入地底，
橫衝直貫，四通八達，地脈既絕，風侵水灌，勢所必至，為子孫者
心何以安？傳曰：『求忠臣必於孝子之門』。藉使中國之民肯不顧祖
宗丘墓，聽其設立銅線，尚安望尊君親上乎？」鐵路也是如此：「行
之外夷則可，行之中國則不可。何者？外夷以經商為主，君與民共
謀共利者也；中國以養民為主，君以利利民，而君不言利者也。」
所以，當李鴻章於 1874 年看到日本派兵侵略我國臺灣，海疆告急，
向恭親王訢提出力陳中國修建鐵路的重要時，奕訢向來支持洋務運
動但深知修鐵路將會遇到頑固派的強烈反對，恐難實行，所以對李
鴻章說此事「無人敢主持」。並告李鴻章慈禧太后「亦不能定此大
計」。由此可見修鐵路的阻力之大。直到十五年後，慈禧在此時傾向
支持修鐵路的親信醇親王奕譞的鼓動下，才最後同意興造鐵路！

　　以曾國藩、左宗棠、李鴻章的權勢之強，想興辦近代企業尚有
如此強大的阻力，無權無勢的平民在這種環境中根本不可能興辦近

代企業。如十九世紀七十年代初曾有華僑商人在廣東南海設立以蒸汽為動力的繰絲廠，結果卻被官方以「沿海各省制辦機器，均係由官設局，奏明辦理，平民不得私擅購置」為由，將其封閉、拆除。所以，清末的近代官辦企業是歷史的「不得不然」。歷史地看，這些企業畢竟是近代中國在引進西方科技、文化，培養人才，開創風氣方面起了巨大的進步作用，大機器的引進成為中國近代工業建立和發展的開端。凡此種種，確有歷史的合理性與正面作用。

但是，官辦企業的弊病也很明顯。這些官辦企業在體制上也採取衙門式的管理，不是獨立經營的企業單位，而是政府的一個分支部門；設總辦、會辦、提調若干，類似官場職別，並且受總督、巡撫和總理衙門的監督、節制。這種官辦企業必然冗員充斥，機構臃腫，許多人因與「官」有關係而掛名支薪，官府也將其作為安排官員位置的地方，貪污腐敗嚴重。管理混亂，生產效率低下。

隨著時代的發展，官辦企業的正面作用越來越弱，而負面作用則越來越明顯。歷史的邏輯，將「官督商辦」提了出來。

過渡的「官督商辦」

興辦近代企業需要大量資金，而這些企業由於官辦的種種弊病並不營利，自身很難提供發展所需資金，而晚清財政一支直極度困難，官府無法對這些企業提供持久支援。在這種情勢下，晚清企業的「官督商辦」模式應運而生。

歷史的變革往往是通過偶然性實現的。1872 年，一貫反對興辦新式企業的頑固派官僚宋晉上奏提出，由於現在國家財政困難，而

左宗棠創辦的福州船政局、李鴻章創辦的江南製造總局「糜費太重」，應予停辦，從而引發了清廷關於是否製造輪船的大討論。以寫奏摺老辣著稱的李鴻章果然厲害：由於反對造船者以財政、經費緊張為理由，因此李鴻章在與曾、左同樣陳述了中國面臨的不得不造輪船的歷史環境後，便具體分析財政問題。他由財政緊張順理成章地提出解決財政問題的根本是要「求富」，提出不僅要建造兵船，更應建造商船，設立經營民用商業運輸企業，要建立用大機器生產的煤礦、鋼鐵企業，創辦民用企業營利賺錢。李鴻章此折借頑固派提出的「財政緊張」，反而提出更為頑固派反對的「求富」主張，使洋務運動從以軍工為主要內容的「求強」階段深化為以生產民用品為主要內容的「求富」階段，其重要意義自不待言，而李鴻章「借力打力」的技巧端的是老謀深算。

李鴻章提出創辦民用輪船公司是「求富」的重要方法，但現在的情況是「各口岸輪船生意已被洋商占盡」，所以「須華商自立公司」打破外國輪船公司的壟斷。幾經努力，朝廷批准了創辦輪船招商局。輪船招商局首先要打破外國輪船公司壟斷中國沿海和長江的航運，當時美商旗昌、英商太古和怡和這三家輪船公司資金雄厚，中國的航運業務事實上被它們壟斷。在這種情況下，創辦輪船招商局可說是符合中國航運和民族經濟發展趨勢的明智之舉。但官方此時根本無錢，所以李鴻章想到了「官督商辦」的辦法。

由於中國素有「抑商」傳統，政府本就禁商人興辦新式企業再加上社會上反對新式機器生產的保守力量十分強大，所以中國商人還根本不可能辦新式工商企業。但一些商人、尤其是買辦積聚了大量資本，為了賺錢，他們只能依附在洋商名下，如美國旗昌洋行其實一大半都是華商股本。這樣的後果是中國政府稅收減少，而且華

商依附在洋商名下還容易受到洋商的盤剝。李鴻章在給同僚的信中寫道：「我既不能禁華商之勿搭洋船，又何必禁華商之自購輪船？」「以中國內洋任人橫行，獨不令華商展足耶？」他在這封信中指明當前的形勢是：「中國長江外海生意，全被洋人輪船夾板占盡。近年華商股實狡黠者多附洋商名下，如旗昌、金利源等行，華人股分居其大半。聞本利不肯結算，暗受洋人盤折之虧，官司不能過問。」如果設立輪船招商局，則華商可以名正言順入股，「使華商不至皆變為洋商，實足尊國體而弭隱患，尤為計之得者」。創辦近代民用企業，需要大量資金和懂得新式經營的人才。當時清政府國庫空虛，財政幾近乾涸，不可能拿出大量資金籌建企業，更無人才。在這種情況下，李鴻章瞄準了買辦階層。在為外商服務的過程中，一些買辦積累了一定的近代工商經營管理的實際經驗和能力，同時也積累了大量財富。把他們從連人帶資本從洋商中「挖過來」，確是解決問題的可行方法。

考慮到當時的情形，他提出招商局應採取「官督商辦」的形式，即「由官總其大綱，查其利病，而聽該商董等自立條議，悅服眾商。冀為中土開此風氣，漸收利權。」「將來若有洋人嫉忌，設法出頭阻撓」，官方可出面交涉，「以為華商保護」。

輪船招商局是洋務派創辦的第一個從「軍工」轉向「民用」、從「求強」深化為「求富」、由「官辦」轉向「官督商辦」的企業，因此意義非同尋常。在新式大機器生產和民間資本面國內的重重阻力和外面的巨大壓力的情況下，「官督商辦」這種由商人出資認股、政府委派官員經營管理的模式在對當時對新式民用企業的建立、對民間工商資本的發展起了重要的推動作用。此後開辦了開平礦務局、電報局、上海紡織織布局等一系列大型企業，因為此時若無官方的

保護和扶持，大型新式企業如輪船、採礦、電報、紡織等根本建立
不起來。

「官督商辦」主要是靠發行股票募集商股，剛開始商人大都對
此持觀望態度，但隨著輪船招商局等幾個企業的經營成功，商人對
「官督商辦」企業的信心大增，社會視聽為之一變，人們爭先恐後
搶購股票，許多買辦紛紛從洋行撤資，入股利潤更加豐厚的中國「官
督商辦」企業。十九世紀八十年代初，中國社會出現了第一次投資
新式企業的熱潮。

以官督商辦的方式經營近代企業，促使了中國第一批資本主義
民用企業脫穎而出，中國最早的資本家，便是由這些投資者（主要
是商人、買辦、地主、官僚）轉化而來。但與官辦企業一樣，隨著
社會與時代的發展，這種模式的負面作用越來越明顯。

「官督」是官督商辦企業的成功之處，但同時也埋下了失敗的
伏線。其最大的問題是「所有制」問題，即「產權不明」，究竟是官
府所有，還是民間所有？「官」給了這些企業諸如墊款、借款，減
免稅厘以及一定的壟斷權這種種好處，這些企業必然也要受「官」
管轄，由官府委任的督、總、會辦管理，這樣，許多人都是亦官亦
商，具有「官」、「商」雙重身份。如果管理者按商場規則經營，則
企業發展順利；如果以官場邏輯行事，企業很快衰敗。在早期，「商」
大於「官」，故這些企業發展很快。隨著這些企業帶來豐厚的利潤，
「官」見有大利可圖，於是加強了對企業的「管理」或曰干預，將
這些企業視同「官產」。官場的任人唯親、貪污腐敗在這些企業迅速
蔓延，安排的許多「總」「皆不在其事，但掛名分肥而已」。

導致官督商辦企業衰敗的另一個重要原因是清政府從上到下都
將其視為己產，予取予奪，經常無償征索。如輪船招商局不得不經

常低價甚至免費為清政府運兵運械，電報局對官府電報必須免費……更重要的是，這些企業必須向清政府提供「報效」，其實就是官府公開的財政勒索。如1894年為慶祝慈禧六十大壽，清政府命令招商局「報效」五萬五千餘兩、開平礦務局「報效」三萬兩。尤其有意思的是，正是那些反對辦任何新式企業的頑固派對這些企業的勒索最厲害。據統計，從1884年到1911年的二十七年間，輪船招商局和電報局這兩個企業給政府的報效共三百五十萬兩，相當於兩局股本總額的60%。

從十九世紀九十年代起、尤其是甲午戰爭後，「官督商辦」企業的官權越來越重，其內在矛盾越來越深、越來越尖銳。曾經大力主張並親自實踐「官督商辦」的鄭觀應無奈地寫下了〈商務歎〉：「輪船招商開平礦，創自商人盡商股」，「辦有成效倏忽變，官奪商權難自主」，「名為保商實剝商，官督商辦勢如虎」。它的歷史使命，的確已經完成

搖擺的民營政策

甲午戰爭中國慘敗，引起了中國社會的巨大震動，一些有識之士認為應像日本那樣發展民族私營企業才是強國的根本；同時由於清政府與日本簽訂了喪權辱國的《馬關條約》，允許外國可在華設廠投資，於是不便繼續禁民間設廠。這兩點使中國民族資本主義較前開始有了較快件的發展，中國出現了一個興辦新式工業的小浪潮。1895年8月，光緒皇帝頒佈詔書，敕令官辦企業「從速變計，招商承辦」，更開啟了清末官辦企業私有化之端緒。

　　據 1895 年到 1898 年這四年間的不完全統計，新創辦企業有六十二家，資本總額達一千兩百四十多萬元。著名的大生紗廠、蘇綸紗廠、合義絲廠、源昌碾米廠、張裕釀酒廠、商務印書館等都在此時創辦。據對其中五十家統計，其中資本在十萬以下的小廠有二十九家，占企業總數的 58%，但資本總額只有七十三萬餘元，僅占投資總額的 6.1%。資本總額十萬以上的企業有二十一家，占企業總數的 42%，但資本總額卻為一千一百二十六餘萬元，占投資總額的 93.9%。可見，許多私人企業已具相當規模。從 1901 到 1911 這十年間，私營企業發展更快，新設廠礦三百四十家，資本額達一億零一百餘萬元。無論是新設廠礦數和新投入的資本額，都超過了前此二十多年的兩倍以上。

　　清政府雖然在「新政」時期制定種種政策、法規，成立有關機構以獎勵、發展私營工商業，使私人企業這一階段相對發展較快，但其內部其實一直有股強大的力量反對私營企業。所以其「私營」政策往往又搖擺不定，表現最明顯為其鐵路政策，因此鐵路的「國有」與「民營」之爭漸漸成為鬥爭的焦點。1905 年秋，湖北、湖南、廣東三省民眾集股從美商手中收回了粵漢鐵路利權。而清政府一方面允許民間自辦鐵路，另一方面又於 1908 年任命調入軍機處的張之洞為粵漢鐵路督辦大臣，不久又命其兼督湖北境內的川漢鐵路，實際又企圖把鐵路改為官控，遭到三省民眾反對。1909 年末和 1910 年初，清政府又先後准許粵漢、川漢鐵路民辦，於是大量民眾入股，特別是四川入股者最多，甚至一般農民大都入股。然而僅僅一年，「立憲運動」已經風起雲湧際，清政府卻又不顧廣大民眾的強烈反對，於 1911 年 5 月悍然宣佈「鐵路幹線國有」政策。更嚴重的是，財政極其困難的清政府根本無力給股民以合理（或者說讓股民滿意）補

償，而只能以折扣的方式，即以遠遠低於股民實際投資額的方式贖買股份。

　　一石激起千層浪，不久前還同意鐵路民營、允許民眾大量入股，現在突然宣佈「國有」，低價贖買股票，廣大股民認為這是政府有意設套圈錢，怒不可遏，轟轟烈烈的「保路運動」應聲而起。特別是四川，由於許多中下層民眾均已入股，反抗「鐵路國有」的風潮尤為熾烈。「保路運動」終成終成埋葬清王朝的辛亥革命的導火線。值得一提的是，時任郵傳部尚書的盛宣懷是「鐵路國有」的主要策劃者，因鐵路屬郵傳部管，一旦鐵路「國有」，郵傳部的「地盤」、實力將大大擴充。在「國有」的名義下，實際是為了他的個人利益，並不考慮在各種矛盾已經十分尖銳激烈的情況下強行此項政策將危及整個王朝的利益甚至統治的根基。

　　導致清王朝滅亡的因素當然很多，從經濟層面上說，先是為民營經濟發展設置重重障礙，而後雖允許民營經濟發展、但政策卻又極不穩定經常大幅度搖擺，不能不說是重要原因之一。若與日本明治維新略作對比，更能說明此點。日本明治政府的產權改革遠比清政府徹底，自十九世紀八十年代中期起，日本政府就開始大力扶持私人企業，甚至將「殖產興業」時創設的官辦企業大量拋售私人，保證了日本經濟迅猛的發展勢頭。近代中日兩國的不同命運，適足發人深省。

「臣不得不死」
──封建專制下的君臣關係

「君要臣死，臣不得不死」，是封建專制社會君臣關係的實質。在這種關係中，「臣」對「民」來說雖然高高在上、說一不二，但從根本上說仍是任君打殺的奴才走狗。在危機時期，這一點表現得尤為明顯。在一度地覆天翻的義和團期間，一些主和或主戰的大臣都先後被殺的悲劇命運，再次說明了這一點。

舉棋不定

義和團運動興起的背景十分複雜，但最根本、直接的原因則是「反洋教」。洋教是指西方傳來的基督教。從康熙晚期到鴉片戰爭前，清廷一直實行禁教政策。鴉片戰爭後，清政府在列強的壓力下簽訂不平等條約，被迫同意解除教禁。傳教士以船堅炮利為後盾，紛紛來華傳教。很明顯，這種傳教的實質是對中國主權的侵犯。但為了傳教的策略需要，教會在中國創辦了不少以傳播現代自然科學知識為主要內容的學校、醫院和報刊雜誌，對現代科學知識在中國的引進和廣泛傳播，對中國的現代化確實又起了重要作用。不過，隨著越來越多的傳教士深入內地鄉村建堂傳教，農民與教會的衝突日益激烈，屢屢發生各種「教案」。反洋教既有文化上的衝突，更有

實際利益的衝突。從文化上說，教會認為「祭天祀禮拜祖」是偶像
崇拜而禁止信教者進行這些活動，這與中國傳統文化中視為神聖的
祭天地、敬鬼神、祀祖宗、拜孔子幾乎水火不容，洋教因此被（尤
其被官紳）視為「滅倫傷化」，難以容忍。在實際利益方面，教會為
了擴大傳教，往往不擇手段、不分良莠地吸收教民。由於教會享有
種種政治特權，不少品行不良分子紛紛入教，仗勢為非作歹，橫行
鄉里。在教民與鄉民的衝突中，教會自然袒護教民，地方官往往也
無可奈何。這樣，文化衝突與民族矛盾交織一起，終於興起聲勢浩
大的反洋教運動。

據統計，從十九世紀六十年代到十九世紀末，全國發生大小教
案八百餘起，其發動與參與者有地方官員、土豪鄉紳、普通農民、
民團會黨、城市貧民、流氓無產者……十分複雜，規模越來越大，
手段越來越激烈，但基本訴求仍是「崇正避邪」、「忠君衛道」的封
建性。義和團運動於九十年代後半期起源於山東和直隸，以「練拳」
為名組織起來，攻打教堂，反洋教。1898 年 10 月下旬，山東冠縣
梨園屯拳民起義，使義和團運動迅速興起，從山東發展到直隸，
並於 1900 年夏進入北京天津。義和團的口號雖不統一，但主要是
「順清滅洋」「扶清滅洋」「助清滅洋」，並明確表示「一概鬼子全
殺盡，大清一統慶升平」，愛國性與封建性混為一體。對一切與「洋」
有關之人和物，義和團則極端仇視，把傳教士稱為「毛子」，教民
稱為「二毛子」，「通洋學」、「諳洋語」、「用洋貨」……者依次被
稱為「三毛子」、「四毛子」……直到「十毛子」，統統在嚴厲打擊
之列。

秘密宗教和民間文化是義和團組織、發動的重要工具。流行鄉
間的小說中的人物和戲曲中的角色如關雲長、姜子牙、黃天霸、孫

悟空、豬八戒、二郎神、樊梨花等等，都成為義和團所信奉的新神的共同來源，秘密宗教與民間文化就這樣緊密結合起來。教門首領的降神附體、撒豆成兵、呼風喚雨、畫符咒水等「邪門歪道」與農民大眾的迎神賽會、祈豐求子；祛災祈雨等漸漸融合。而義和拳的拳師們吸取了地方文化中不同來源的多種因素，如降神附體、刀槍不入、喝符念咒、治病祛災等。這些招術為廣大農民熟悉，極易為他們接受。而與以前各種秘密宗教非常重要的不同一點是它降神附體的群眾化，即不單是教門首領有權躬代神位，所有練拳者只要心誠都可祈神降身，保證自己刀槍不入；而且，這些神都是歷史上流傳已久、為廣大農民喜聞樂見的英雄好漢而不是一般宗教所獨尊的神祇。這些都使義和拳的感召力更強，更易發動。在義和拳的傳播過程中，民間社戲也起了重要作用，義和團的不少神祇都來自這些社戲，許多拳民自稱關公、張飛、趙雲、黃飛虎……當拳民被某神附體時，其行為便與他所看到的戲臺上的這個角色的動作一樣，在言語上摹仿戲上的說白，行動摹仿戲上的臺步，狀甚可笑。難怪陳獨秀當年在〈克林德碑〉一文中即稱「儒、釋、道三教合一的中國戲，乃是造成義和拳的第四種原因」。

總之，社會的動盪、利益的衝突、文化的碰撞、天災不斷和民間宗教、文化間的互相作用，使義和團在華北地區迅速發展。

面對如此巨大的社會運動，清王朝中央政府在相當一段時間內竟沒有一個明確、統一的政策，往往由各級官員自行決定。由於中央官員內部和地方各級官員對義和團的態度非常不同，有的支持，有的反對，中央政府也深受影響，雖然總的傾向主撫，但也一直搖擺不定，時而主剿，時而主撫，長期沒有明確的態度、政策。

慈禧「上當」？

　　清廷最終決定明確支持義和團，是要利用義和團來根絕維新隱患。作出如此重要的決定並非易事，決策者是在反覆猶疑、再三權衡利弊之後，才大膽作此決定。當然，其中也有一些偶然因素，慈禧後來就說自己是上了一些大臣的當。

　　甲午戰爭中國的慘敗使國人深受刺激，以康有為、梁啟超為代表的維新派提出「借法自強」，要學習西方資產階級國家先進的政治和社會制度改造中國，在光緒皇帝的支援下，上演了「百日維新」的活劇。變法必然觸及守舊者的利益，以慈禧為代表的頑固派為了保住自己的權位，發動戊戌政變，維新六君子被殺，康、梁在外國使館人員的幫助下逃往海外，支持維新的官員受到嚴厲處置，光緒皇帝被囚禁瀛臺，「維新」失敗，中國社會和歷史嚴重倒退。為了根絕隱患，慈禧和端王載漪、大學士徐桐、協辦大學士剛毅、翰林院掌院學士崇綺、禮部尚書、軍機大臣兼總理衙門啟秀等守舊派決定廢除光緒，另立端王載漪的兒子為新君，史稱「己亥立儲」。但是，他們計畫遭到西方列強的強烈反對而未能實現。這些守舊派本就堅決反對「西學」，現在更加痛恨「洋人」。對守舊派來說，光緒的存在確是潛在的巨大威脅，他們知道自己沒有力量，便想依靠義和團的「民心」、「民氣」。

　　1900 年春夏，在一些官員的支持下義和團進入涿州，逼近京、津，行為日益極端。在這種情況下，慈禧也拿不準義和團能不能為己所用、義和團和許多官員宣揚的「神功」是否真實，便在 6 月初派軍機大臣兼順天府尹趙舒翹、都察院左副都御史何乃瑩前往涿州打探義和團的虛實，親眼查證義和團各種各樣「神功」

究竟是真是假。第二天，力主支持義和團殺滅洋人的剛毅唯恐趙舒翹動搖，也趕往涿州。其實經過一天考察，趙舒翹已明顯看出所謂「神功」全是假的，根本不能相信，但剛毅卻力言這些神功「可恃」。趙是老於世故的官僚，與剛毅一黨來往甚密，深知剛毅、載漪等實權人物堅持義和團神功「可恃」，慈禧本人實際也傾向於利用義和團來和洋人對抗，而反對義和團的則觸當道忌，於是表示剛毅所言並非無見，便先回京報告，剛毅留在涿州與義和團商議合作之事後才回京。趙畢竟知道此事非同小可，不敢完全謊報，於是含糊其詞，但在剛毅等人的影響下，慈禧認為趙的覆命之意是義和團神功「可恃」，最終下決心招撫義和團與洋人對抗。此次覆命對慈禧的決策有重大影響，義和團運動失敗後，慈禧曾對人說道：「這都是剛毅、趙舒翹誤國，實在死有餘辜。當時拳匪初起，議論紛紜，我為是主張不定，特派他們兩人，前往涿州去看驗。後來回京覆命，我問他：『義和團是否可靠？』他只裝出拳匪樣子，道是兩眼如何直視的，面目如何發赤的，手足如何撫弄的。叨叨絮絮，說了一大篇。我道：『這都不相干，我但問你這些拳民據你看來，究竟可靠不可靠？』彼等還是照前式樣，重述一遍，到底沒有一個正經主意回覆。你想他們兩人，都是國家倚傍的大臣，辦事如此糊塗，餘外的王公大臣們，又都是一起兒敦迫著我，要與洋人拚命的，教我一個人，如何拿得定主意呢？」（吳永：《庚子西狩叢談》）慈禧相信義和團的各種「法術」真能刀槍不入、打敗現代化武器裝備的洋人，於是決定用義和團來殺滅「洋人」，達到廢立的目的。而義和團本身的封建性、落後性，也為這種利用提供了基礎。

大臣的命運

由於有了政府的明確支持，義和團情緒高漲，迅速向更極端、更非理性的方向發展，對傳教士和教民不分男女老幼，一律打殺。義和團進入京津後，情形更為恐怖，許多傳教士和外國人、中國教民被殺，甚至「夙有不快者，即指為教民，全家皆盡，死者十數萬人……嬰兒生來迎月者亦殺之，慘酷無復人理。」他們要消滅一切帶「洋」字的東西，鐵路、電線、機器、輪船等等都在搗毀之列，因為「機器工藝」為洋人「乖戾之天性所好」。有用洋物者「必殺無赦，若紙煙，若小眼鏡，甚至洋傘、洋襪，用者輒置極刑。曾有學士六人倉皇避亂，因身邊隨帶鉛筆一支，洋紙一張，途遇團匪搜出，亂刀並下，皆死非命。」甚至有「一家有一枚火柴，而八口同戮者」……對開明官紳，維新派人士，義和團更是明言打殺，要「拆毀同文館、大學堂等，所有師徒，均不饒放」，明令要「康有為回國治罪」，在一些頑固派官員的指使下還一度衝入宮禁要捉拿光緒皇帝，外國使館和外交人員也受到威脅。在這種情勢下，西方列強以「保護使館」的名義組成「聯軍」發動又一次侵華戰爭，要求清政府鎮壓義和團，保護使館、教士、教民。

這時，清政府必須對是和是戰作出正式決定。清廷從 6 月 16 日到 19 日連續召開四次御前會議，討論和戰問題，主戰、主和兩派進行了激烈辯論。主和的有許景澄、袁昶、徐用儀等，得到光緒皇帝支持，主張鎮壓義和團，對外緩和；主戰的有載漪、剛毅、徐桐等，實際上以慈禧為首，主張支持義和團，對外宣戰，攻打使館。在第四次，即最後一次御前會議上，雙方進行了最後的「決戰」。

這次御前會議一開始，慈禧就明確表示準備向「萬國」開戰，但又說「諸臣有何意見，不妨陳奏」等語。翰林院侍讀學士朱祖謀明確表示：「拳民法術，恐不可恃。」一位滿族大員打斷他說：「拳民法術可恃不可恃，臣不敢議，臣特取其心術可恃耳。」內閣學士聯元則坦率地說：「如與各國宣戰，恐將來洋兵殺入京城，必致雞犬不留。」此言一出，慈禧勃然變色，立即有人斥責道：「聯元這說的是什麼話？」這時，光緒皇帝看到曾任多年駐外公使的總理衙門大臣兼工部左侍郎許景澄，立即下座，拉著許景澄的手說：「許景澄，你是出過外洋的，又在總理衙門辦事多年，外間情勢，你通知道，這能戰與否，你須明白告我。」許景澄連說：「鬧教堂傷害教士的交涉，向來都有辦過的，如若傷害使臣，毀滅使館，則情節異常重大，即國際交涉上，亦罕有此種成案，不能不格外審慎」等語。光緒深知萬不能戰，但攝於慈禧的淫威，不敢明言，想藉以「通洋務」著稱的許景澄痛陳「開戰」的嚴重後果，以打動慈禧。聽了許景澄一番話，於是悲從中來，拉著許景澄的手哭泣不止，許景澄也涕泣不止。站在許景澄身傍的太常寺卿袁昶曾多次上書，一直反對招撫義和團向洋人開戰，這時也「從旁矢口陳奏，一時忠義奮發，不免同有激昂悲戚之態度」。慈禧見三人團聚共泣，大觸其怒，注目厲聲斥曰：「這算什麼體統？」光緒才放開許景澄之手。(《庚子西狩叢談》)最終清廷決定向各國開戰。

清廷決定開戰後，於1900年7月28日、8月11日分別將主和的許景澄、袁昶、徐用儀、立山和聯元等五人處死。許景澄與袁昶同時入獄，「指定分繫南北所，當在獄中分道時」，袁昶緊握許景澄的手問道：「人生百年，終須有一死，死本不足惜，所不解者，吾輩究何以致死耳？」許景澄笑答：「死後當知之，爽秋（袁昶字爽秋，

筆者注）何不達也。」（《庚子西狩叢談》）行刑時，袁昶面帶笑容對監刑的刑部侍郎、徐桐之子徐承煜說：「勉為之，吾待公於地下矣！」許景澄與家人話別時也「陽陽如平時，顏色不變。」對他們被處以極刑，主戰的頑固派則認為死有餘辜，徐桐說：「是死且有罪。」崇綺則說：「可以懲漢奸，令後無妄言者。」（李希聖，《庚子國變記》）

　　清廷決定「向各國宣戰」後，即給北京義和團發放粳米二萬石、銀十萬兩，並命令清軍與義和團一同攻打使館區，義和團更加鬥志昂揚。經過兩個月的激烈戰鬥，中方終因武器落後而不敵八國聯軍，義和團所有的神功怪術在現代化的槍炮面前統統失靈，北京城於 8 月 14 日被攻破，第二天慈禧太后攜光緒等向西倉惶出逃。就在八國聯軍血洗北京，殘酷屠殺義和團團民之時，西逃途中的慈禧已開始與列強議和。為盡快與列強達成和議，清廷從 9 月 7 日起連續發諭，下令剿殺義和團：「此案初起，義和團實為肇禍之由，今欲拔本塞源，非痛加剿除不可。」經過清政府地方官的嚴剿，一些零星小股義和團也被最後撲滅。

　　在這場「朝廷」幾被推翻的沒頂之災中，處於「風暴」中心的文臣武將，其命運更加悲慘。據不完全統計，在兵敗或京城被敵所破後自盡的有徐桐、崇綺、山東巡撫李秉衡、直隸總督裕祿、黑龍江將軍壽山、庶起士壽富、國子監祭酒王懿榮、翰林院編修王廷相、禮部侍郎景善、奉天府尹福裕、國子監祭酒熙元等等。剛毅在與慈禧一同逃往西安的途中染病不治身亡。為了「議和」自保，清廷不得不屈從列強提出的「懲辦禍首」的要求，多次發佈上諭懲辦禍首：禮親王載勳被賜自盡，山西巡撫毓賢被即行正法，剛毅本應斬立決、因已病故免其置議，啟秀、徐承煜即行正法，載漪、載瀾被發往新

疆，徐桐、李秉衡因已臨難自盡故免其置議，左都御使英年被賜自盡，趙舒翹也被賜自盡。共懲處各級官紳一百多人。

面對如此深災巨禍，清廷不能不作個「交待」，在一道道上諭中，「朝廷」竟把責任完全推給了「諸王大臣」：「此次中外開釁，變出非常，推其致禍之由，實非朝廷本意，皆因諸王大臣等，縱庇拳匪，啟釁友邦，以致貽憂宗社……諸王大臣等，無端肇禍，亦亟應分別重輕，加以懲處。」「追思肇禍之始，實由諸王大臣等昏謬無知，囂張跋扈，深信邪術，挾制朝廷，於剿辦拳匪之諭，抗不遵行，反縱信拳匪，妄行攻戰，以致邪焰大張，聚數萬匪徒於肘腋之下，勢不可遏，復令鹵莽將卒，圍攻使館，竟至數月之間，釀成奇禍，社稷阽危，陵廟震驚，地方蹂躪，民生塗炭，朕與皇太后危險情形，不堪言狀，至今痛心疾首，悲憤交深。是諸王大臣等，信邪縱匪，上危宗社，下禍黎元，自問當得何罪。」（《中國近代史資料叢刊·義和團》〈四〉，第 58、86 頁）在封建專制體制下，明明是「聖上」鑄成的大錯，也總要由「臣下」承擔責任，因為「天子」「聖明」永不會錯。所以慈禧在談此次「肇禍之始」時，只是忿忿地說：「這都是剛毅、趙舒翹誤國，實在死有餘辜」，沒有絲毫自責之詞。

這種只責「臣下」不責「聖上」的觀念影響殊深，時人後人評論此事時對趙舒翹都有嚴責，認為正是由於他未據實稟報才「釀成如此大禍」，若他當時「能將真情實況，剴切陳奏，使太后得有明白證據，認定主張，一紙嚴詔」義和團便「立時可以消弭」。（《庚子西狩叢談》）趙「昧於理、盲於勢，辱名喪身也宜哉」。（海漚，《曼陀羅軒閒話·趙舒翹》）「至今論國是者，追原禍始，猶歎息痛恨於趙之一言幾喪邦也。」（孫靜庵，《棲霞閣野乘·記趙舒翹之軼事》）這些評論當然不能說不對，但談何容易！許景澄等人對時局的判斷、

利害的權衡、災難性後果的分析預測異常冷靜、客觀、透徹，而且明明是根據慈禧「諸臣有何意見，不妨陳奏」的「懿旨」坦陳己見，但他們不僅未能說動慈禧，反因意見與慈禧不合，被斥為「任意妄奏」，竟慘遭殺身之禍！在這種情況下，趙舒翹不敢據實稟報不能不說情有可原，僅僅嚴責趙舒翹不據實稟報顯然有失公道。

　　主和也好，主戰也罷，謊報軍情也好，據實直陳也罷，這些大臣最終都不免一死。義和團時期這些大臣的悲慘命運，實際是封建專制社會君臣關係的真實寫照。大臣往往處於兩難困境之中，若直言己見，往往觸怒當道；倘曲意逢迎，一旦鑄成大錯，則要承擔全部後果，而且在這兩種情況下都可能性命難保。雖然從理論上說是「君賢臣忠」，對君與臣都有相應的要求，但實際情況卻是「君可以不君，臣不可以不臣」，「君可以不賢，臣不可以不忠」。「忠君」，是為臣的「絕對道德律令」，無論君主如何昏聵殘暴，臣屬都不能「不忠」，倘稍有「不忠」，便是大逆不道。正如馬克思所說，專制制度的本質就是否定人，把人當作「非人」。在封建專制社會中，實際只有「君」一人是人，包括權柄赫赫的王公大臣在內的其他「人」，其實都是「非人」。在這種關係中，傳統道德用必須對皇上忠心耿耿，敢於不惜身家性命披龍之逆鱗、犯顏直諫的標準要求臣屬，委實過於嚴酷，幾近於魯迅先生所說的「吃人的道德」。

1905：三種力量角力中國

在中國近代史上，百年前的 1905 是個重要時刻。在這一年，立憲派、革命派和清王朝這三種政治力量在中國這個大舞臺上的彼此角力更為激烈，都在盡最大努力實現自己或改革或革命或自保的目的，不少影響中國未來命運的關鍵性事件均在此年發生。風雲變幻，世紀滄桑，「再回首已是百年身」。將百年前歷史之幕的一角重新拉開，仍使人如觀新劇，浮想聯翩。

立憲運動風生水起

自 1898 年維新運動失敗、康梁逃往海外後，維新、立憲運動進入低潮。雖經過幾年慘澹經營，並無大起色。在 1904 年之前，立憲運動仍囿於海外少數「立憲派」的輿論宣傳，聲勢不大，國內影響有限。但從 1905 年起，情況突變，立憲運動驟然高漲，開始發展成為全國性政治運動。一個直接的原因，則是日俄戰爭的刺激。

日俄戰爭是日本和俄羅斯兩個帝國為擴大自己的勢力範圍，侵略、爭奪我國東北，在我國領土上進行的一場帝國主義戰爭。甲午戰爭後，日本侵佔東北的「大陸政策」與俄國想把東北變成「黃俄羅斯」的野心激烈衝突。1904 年 2 月 6 日，日本對中國旅順口的俄國艦隊發動突然襲擊，日俄戰爭實際爆發。對這場以中國領土為戰

場、使我國東北居民飽受戰爭禍害的戰爭，清政府竟然在 12 日宣佈自守「局外中立」，甚至聲稱「彼此均係友邦」！

對這場在中國領土上進行、直接關係中國利害甚至命運的戰爭，國人當然極為關注。但有意思的是，國人雖然譴責這場使東北居民慘遭兵燹之禍的戰爭，對國家衰敗如此、遍地生靈塗炭深感痛心，卻對這場戰爭的勝負更感興趣，紛紛預測戰爭進程、結局及其對中國的影響。此時仍十分弱小的立憲派敏銳地感覺到這場戰爭有可能使國人的思想發生有利於政治改革的變化，自然關注異常。他們作出判斷，認為實行君主立憲的日本可以戰勝仍行君主專制的沙俄。就在日俄宣戰後的第三天，立憲派的《中外日報》即發表題為社論，認為長期以來都是白種人打敗黃種人，白種人對非白種人進行殖民統治，而這次戰爭將使人認識到「國家強弱之分，不是由於種而是由於制」。明確提出國家強弱的關健在於制度，而不在其他。還有文章預料日將勝俄，而此戰之後「吾國人之理想必有與今天大異者矣」。甚至還有人認為這次戰爭將使國人「悟世界政治之趨勢，參軍國之內情，而觸一般社會之噩夢，則日俄之戰不可謂非中國之幸。」他們說得很明白：「蓋專制、立憲，中國之一大問題也。若俄勝日敗，則我政府之意，必以為中國所以貧弱者，非憲政之不立，乃專制之未工。」這樣，中國的立憲改革將更加困難。

與立憲派預料並希望日本獲勝相反，清廷和守舊派則預料並希望俄國獲勝，而且已經具體制定了親俄外交方針。他們認為日本為一小小島國，遠非地大物博的俄國的對手。他們還認為日本實行君主立憲是「以權與民」，這樣士兵在戰場必然會「各顧其命」，難打勝仗；而俄國是君掌大權，軍隊一定令行禁止，因此必然是俄勝日敗。對此，立憲派反駁說，國家的強弱不在大小，而在精神。日本

雖小，但經君主立憲後精神蓬勃，「俄國雖大，而腐敗之氣象與我國等」。另外，民權乃天賦之權，「故立憲國民每至戰陣之場，各以保守天權為務，生死不計也」，而這是「專制之國以軍令示威者所可同日語耶？」

戰爭的發展證明立憲派預料的正確。1905 年 1 月，旅順口俄國守軍投降。2、3 月間，雙方以六十萬兵力展開瀋陽會戰，俄軍敗北。為挽回敗局，俄國從歐洲調艦隊東駛，結果於 5 月在對馬海峽被日軍全殲。歷時一年多的日俄戰爭，終以日本大獲全勝告終。

日勝俄敗的結果一出，立憲派更是借此大作文章，宣傳這場戰爭「非軍隊之競爭，乃政治之競爭。卒之日勝而俄敗，專制立憲，得失皎然。」「此非日俄之戰，而立憲、專制二政體之戰也。」「以小克大，以亞挫歐，赫然違歷史之公例，非以立憲不立憲之義解釋之，殆為無因之果。」對於一直處於民族危亡的近代中國來說，「立憲」對於多數國人的吸引力其實並不在於對君權的限制，而在於可以「救亡」。此後，越來越多的人相信立憲可以富國強兵、可以救亡圖存，社會輿論和觀念發生了相當大的變化，立憲「乃如萬頃洪濤，奔流倒注，一發而莫之或遏」，甚至某些原先反對立憲的守舊人物也轉而傾向支持立憲。

革命力量大聯合

1894 年底孫中山在海外創辦中國第一個革命小團體「興中會」，並於 1895 年秋發動了「廣州起義」，這是革命者第一次武裝發難。雖然影響有限，但這畢竟是孫氏革命事業的重要起點。

　　到了 1905 年，孫中山開始革命活動恰恰十年。在這十年中，孫中山顛沛流離，矢志不渝為革命奔走，而中國的國內形式也開始悄悄生變。他曾於 1900 年秋發動惠州起義，起義雖然失敗，但卻在國內外產生重大影響。孫中山明顯感到民心丕變：五年前的起義失敗後，「舉國輿論莫不目予輩為亂臣賊子、大逆不道，咒詛謾罵之聲，不絕於耳」，甚至親人都將他視為洪水猛獸；而此時「則鮮聞一般人之惡聲相加，而有識之士，且多為吾人扼腕嘆惜，恨其事之不成矣。前後相較，差若天淵」。

　　在這十年間，社會矛盾更加尖銳，一支革命的重要力量：現代知識份子群體開始形成。隨著國內新式教育迅速發展、出國留學盛極一時，與中國傳統文人迥異的現代知識份子人數驟增。他們深受新思潮影響激蕩，成為革命派的重要力量。上海和東京是這些新式知識份子最為集中的地方，在 1903 年前後，革命小團體紛紛湧現，並形成辦刊辦報、出書宣傳革命思想的熱潮，在短短二三年間出現政治性刊物就有近二十種。盧梭、伏爾泰、華盛頓……悉數被介紹進來。有人撰文歡呼：「今者盧梭之《民約論》潮洶洶然，蓬蓬然，其東來矣！吾黨愛國之士，列炬以燭之，張樂以導之，呼萬歲以迎之。」有「號角一聲驚夢醒」之譽的《革命軍》更是宣傳只有「革命」才能「掃除數千年種種之專制政體，脫去數千年種種之奴隸性質」，「使中國大陸成乾淨土，黃帝子孫皆華盛頓。」

　　1905 年 4 月，《革命軍》的作者鄒容病逝獄中，兩年前引起巨大反響的《革命軍》再引萬眾矚目。1905 年 12 月，革命黨人陳天華蹈海自盡，他的革命檄文《警世鐘》、《猛回頭》亦再引萬人傳誦，甚至被「奉為至寶」，尤其是在兩湖地區，「三戶之市，稍識字之人，無不喜朗誦之」。革命思潮，洶湧而來。

在許許多多的革命小團體中，影響比較大的有華興會、科學補習的和光復會等。但就組織形式和活動方式而言，這些團體基本上都沒有脫離舊式會黨，且有濃厚地域色彩，因而使革命派的力量大受影響。到 1905 年，隨著形勢的發展，成立統一的全國性革命政黨的任務提上了歷史舞臺。1905 年 8 月，經過孫中山、黃興等人的多方努力，將分散的革命小團體聯合、統一起來的具備近代資產階級革命政黨規模的中國同盟會終於正式成立，並於當年 10 月創辦了影響深遠、在革命宣傳中起了重要作用的機關刊物《民報》。同盟會將原本分散的革命力量彙集一處，因此力量空前壯大。至此以後，「革命風潮，一日千丈」。

但意義更深遠的，還是中國同盟會制定的革命綱領。在同盟會成立大會上通過的《軍政府宣言》規定以「驅除韃虜、恢復中華、創立民國、平均地權」為宗旨，而孫中山 1905 年 10 月在《民報發刊詞》中，首次將這十六字綱領概括為民族主義、民權主義和民生主義。「三民主義」的提出，使革命派有了比較完整的理論基礎，而且深深地影響了此後半個多世紀中國的命運。

清王朝的被動變革

對清王朝來說，1905 年也是個非常重要的年頭。

從 1901 年慈禧在西逃途中頒諭同意「變法」開始，雖有諸如將「總理衙門」改為「外務部」之舉，但不外「洋務」舊議和幾年前「維新派」的舉措，幾年來「新政」並無重大進展。但到了 1905 年，它終於不能「原地不動」了；而它的點點「進步」，則與立憲派的輾轉推動大有關係。

　　「立憲」不是革命，而是在體制之內的改革，所以「立憲派」十分注重策動清政府內的王公大臣、封疆大吏要求立憲。在他們多方策動下，許多權要也認識到立憲的重要性。1904 年春，不少大臣上奏，或要求派臣出洋「考求新政」，或要求「一切盡行改革，期於悉符各國最善之政策而後已」。而出使法國大臣孫寶琦則上折明言應該「立憲」：「各國之立憲政體洵可效法」，應「仿英、德、日本之制，定為立憲政體之國」。這些奏摺雖然並未打動清廷，卻引起巨大社會反響，使立憲派深受鼓舞，加緊活動，贊同立憲的王公大臣也越來越多。

　　1905 年 1 月，出使日本大臣楊樞奏請立「變法大綱」，「似宜仿效日本」定為立憲政體。6 月以後，直隸總督袁世凱、兩江總督周馥、湖廣總督張之洞、兩廣總督岑春煊等或聯名或單獨上奏、有人還多次上奏要求立憲，甚至具體提出以十二年為期，八位總督中已有五位主張立憲，而主張立憲的巡撫和駐外使節更多。深受慈禧倚重的軍機大臣瞿鴻禨和奕劻這時也支持立憲。在這種情勢下，清廷終於在 7 月 16 日發佈諭旨同意出洋考察政治：「方今時局艱難，百端待理，朝廷屢下明詔，力圖變法，銳意振興，數年以來，規模雖具而實效未彰，總由承辦人員向無講求，未能洞悉原委」，現在決定派員「分赴東西洋各國，考求一切政治，以期擇善而從，嗣後再行選派，分班前往」。

　　雖然此諭並未提及「立憲」，但這畢竟是清政府預備立憲的標誌，因此得到國內外廣泛好評。有外國輿論認為這說明中國「已如夢方醒」，而「京內京外，學界、商界、欣然色喜，群相走告」；「學界譜詩歌，軍界演軍樂，商界則預備金花彩燭」準備熱烈歡送五大員出洋考察政治。11 月末，清廷下令成立了考察政治館，其職能是

研究、編選各國憲政資料供朝廷參考，在預備憲政的路上又走了一小步。經過一番曲折，五大臣終於在 12 月底離京，踏上出洋考察政治之路。

1905 年清政府的另一個重大舉措是「廢科舉」。早在洋務運動時期，近代新式教育就開始在中國出現，經過幾十年的發展，科舉制對新式教育、對社會發展的束縛越來明顯，顯然早已過時。雖然一些洋務大員和維新派人士對科舉制度早就多有抨擊，但無人一直敢正式提出廢科舉。1905 年 9 月，張之洞、袁世凱、趙爾巽、周馥、岑春煊、端方等將軍、督撫終於會銜上奏，要求立即停開科舉。他們警告說：「科舉不停，學校不廣，士心既莫能堅定，民智復無由大開，求其進化日新也難矣。」清廷對社會變革的態度明顯比政治變革積極得多，當月即諭令從 1906 年開始廢除已有千餘年歷史的科舉制。這確是一個劃時代的歷史事件，時人認為「言其重要，直無異於古之廢封建、開阡陌。」科舉制的廢除使社會統治的傳統基礎士紳階層開始分化，新式知識份子開始向「中心」挺進，加快了傳統社會系統的解體。新的社會結構，更需要新的治理方式。

如果說 1905 年以前、立憲派、革命派還過於弱小，根本不是清廷的「對手」的話，那麼此時，它們的力量空前壯大，已可與清廷比試一番。此後，這三種力量的互相角力，最終決定了近代中國的命運。立憲派與革命派激烈論戰，以革命派勝利結束。立憲派之所以敗下陣來，其實並不是其理論無力，而在其理論的基點是清政府能立憲。然而，清政府 1905 年在重重壓力下邁出不小的一步後，卻又基本踏步不前。這時，政治的邏輯只能是革命。

歷史說明，雖然也感到「時局艱難」，但清廷對歷史大勢和局勢的緊迫並無真切瞭解和感受。它似乎對民意全然不解，攻擊朝政的

「謗文」歷來都有，並不足怪，但這種「謗文」能得到普遍叫好時則大有深意。如果清廷在鎮壓革命黨人時也能認真想一想諸如《革命軍》、《猛回頭》、《警世鐘》這樣「犯上作亂」之文為何能人皆拍手稱快，當不至對民意如此無知。同樣，清廷也沒有重視、珍視當它宣佈「考求一切政治，以期擇善而從」時國內那種人心振奮、欣喜相告的民情民意。對已處風雨飄搖中的清政府來說，這確是非常難得的一次得到舉國稱讚之舉。然而，它卻沒有依民情順民意在立憲的路上繼續前進，而是躑躅不前。它不願放棄任何權力，並過於相信自己力量強大，一切都能在它掌控之中，彷彿歷史也可以按照它理想的節奏發展。因此，它終只是被動地「走一步算一步」。它已經喪失了 1898 年的機會，眼看著又喪失了 1905 年「開局不錯」的機會。它，還能再次把握住歷史的機會嗎？

　　噫吁嘻，「山雨欲來」之 1905！

學術與政治

——1940 年中研院院長補選記

中央研究院是民國時期中國科學、文化研究的最高機構，其院長當然應為學者，而不能是與學術無關的純官員；但作為行政領導，又不能是不問世事、不通政治、沒有組織能力、不獲政府信任的「純學者」。能否產生出一位既是學者，又是政治人物的院長，關鍵在於院長的產生程式，所以當時規定，中研院院長的產生應由中央研究院的評議會投票推薦三位候選人，再由國民政府從中遴選任命。評議會為全國最高學術評議機構，都是由學者組成，但只有院長的推選權而無任命權；政府有任命權，但只能在學者們推選出的候選人中作出選擇，而不能為所欲為。這種程式的設計，即著眼於學術與政治的平衡、互相制約，「學術」與「政治」誰都不能完全自己「說了算」。中研院的首任院長蔡元培，確是當之無愧的不二人選，因此毫無爭議當選。但 1940 年 3 月初，蔡元培先生在香港病逝，補選繼任院長之事便提上日程，由此引起一場風波。透過這場風波，可以更清晰地看出「學術」與「政治」間的博弈。

胡適、翁文灝、朱家驊是當時在學界呼聲最高的三人，因為他們既是著名學者，又與政治有相當淵源。三人中又以胡適聲望最高，周炳琳、陳源、陳寅恪、傅斯年等著名學者都公開表態支持胡適，都認為最適當的人選當然是胡適，有人甚至表示自己專程趕到「陪都」重慶只為投胡適一票。不過，學者們馬上意識到問題的複雜性。

原來，胡適在抗日戰爭爆發後，於 1938 年底出任中國駐美大使，因為中國在抗戰最艱難的時刻，迫切需要在美較有影響的胡適促使美國改變對中日兩國的中立態度，尋求美國對中國抗戰的援助。此時太平洋戰爭尚未爆發，美國仍未參戰，學者們意識到胡適在美身負民族、國家重任，從這一點來看，又不應讓他回國擔任中研院院長。使問題複雜化的另一個因素是，駐美大使無疑是肥差，以貪瀆出名的孔祥熙一直想將此職納入自己囊中，此時他卻悄悄活動，力主將胡適調回出任中研院院長，由他的親信顏惠慶繼任駐美大使。孔氏一家原本就聲名狼藉，此消息風聲傳出，學者更加反感。這樣，許多學者本來極盼胡適歸來出任院長一職，此時又念及胡適在美重任，更不想讓駐美大使一職為孔氏染指，左右為難，不知如何投這手中一票。

就在大家左右為驗難之際，「總裁」蔣介石投票前突然親自下一條子，明確要大家「舉顧孟餘出來」。顧孟餘早年入德國柏林大學學習經濟學，1922 年回國後曾任北京大學德文系主任、經濟系主任兼教務長，1925 年底任廣東中山大學校長，後加入國民黨。在二十年代後期曾擔任過國民黨中央執行委員、中央宣傳部部長、中常委等職。三十年代曾任鐵道部長、交通部長、中央政治會議秘書長等要職。他與汪精衛交往很深，是汪精衛反對蔣介石的「改組派」骨幹。但 1938 年底汪精衛投敵叛變，顧孟餘力勸無效表示堅決不參加汪精衛組織的偽政府，即由香港回重慶與之分道揚鑣。回到重慶後一直投閒散置，沒有合適位置安排。這次中研院院長出缺，蔣介石想讓他出任院長一則因其曾任北大經濟系主任、教務長、中山大學校長等職，並非不通學術；而中研院院長又非中樞重要，正好安排以前的「政敵」表現自己的寬宏大量。

蔣介石「政治」的角度考慮院長人選，卻破壞了規則，引起學者強烈反彈，一時群情激憤，認為此舉破壞了學術自由與獨立。在投票前夕的餐聚上，陳寅恪大講學術自由的意義，並說「我們總不能單舉幾個蔣先生的秘書」。席間當即進行了民意測驗性的非正式投票，結果翁文灝得二十三票，胡適得二十二票，朱家驊得十九票。此事立即為蔣介石所知，他大為不滿地說：「他們既然要適之，就打電報讓他回來吧！」評議會於 3 月 22 日正式開幕，第二天進行院長候補人的正式選舉。到會評議員以無記名方式推舉三名院長候補人，結果翁文灝與朱家驊各二十四票，胡適二十票，李四光六票，王世杰四票，顧孟餘一票。一些朋友怕胡適當選而離駐美大使之任故意不投他的票，但仍得如此多票足見其威望之高，而顧孟餘僅得 1 票則是學者們用選票對蔣介石干預學術、破壞學術自由的抗議。按照有關規定，評議會將得票最多的前三人具名呈報國民政府。由於此事牽涉各方矛盾，蔣介石在這三人中經過半年之久的躊躇，最終於 9 月才圈定朱家驊。

在這場風波中，學者敢於堅持原則，當政者最終也尊重「遊戲規則」，大致保持了「學術」與「政治」間的平衡。

白修德與四十年代「中原大饑荒」

　　1942 年到 1943 年，久旱無雨的河南發生了罕見的「中原大饑荒」，造成五萬人死亡，慘絕人寰，舉世震驚。「自然災害」當然是「天災」，但造成數百萬人死亡則主要是「人禍」，即當時政治的腐敗、政府的嚴重失職。事實證明，一旦政府採取種種有力的賑災措施，災民得到救濟，死亡人數便迅速減少。在這次「大饑荒」中，美國《時代》週刊駐華記者白修德（Theodore H. White）在促使遠在重慶的國民政府最終採取果斷措施，使無數生靈得救的過程中起了重要作用。

　　從 1941 年開始，地處中原的河南就開始出現旱情，收成大減，有些地方甚至已經「絕收」，農民開始吃草根、樹皮。到 1942 年，持續一年的旱情反而更加嚴重，這時草根幾乎被挖完，樹皮幾乎被剝光，災民開始大量死亡，在許多地方出現了「人相食」的慘狀，一開始還是只吃死屍，後來殺食活人也屢見不鮮。然而，國民政府對此似乎瞭解無多，不僅沒有賑濟舉措，賦稅還照樣不減。

　　1943 年災區的天氣依然乾旱，災情進一步惡化。這時，災區的情況開始外傳，2 月初重慶版《大公報》刊登了該報記者從河南災區發回的關於「大饑荒」的報導，但卻遭到國民政府有關部門當即勒令其停刊三天的嚴厲處罰。消息傳來，駐重慶的外國記者一片譁然，白修德決定親赴災區一探虛實。這月底，經過有關部門批准，白修德來到河南災區。雖然已經有所耳聞，但親眼看到災區的情況

還是讓他深深震驚。路傍、田野中一具具屍體隨處可見，到處都是野狗在啃咬死屍，白修德拍下野狗從沙土堆中扒出屍體來啃的照片。在一直在當地的傳教士陪同下，他走訪了許多村莊，訪問了許多災民。從災民的口中，他才知道「吃人」已不鮮見，問題只在於是吃死人還是吃活人，不少災民都聲辯自己只吃死屍，沒有吃過活人。一個父親被控把自己的兩個孩子殺掉吃了，這位父親辯解說是孩子死後才吃的。還有一個農民被控殺掉別人送給他的八歲兒童，因為在他家屋傍的大罐子裏發現了小孩的骨頭。這位農民也辯白說小孩先死。白修德寫道：「我們在這個村子裏只待了兩個小時，無法判斷是非曲直。任何人都可能說謊。所以我們又繼續策馬前進。」（〈美〉白修德，《探索歷史》，三聯書店 1987 年版，第 113 頁）

最初的震驚之後，白修德開始從技術上入手搜集最低的統計數字，每天都和農民及低級官員交談，瞭解更多的背景材料。他發現，軍隊徵收的軍糧往往高於全年的收成，農民還要向地方政府官員納稅。貪污腐敗比比皆是，「收稅時實際上的野蠻和侮辱是傷心慘目的，但和收稅同時進行的貪污更壞。徵收穀物的軍官和當地官員認為抽稅是他們薪水的補貼，是一種搶劫的特權。每個月在稅款分配之後，高級軍官們就把多餘的穀物分了，送到市場上出售，得款飽入私囊。這種不法抽得的穀物，實際上是到達市場穀物的唯一來源，而控制穀物的囤積居奇者，把價格抬得天一樣高。」當然，「這些事實並不是從報章上收集得來，而是從農民嘴上收集得來的。我們曾經設法跟某些老百姓談話，有一天晚上，當我們住在一個軍司令部的時候，一群中年人來訪問我們，說他們代表著當地社會。他們起草了一個條陳及一個報告書，希望我們帶到重慶去。他們給了我們兩份。這報告書說，全縣十五萬人中，十一萬人已什麼都沒吃了，

垂死的人每天約有七百，死掉的人每天也有七百左右。自從饑荒開始以來，政府發放的救濟品為麩皮一萬斤。我們和這群人的領袖談了一下。他有地嗎？是的，二十畝。他收穫多少穀物呢？每畝十五斤。抽稅要抽多少？每畝十三斤」。這是一直在旁聽他們談話的指揮官勃然大怒，這位指揮官級別不低，是位將軍。他把那個農民叫到一旁訓斥一番，然後這位農民回到白修德旁邊，改口說剛才說錯了，稅不過每畝五斤。同時，這位將軍要求他們把這些農民剛才給我們的書面報告退回。他們退回了一份，但這位將軍堅持必須把另一份也退回。白修德寫道：「我們相對默然，在昏暗之後，我們可以看到那老人在發抖。我們明白，待我們走後，我們的一切罪名都會歸在他身上，而且我們自己也害怕；我們交回了報告書。」有此經歷，以後他們盡可能在沒有任何官員在場時和百姓交談，無論何時何地，聽到的都是在重複同樣的呼籲：「停止徵稅吧，饑荒我們受得了，但賦稅我們吃不消。只要他們停止徵稅，我們是能夠靠樹皮和花生殼活命的。」（〈美〉白修德、賈安娜，《中國的驚雷》，新華出版社1988年版，第 195、196、197 頁）

　　把各村、縣情況匯總後，他估計受災最嚴重的四十個縣中，大約有三百至五百萬人餓死。但是，當他向河南省主席說起餓殍遍地時，這位省主席卻說他誇大事實：「只有富人才得把賦稅全部交納。對於窮人，我們所徵收的，絕不超過土地上所能出產的東西。」（《中國的驚雷》，第 195 頁）白修德知道旱情固然嚴重，但如果政府停免賦稅、採取賑災措施，就能迅速減少災民的大量死亡，因為就在河南鄰省陝西就有大批存糧。然而，各級官員對災情總是輕描淡寫，力圖掩蓋真相。面對這種情況，白修德意識到只有讓外界知道情勢如此嚴峻才能挽救災區無數生命，因此迫不及待地想把災區實情告

訴世人。洛陽電報局是他歸途中經過的第一個電局，他立即就將電稿發出。他清楚，「按照規定，這篇報導和任何新聞報導一樣，應當發回重慶，由我在宣傳部的老同事進行檢查，這樣，他們肯定會把這篇報導扣壓下來的。然而，這封電報卻從洛陽通過成都的商業電臺迅速發往了紐約。或者是因為這個電臺的制度不那麼嚴格，或者是因為洛陽電報局某一位報務員在良心的驅使下無視有關規定，這篇報導不經檢查就直接發往紐約了。於是，消息首先在《時代》雜誌上傳開了──這家雜誌在整個美國是最同情中國人的事業的。」當時蔣介石的夫人宋美齡正在美國訪問，頓時大怒，認為有損中國政府形象，由於她與《時代》週刊老闆亨利‧盧斯（Henry R Luce）是老朋友，所以強烈要求盧斯將白修德解職，這一無理要求理所當然被盧斯拒絕。（《探索歷史》，第 120 頁）消息登出後，在美國引起很大反響，美國朝野對當時中國政府不顧民眾死活的作法大為不滿、甚至憤怒。

回到重慶後，白修德想立即向蔣介石面呈實情，但蔣卻拒不接見，因為「一夜之間，我在重慶成了一個引起爭議的人物。一些官員指責我逃避新聞檢查；另一些官員指控我和電報局裏的共產黨員共謀，把我的報導偷發出去。」宋慶齡得知這種情況，一再對蔣介石說事關數百萬人性命，堅持要蔣見白修德。在宋慶齡的堅持下，蔣介石最後終於同意會見。見面時，蔣介石厭惡之情溢於言表，堅決否認有人吃人和野狗吃死屍的情況。白修德不得已拿出野狗吃人屍體的相片，蔣看到這些相片，表情極其尷尬，問他在何處拍下這些相片，而後要他提供完整的報告，接著他又向白修德表示感謝，說他是比自己派出的任何調查員都要好的調查員。後來的事實說明，一旦政府採取有效措施，災民的死亡便迅速減少。幾個月後，

白修德收到了一位一直在災區的傳教士的一封來信，信中感激地寫道：「你回去發了電報以後，突然從陝西運來了幾列車糧食。在洛陽，他們簡直來不及很快地把糧食卸下來。這是頭等的成績⋯⋯省政府忙了起來，在鄉間各處設立了粥站。他們真的在工作，並且做了一些事情。軍隊從大量的餘糧中拿出一部分，倒也幫了不少忙。全國的確在忙著為災民募捐，現款源源不斷地送往河南。」「在我看來，上述四點是很大的成功並且證實了我以前的看法，即災荒完全是人為的，如果當局願意的話，他們隨時都有能力對災荒進行控制。你的訪問和對他們的責備，達到了預期的目的，使他們驚醒過來，開始履行職責，後來也確實做了一些事情。總之，祝願《時代》和《生活》雜誌發揮更大的影響⋯⋯在河南，老百姓將永遠把你銘記在心。有些人心情十分舒暢地懷念你，但也有一些人咬牙切齒，他們這樣做是不奇怪的。」（《探索歷史》，第 120-122 頁）

　　「災荒完全是人為的，如果當局願意的話，他們隨時都有能力對災荒進行控制。」這位傳教士當年從自己親身經歷中得出的結論，在半個多世紀後被經濟學家阿馬蒂亞・森（Amartya Sen）的深入研究作了理論上的證明，這也是森在 1998 年獲得諾貝爾經濟學獎的重要原因之一。他在《貧困與饑荒——論權利與剝奪》、《以自由看待發展》兩書中指出，貧困不單純是一種供給不足，而更多是一種權利分配不均，即對人們權利的剝奪。由於格外注重「權利」，阿馬蒂亞.森強調自己的經濟學採用的是「權利」的分析方法，將貧困、饑荒問題與「權利」緊密相連，提出相當多的人的權利被剝奪才會導致大饑荒；從權利角度認識貧困、饑荒問題，把這看似單純的經濟學問題與社會、政治、價值觀念等因素綜合考慮，突破了傳統經濟學僅從「經濟」看問題的角度，使經濟學的視野更加開闊、分析更

加深刻。通過對饑荒與經濟、社會機制的分析，他的研究說明經濟活動背後離不開社會倫理關係。這是他對經濟學的最大貢獻，也因此被稱為「經濟學的良心」。1998 年諾貝爾經濟學獎公告對他的研究作出如此評價：「阿馬蒂亞‧森在經濟科學的中心領域做出一系列可貴的貢獻，開拓了供後來好幾代研究者進行研究的新領域。他結合經濟學和哲學的工具，在重大經濟學問題討論中重建了倫理層面。」

他以大量資料和經驗研究為基礎，證明現代以來雖然饑荒與自然災害有密切關係，但客觀因素往往只起引發或加劇作用，權利的不平等、資訊的不透明、缺乏言論自由、政治體制的不民主才是加劇貧困和饑餓，導致大規模死人的饑荒發生的主要原因，在糧食問題的後面是權利關係和制度安排問題。因為只有在民主自由的框架中，資訊才有可能公開，公眾才有可能就政策制定進行公開討論，大眾才有可能參與公共政策制定，弱勢群體的利益才能得到保障，政府的錯誤決策才有可能被迅速糾正而不是愈演愈烈。在沒有重大災害的承平時期，人們對民主的作用和意義往往並不在意；或許只有面對災害的嚴重後果，人們才意識到民主的重要。

歷史經驗和理論研究都已說明，對重大災難的深刻反思，往往是社會改革、進步的重要契機。只有在這個意義上，「多難」才能「興邦」；一個民族今天失去的，才能以明天的進步作補償。

（原載於《南風窗》，2003 年第 7 期）

從「起朱樓」到「樓塌了」
——國民黨的大陸歲月

　　從 1894 年孫中山創辦興中會起，到 1949 年國民黨倉遑逃離大陸，國民黨在大陸度過了五十五個春秋。在這半個多世紀的歷史風雲中，它從一個僅二十餘人的秘密小團體成為一舉推翻清王朝的巨大政治力量，經過種種曲折，終成統一全國、擁有最強大武裝的執政黨；但在權力達到頂峰時，它卻轟然坍塌、黯然離去。回首這一段歷史滄桑，不禁使人想起《桃花扇》中的名句：「金陵玉殿鶯啼曉，秦淮水榭花開早，誰知容易冰消！眼看他起朱樓，眼看他宴賓客，眼看他樓塌了！」歷史興衰每每令人慨然興歎，但感歎之後的深思，恐更有意義。

「革命黨」與「執政黨」

　　1894 年深秋，年僅二十八歲、可說一無所有的孫中山，與二十幾位同齡人在遠離中國的檀香山成立「興中會」，提出「驅除韃虜，恢復中華，創立合眾政府」的綱領。當時，這只被少數與聞者認為是幾個少不更事的年輕人的「癡人說夢」，沒有幾人會認真看待。其實，這卻是中國歷史舞臺一出全新之劇的序曲，當然也是劇中主角國民黨的開端。

　　在某種意義上說，「革命」的成功與其說是革命黨人的「製造」，勿寧說是由於統治者統治無方、使社會矛盾長期積累釀成社會危機，面對危機又處置不當的結果。興中會成立的時候，正時中日甲午戰爭，清軍慘敗。不久，希望在體制內改革、變法的維新派被清廷以慈禧為首的頑固派血腥鎮壓，這就把以孫中山為代表的體制外的革命黨人推上了歷史舞臺。拒不變革，使清王朝喪失了「一線生機」。其後，各種革命小團體大量湧現，終於在 1905 年匯集一處，成立了中國第一個近代意義的政黨中國同盟會。

　　同盟會領導的辛亥革命，終於推翻了已經腐朽不堪的清王朝。中華民國的成立，民主氣氛高漲，「政黨政治」一時成為熱潮，在很短的時間內竟出現上百個政黨，出現黨派林立的局面。同盟會一些領導人甚至提出「革命軍興，革命黨消」的口號，在宋教仁的鼓動下，同盟會在 1912 年 3 月通過了新修訂的《總章》。這個新綱領核心精神是將同盟會從過去秘密的「革命黨」變為公開合法的「政黨」。在他們的心目中，「政黨」就是西方那種在議會中通過選舉取得執政權的黨，而「革命黨」並非「政黨」。在這種背景下，他們將「革命黨」同盟會改造成「政黨」國民黨。1912 年 8 月，以同盟會為骨幹、聯合其他四小黨的國民黨在北京組建。但歷史表明他們確實過於天真了，在袁世凱的統治下，政黨政治終成幻影。

　　1912 年 12 月，中華民國第一屆國會選舉正式拉開帷幕，第二年 3 月，選舉初步結束，國民黨贏得了國會議員競選的勝利。國民黨在國會選舉的勝利，無疑是袁世凱獨裁的一大障礙。因此，他暗殺了國民黨領袖宋教仁，從而引發了國民黨的「二次革命」。但僅兩個月，組織渙散的「二次革命」即告失敗，也宣告了中國初試「政黨政治」的失敗。

事實說明，在革命剛剛成功、一切尚未穩定時即匆匆取消「革命黨」確是革命黨人的重大失誤。不過，他們提出的從奪取政權的「革命黨」到掌握政權後成為「執政黨」這種轉變的意義，卻不能完全忽視。

「一黨治國」

在總結革命失敗教訓時，孫中山認為主要是由於國民黨「徒以組織號召同志，但求主義之相同，不計品流之純糅」，「故當時黨員雖眾，聲勢雖大，而內部分子意見分歧」，「徒眩於自由平等之說，未嘗以統一號令、服從黨魁為條件耳」。「至黨魁則等於傀儡，黨員則有類散沙」。因此，他著手重組革命黨時便強調「首以服從命令為唯一之要件」，黨員必須絕對服從他一個人，入黨時還要按手印。

對此，他的戰友黃興認為，黨員在誓約上寫明服從孫中山再舉革命已是不平等，而還要按手印則是人格侮辱，因此堅決反對。平心而論，孫中山本意是為扭轉國民黨的渙散、軟弱，出於公心，不如此確實很難取得革命勝利。然而黃興等人的反對也確有道理，因為誓言規定只服從領袖，當領袖是出於公心時固無問題，但當領袖變質或更換時，領袖究竟仍是大公無私還是報有個人野心則無法保證。或許，這是「革命黨」不得不面對的「兩難處境」。

對於未來的治國方式，孫中山創建的中華革命黨綱領在中國歷史上第一次提出「一黨治國」模式：「一切軍國庶政，悉歸本黨負完全責任」，「非本黨不得干涉政權，不得有選舉權」。這種治國模式對今後中國歷史的影響之深之遠，此時恐無人料及。

　　但如何將這種權力高度集中的「革命黨」付諸實行，孫中山畢竟毫無經驗，因此「中華革命黨」不僅無法奪取政權，本身亦漸式微。從 1916 年到 1922 年，中國政治一片混亂，陷入軍閥割據之中。孫中山兩度聯絡部份軍閥「護法」，卻都因軍閥背叛而慘遭失敗。在極度困難之中，他在 1919 年 10 月將越來越不景氣的中華革命黨改建為「中國國民黨」。中國國民黨雖對中華革命黨的章程作了一些修改，但在黨與政權的關係上仍與中華革命黨一樣，規定：「一切軍國庶政，悉歸本黨負完全責任」。這時，以極富組建革命黨經驗的列寧為首的「第三國際」和剛剛誕生的中國共產黨，向孫中山伸出了援助之手，開始了第一次「國共和作」。在共產國際和中國共產黨的幫助下，國民黨開始了自上而下較為嚴密的組織建設和黨軍建立。

　　1927 年 4 月，國共合作的北閥正在乘勝前進，兩黨矛盾空前尖銳，蔣介石發動「四一二」政變，開始「清黨」，國共合作破裂，開始了血雨腥風的「十年內戰」。

　　在這十年間，國民黨建立起了一黨獨裁的政體。1928 年，國民黨就通過了《中華民國國民政府組織法》，雖然規定「五權分立」，但各部門組成人員全部為國民黨員，並規定「國民政府受中國國民黨中央執行委員會之指導及監督，掌理全國政務」，初步確定了國民黨對政權的控制和壟斷。而《中華民國訓政綱領》規定國民黨總攬一切權力，公民和其他一切政黨事實上不得享有包括選舉權在內的所有政治權利。以後的各種條文、法規規定國民黨以外的任何其他政黨都是「非法黨」。1929 年，國民黨「三全」大會對國民黨「一黨治國」的解釋是其獨裁的基本「理論」：「中華民國人民，在政治的知識與經驗之幼稚上，實等於初生之嬰兒；中國國民黨者，即產生此嬰兒之母；既產之矣，則保養之、教育之，方盡革命之責；而

訓政之目的，即以保養、教育此主人成年而還之政，為其全部之根本精神；故訓政綱領開宗明義即以中國國民黨依照建國大綱，訓練國民使用政權」。因此，國民黨要「獨負全責領導國民，扶植中華民國之政權治權」，規定「於必要時，得就人民之集會、結社、言論、出版等自由權，在法律範圍內加以限制」，強調國民必須服從國民黨、擁護「三民主義」。

從 1929 年到 1931 年，又進一步確立了「領袖」蔣介石的獨裁地位。總之，到 1937 年抗日戰爭爆發時，行政、立法、司法、人事、監察等全部權力都歸國民黨獨有。

國民黨的這些規定，透過特務體系和保甲制度得到貫徹實行。國民黨的特務機構於二十年代末、三十年代初開始產生、組成，以後發展成為「中統」、「軍統」兩大特務系統。特務活動延伸到一切軍事、政治、經濟、文教系統，造成全面恐怖。同時，國民黨大力推行保甲制。從 1928 年到 1934 年，保甲制逐漸嚴密。「保甲」成為全國普遍推行的基礎政權組織，對國民實行「管、教、養、衛」。即清查戶口、監視居民，一戶犯罪、各戶株連，實行「黨化教育」，繳納各種苛捐雜稅，並以「自衛」的名義進行軍事訓練。

透過這些措施，國民黨一直實行嚴酷的獨裁統治。

「勝利的災難」

雖然國民黨一直採取種種辦法鎮壓「異黨」，但以共產黨為主要代表的「異黨」一直未被其消滅。而且，隨著日本軍國主義對中國的侵略越來越嚴重，要求全國各黨派團結起來共同抗戰的要求、呼

聲越來越強烈。1936 年年末的「西安事變」的和平解決，使國共再次合作，也為中國結束一黨獨裁實行民主政治提供難得的契機。

抗日戰爭時期，國民黨停止了對異黨的鎮壓，在一定程度上與其他黨派實現了局部合作。國民黨釋放了一些被捕入獄的共產黨員和一些因反對蔣介石被捕的民主進步人士，允許各地成立抗日救國團體，放鬆了對新聞出版物的查禁，《新華日報》等共產黨報刊可在「國統區」公開、合法發行。特別是 1938 年 7 月國民黨邀請各黨派人士「共商國是」的諮詢機構國民參政會成立，更表明國民黨受到抗日民主浪潮的影響和衝擊。

雖有此種種變化，但國民黨並不想放棄「一黨獨裁」的基本政治模式。因此，它實際拒絕了中國共產黨在 1944 年秋提出的「成立民主聯合政府」的政治主張，因為這一主張是對國民黨一黨獨裁制的徹底否定。抗戰勝利後，在國共的重慶談判中，中國共產黨仍把反對一黨獨裁專制、爭取民主政治作為談判的重要內容。

以後的歷史表明，這可能是歷史給國民黨提供的「一線生機」。然而，國民黨被抗戰的勝利沖昏了頭腦，將這難得的歷史機遇白白丟失。

1945 年 8 月 10 日，經過八年艱苦卓絕的浴血抗戰，日本終於無條件投降。消息傳來，普天同慶。這是百餘年來，中華民族在大規模反侵略戰爭中第一次取得徹底勝利，而且，在抗戰期間，以英、美廢除對華不平等條約為先導，百餘年來列強強加在中國身上的不平等條約已基本廢除，租界已經收回，領事裁判權被廢除，被日本強佔半個世紀的臺、澎列島即將回到祖國的懷抱，中國在聯合國任常任理事國，百年積弱的中國一躍成為「五強」之一……這一切，不能不令人欣喜萬分，也不能不使國民政府、國民黨的威望突然高

漲，達到多年未有的高度。抗戰勝利，確使國民黨得到一筆巨大的政治財富或曰政治資本。然而，就在短短的幾個月內，國民黨的威望卻一落千丈，並就此埋下了幾年後失敗的禍根。何以至此，的確令人深思。

一切，都源於對「敵產」的接收。

日本的失敗，使國民黨突然面對一筆巨大的財富。按說，對敵產的接收，應是代表國民政府的軍政大員接管淪陷區敵偽政權全部政治、行政和軍事機關及一些日偽所擁有的公、私產過程。具體說，要對工廠、公司、辦事處、倉庫、住宅等查封清點。查清財產多少，屬誰，來源等，該沒收的沒收，該還原主的歸還原主。應有統一機構和嚴格的規章制度。但國民黨的接收卻是多頭齊下，互相爭奪仍至衝突，誰先搶到就是誰的。如9月上海成立了「敵偽機關及資產接收委員會」，但10月又成立了「不動產處置委員會」和「敵偽侵佔平民工商企業處置委員會」。以後各種有關機構越來越多，如第三集團軍、海軍總司令部、國防部、經濟部、糧食部、上海市政府等都有自己的「辦事處」負責接收。各機構後面是不同利益集團，代表不同集團的利益，各有各的後臺，根本無法統一。一些部分將「敵產」貼上封條，另一些部門來後撕下原封條，換上自己的封條。有時竟然架起機槍，武裝相向。在許多地方只能靠日、偽軍維持秩序，甚至誰只要有一兩桿槍，就可以軍管之名橫行，以搜捕賣國投敵分子為名，搶佔房產，強行抓人，「接收」各種財富。在這種情況下，本來有關規章就不健全，實際完全無人執行。如1945年8月底，國民政府行政院頒佈法令，宣佈一切由日偽政權登記、註冊的土地契約全都無效，但遲至一個月後才公佈清理敵有土地專門條例。這一個月的「空白期」使許多「接收者」鯨吞大量土地，後來者自然也

不甘心，所以這個「專門條例」只是一紙空文。敵偽的許多財產其實是掠奪中國公民的私產，理應歸還原主，但「接收」者往往找出各種理由拒不歸還，甚至將其盜賣。金融穩定是經濟穩定的最重要方面，但許多接收大員卻正是金融投機的「推手」。日偽投降，使淪陷區使用的偽幣作廢，但中央政府不可能在短期內向淪陷區投放大量法幣，所以一時還不能不繼續使用偽幣，其「身價」自然大貶。不少接收大員隨身攜帶大量法幣進行黑市兌換，同時「利益集團」居然有意推遲確定法幣與偽幣的兌換率，以牟取更多非法暴利，加劇金融動盪。

軍隊、海關、員警利用手中特權以「接收」為名大發橫財更加便利。湖南岳陽是敵偽遺留物質最多的城市之一，國民黨某軍接收時將日軍所建不少工廠的機器全部變賣一空，每天黃昏宣佈戒嚴，將各種變賣物質轉運到外地。安徽蕪湖警察局長和下屬監守自盜，把倉庫內的大米賣到外地。當時白糖緊張，屬專賣物質，上海閘北警察局長夥同他人將被查封的大量白糖偷偷賣掉。據統計，北平被接收敵偽財產入庫率不到五分之一。全國情況，由此可見一斑。

勝利者的接收，就這樣成為貪官污吏的「劫收」。金子、房子、票子、車子、女子（漢奸的妻妾）是「接收大員」巧取豪奪的對象，被人戲稱為「五子登科」。「想中央，盼中央，中央來了更遭殃。」這句民謠，直觀生動地說明了民心向背的瞬息之變。國民黨一位負責接收的要員也不能不承認此點，向蔣介石進言：「像這樣下去，我們雖已收復國土，但我們將喪失人心！」有人意識到，這樣的接收使政府「基礎動搖，在一片勝利聲中早已埋下了一顆失敗的定時炸彈。」當時即有輿論稱這種「光復」是「勝利的災難」。

　　此種情況，國民黨最高層當然完全清楚。所以在 1946 年 3 月召開的國民黨六屆二中全會上提出國民黨要「革新」，宋子文承認自己當時是負責接收的行政院院長因此「不能詞其咎」。六屆二中全會「政治報告決議案」則明確提出許多「革新」的「要點」，第一項即「多年以來，官商主義，早已構成政治上最大弊害」。「結果所至，官吏不知責任為何物，對於主義政策，不知尊重。此種弊害，在勝利以後，尤完全暴露。復員時期各種工作，多無準備，而一部分接收人員，敗破法紀，喪失民心，均為平素漠視主義，不知尊重國家制度之結果。」此「決議」列舉的幾十條「改革措施」其中一條即「清查戰時暴利之財富，課以重稅。清查不法接收人員之贓產」。《中央日報》在「革新運動的綱領」中列舉四條綱領，其中第二條即：「打倒官僚資本，實行民生主義。」並進一步闡述說：「談到實行民生主義，那就必須立刻伸出打倒官僚資本的鐵拳。這鐵拳當然是從黨內打起，然後再打到黨外。我們應該查一查：黨內的官僚資本家究竟有若干？他們的財產從何而來？是『國難財』的累積，還是『勝利財』的結晶？是化公為私的贓物，還是榨取於民間的民脂民膏？」提出要「實行一次大掃蕩的運動，從黨裏逐出官僚資本的渠魁，並沒收其全部財產，正式宣告官僚資本的死刑。」稍後，《中央日報》又發表題為「向官僚資本主義宣戰！」的文章，甚至主張要用調查、告密、陳報、清查等方法盡快查明「誰是戰時暴利者」、「誰是不法的接收人員」。

　　這些「決議」、文章其文字何其冠冕堂皇、正氣凜然，但歷史證明這些其實都是「滿紙荒唐言」，根本沒有、其實也不可能實施。孔、宋家族是公認的最大的官僚資本，誰敢動其一根毫毛？「利益集團」是此時的國民黨無法克服的頑症，因為它在黨內堅持領袖獨裁，對

外拒不接受中國共產黨和其他民主黨派提出的以「聯合政府」為主要內容的民主政治制度。既無黨內民主更無黨外力量的制約，突然面對巨大財富，它就無可避免地更加腐敗，加速其走向失敗的步伐。在「劫收」中民心失盡的國民黨，在隨後的「大決戰」中註定「在劫難逃」。國民黨在抗戰勝利後得到的那筆堪稱豐厚、至為珍貴的政治資本，就這樣被它突然得到的物質財富所吞噬。政治財富與物質財富不是相得益彰，而是後者吞噬前者，此誠國民黨的悲劇，更是歷史的吊詭。

「別來滄海事，語罷暮天鐘。」歷史，不是沒給國民黨機會，而是國民黨自己一再拒絕了歷史的賜予。

斯人已逝

「一蓑煙雨任平生」
——郭嵩燾的命運

　　近代中國面臨著社會和文化的全方位轉型，在如此全面、深刻卻又如此急迫的大變動中，社會和文化的震盪必然格外強烈，重重矛盾必然格外尖銳。在這跌宕起伏、令人驚心動魄的歷史大潮中，郭嵩燾時時作為弄潮兒，處於風口浪尖之上，又不時被大浪拋開，無可奈何地成為觀潮者。他那大起大落的戲劇性一生，最初的理想報負與最終的失望潦落，內心的種種矛盾和深痛……當然與他個人落拓不羈的文人性情緊密相關，但更與時代的震盪和矛盾緊緊相連。因此，他的一生又鮮明地反映出時代特徵，反映出方生與未死之際先行者的歷史命運。

坎坷仕途

　　1818 年，郭嵩燾出生在湖南湘陰一戶地主之家。這一年是清嘉慶二十三年，仍是「盛世」。就在此前，英國於 1816 年派阿美士德（William Pitt Amherst）率使團來華要求與中國通商，卻被嘉慶皇帝堅拒，因為中國是無所不有的「天朝上國」，荒蠻之地的「狄夷」只能向「天朝」進貢，而無權與位於「天下之中」的中國「互通有無」。中國，依然沉浸在「華夏中心」論的迷夢中，對正在迅速變化世界

大勢毫無瞭解。誰能想到，「英夷」在二十餘年後竟悍然發動侵華的鴉片戰爭，憑藉現代化的船堅炮利打敗堂堂天朝上國呢！

但是生活並沒有感到變化的必要。

與當時所有的讀書人一樣，郭嵩燾從小就受傳統教育，走科舉功名的道路。1835 年，十八歲的郭嵩燾考中秀才，第二年進入著名的岳麓書院讀書。強調經世致用、堅忍不拔，不尚玄虛、拚棄浮詞是湘學傳統，歷史悠久的岳麓書院一直是湘學重鎮。作為「湖湘子弟」，郭氏本就受湘學影響不淺，而岳麓書院的學習使他受影響更深。但更重要的是，正是在岳麓書院，他與曾國藩、劉蓉等相識，互相切磋學問，砥礪氣節，成為志同道合的至友。當然，他很可能想不到，與曾國藩的結交將影響到自己的命運。他可能更想不到，這批「湖湘子弟」即將成為中國近代史上舉足輕重的人物。

但在傳統功名的道路上，郭嵩燾走得並不順利。雖然他在 1837 年考中舉人，但 1838、1840 年接連兩次到北京參加會試都名落孫山，而曾國藩卻在 1838 年考中進士。在失意中，他只得接受友人的推薦，於 1840 年到浙江，給浙江學政當幕僚。這次為幕時間雖然不長，但卻埋下了他今後思想偏離傳統的變化契機。因為此時正值鴉片戰爭爆發，浙江地處前線，他「親見浙江海防之失」，一向為「華夏」所看不起的「島夷」的船堅炮利，給他留下深刻印象。但他並不甘於遊幕生涯，又幾次赴京參加會試，終於在 1847 年第五次參加會試考中進士，正式步入仕途。但不久，他的雙親相繼去世，依定制他只能回家居喪。

或許，命運一定要安排郭嵩燾登上歷史舞臺。就在回家居喪這幾年，正遇太平天國起義。1852 年，太平軍由桂入湘，湖南官兵望風而逃。而同樣鄉居的左宗棠、曾國藩對是否出山鎮壓太平天國都

曾猶豫不決,而郭嵩燾則力勸他們出來建功立業。以後曾、左都成為功勳赫赫的名臣,他總以自己當年的「力促」為榮。勸他人出山,自己當然也難甘寂寞,隨後幾年,郭氏一直隨曾國藩參贊軍務,多有建樹。同時在官場中建立了一定的「關係」。1856 年年末,他離湘北上,到京城任翰林院編修。

在京都,他深得權柄赫赫的戶部尚書肅順的賞識。肅順性情剛嚴,以敢於任事著稱,主張以嚴刑峻法改變當時吏治腐敗的狀況,屢興大獄,唯嚴是尚,排除異己,但由於他深得咸豐皇帝倚重,其他人對他是敢怒不敢言。與其他滿族權貴猜忌、排擠漢人不同,他卻主張重用漢族官僚,對以曾國藩為首的湘系,他尤其重視。由於肅順的推舉,郭嵩燾在不長的時間內就蒙咸豐帝數次召見,自然受寵若驚。咸豐帝對他的識見也頗賞識,命他入直南書房。南書房實際是皇帝的私人諮詢機關,入直南書房就意味著可以經常見到皇帝,參奏軍國大事。咸豐帝還進一步對他說:「南齋司筆墨事卻無多,然所以命汝入南齋,卻不在辦筆墨,多讀有用書,勉力為有用人,他日仍當出辦軍務。」(《郭嵩燾日記》,咸豐八年十二月初三)

不久,咸豐帝就派他到天津前線,隨僧格林沁幫辦防務。1859 年年初,郭嵩燾來到天津僧格林沁處。但僧格林沁這位蒙古王爺根本不把郭嵩燾這位南方書生放在眼中,對他非常冷淡。而郭嵩燾本就文人氣十足,再加自己是皇上親派,並且明確他與僧是「平行」,不是「隨同效用」,所以也嚥不下這口氣,因此兩人合作極不愉快。1859 年 10 月中旬,郭嵩燾又奉命前往煙臺等處海口查辦隱匿侵吞貿易稅收的情況,僧格林沁派心腹李湘棻作為會辦隨行。雖然他無「欽差」之名,但所到之地大小官員都知道他是皇上親派檢查財務稅收的大員,因此對他的接待格外隆重,並都備有厚禮。沒想到郭

嵩燾向來清廉方正，嚴於律己，規定「不住公館，不受飲食」，更不受禮。他的隨行人員因不能發財而大為不滿，那些地方官也尷尬，因為他破壞了官場腐敗已久的「遊戲規則」。到山東沿海各縣後，他認真查帳，發現從縣官到普通差役，幾乎人人貪污稅款，賄賂公行，而且稅外勒索嚴重驚人，超過正稅四倍多。他立即採取種種有力措施整頓稅務，堵塞漏洞，並設局抽厘。這些措施嚴重侵犯了當地大小官吏的利益，他們自然極為不滿。而設局抽厘又增加了新的名目，因為在政治嚴重腐敗的情況下，新任厘局紳董也一樣貪婪。結果厘局剛成立不久，就發生了福山縣商民怒搗厘局，打死新任紳董的騷亂。儘管如此，這次稅務整頓還是大有成效，查整了一批貪官污吏，增加了政府稅收。但郭嵩燾萬萬沒有想到，正當他自以為有功於朝廷的時候，突得朝廷以他在山東查辦貿易不妥、交部議處的通知。原來，李湘棻一直在暗中監視郭嵩燾的舉動，隨時向僧格林沁彙報。郭嵩燾開設厘局後，李即向僧報告說，如此大事竟未與他這個會辦商議便獨自決定。這個報告使原本就認為郭嵩燾目中無人的僧格林沁大為光火，認為不與自己派去的「會辦」商議實際是未把自己放在眼中，便在 12 月底以郭未與會辦李湘棻同辦、未與山東巡撫文煜面商便派紳士設局抽厘以致民變為由，上奏要求彈劾郭嵩燾。以僧格林沁的地位之尊，他的意見當然深為朝廷所重。而迂氣十足的郭嵩燾在處理山東沿海稅務時，卻與山東巡撫文煜少有溝通協調，也使文煜大為不滿，站在僧氏那一邊反對他。1860 年 1 月，郭嵩燾被迫離開山東返京，悲歎「虛費兩月搜討之功」，「忍苦耐勞，盡成一夢」。（《玉池老人自敘》，第 9 頁）

返京途中他備受冷遇，與來時一路的隆重迎送恰成鮮明對照，使他飽嘗世態炎涼，領略到官場的勢利。回京後，他受到「降二級

調用」的處分，雖仍回南書房，但實際已是閒人，被冷落在一旁。他在給曾國藩的信中報怨說：「久與諸貴人周旋，語言進退，動輒生咎。」（郭廷以，《郭嵩燾先生年譜》，第157頁）其實，素有識人之明的曾國藩，早在岳麓書院讀書時就認為郭嵩燾識見過人，但書生習氣過重，能著書立說，更是出主意的高參，卻不堪官場的「繁劇」。此番整頓山東沿海稅收的失敗，固然有郭嵩燾個人的因素，如不知通權達變，不注意協調極為複雜的各方關係，認為只要嚴於律己、一心為國，便可雷厲風行，不顧一切地採取強硬措施反貪。但失敗的根本原因還是此時社會、官場已從根腐敗，他的作為實際已與整個社會風氣和官場成例衝突。其實，他在評價肅順屢興大獄、以嚴刑峻法整頓吏治時說得很清楚：「國家致弊之由，在以例文相塗飾，而事皆內潰；非寬之失，顢頇之失也。」「今一切以為寬而以嚴治之，究所舉發者，仍然例文之塗飾也，於所事之利病原委與所以救弊者未嘗講也。是以詔獄日繁而錮弊滋甚。」「向者之寬與今日之嚴，其為顢頇一也。顢頇而寬猶足養和平以為維繫人心之本，顢頇而出之以嚴，而弊不可勝言矣。」「故某以為省繁刑而崇實政為今日之急務」。（《養知書屋文集》第九卷，第6頁）也就是說，根本原因在於「顢頇」，即吏制本身存在巨大缺漏，使各級官吏有機可乘，時時面對巨大的利益誘惑；而「向者之寬」，即吏治早已廢弛鬆懈，在這種環境中能長期抵擋巨大利益誘惑、潔身自好者畢竟不多，因此造成了「無官不貪」的局面。在這種情況下，突然僅用重典嚴懲的貪官污吏再多其實也只是少數，反使各級官員人人自危，這不僅不能從根本上解決問題，而且「錮弊滋甚」，很可能禍及自身。解決問題的根本之途在於「崇實政」，即對制度本身進行改革，這樣才能既「省繁刑」，又使政治清明，統治穩定。此時，清政府面對的是自

身的系統性腐敗。所謂系統性腐敗是指只有以腐敗作為潤滑劑，政府部門才能提供「正常」的公共服務。在這種系統性腐敗中，腐敗實際已經成為官員行事的常例，成為他們的一種生存手段，久而久之內化為一種不會引起內心道德衝突和愧疚感的規範，而不同流合污者必然受到系統性排斥，這反過來使腐敗更加嚴重、更加猖厥、更加根深蒂固。退一步說，在系統性腐敗中即便是得到「聖上」的支持，嚴肅處理個別貪官也無濟於事，因為僅僅是孤立地處理一個又一個貪官，並不能遏制日益嚴重的系統性腐敗，更不能從根本上清除腐敗。

郭嵩燾或許不清楚，他自己的悲劇亦正在此。大概，這也是所有「生於末世」卻又不願同流合污、不忍眼見「大廈傾」，因此只能憑一己之力起弊振衰的「清官」們的悲劇。縱然「才自清明志自高」，但終難免「運偏消」的結局。

1860 年 4 月，被冷落在一旁的郭嵩燾，懷著孤憤鬱悶的心情以回籍就醫為由黯然返鄉。在家鄉過了兩年的賦閒生活後，郭嵩燾又在眾人的勸說下，應練就淮軍不久、人手緊缺的李鴻章之邀，於 1862 年春再度出山，任蘇松糧道，不久又升任兩淮鹽運使。由於曾國藩、李鴻章的全力支持，郭嵩燾在兩淮理財順利，卓有成效。1863 年秋，他又遷升經濟富裕、對外交往繁多，因此地位重要的廣東巡撫，詔賞三品頂戴。不到兩年而升此高位，可謂官運亨通，他也決心有所作為，不負朝廷知遇之恩。但在廣東巡撫任上，他又因耿直招怨，與前後兩任同駐廣州的兩廣總督矛盾重重，與進粵「會剿」太平軍餘部、一向意氣用事的老友左宗棠也頓生齟齬。在錯綜複雜的種種矛盾之中，郭嵩燾左支右絀，最終在 1866 年 6 月解任下臺，再次開始歸鄉的閒居生活，而這次長達八年之久。

名教罪人

雖然歸鄉隱居，但郭嵩燾仍關心時局，為國家前途擔憂。

這八年中，洋務運動正衝破守舊勢力的巨大阻力，逐步發展。這八年中，中國面臨的國際形勢更加險惡，民族危機進一步加深，甚至連一向為中國看不起的日本也在 1874 年侵略臺灣，迫使清政府賠償五十萬兩白銀，方從臺灣撤兵。無論願意不願意，清政府的對外「交往」越來越多，迫切感到需要懂「洋務」的人才。

1875 年初，閒居八年的郭嵩燾又作為懂洋務的人才奉詔來到北京，並被慈安、慈禧兩太后召見，不久被授福建按察使。幾乎同時，遙遠的雲南中緬邊境突然發生英國教士馬嘉理在與當地居民衝突中被殺的「馬嘉理案」。郭嵩燾此時不會想到，這一事件最終會影響自己晚年的命運。

「馬嘉理案」發生後，清政府手足無措，只得答應英國的種種要求，其中一條是派欽差大臣到英國「道歉」，並任駐英公使。選來選去，清廷決定派郭嵩燾擔此重任，因為他向以懂洋務著稱。早在 1856 年春，他隨曾國藩幫辦軍務時到過上海，對西方的種種器物和某些制度有了感性的瞭解，並認真研讀了使他驚訝不已的《日不動而地動》等自然科學圖書，傾心西學，後來一直參與洋務。他曾大膽提出由商人辦理近代企業，在當時被人視為驚世駭俗之論；在洋務派與頑固派的鬥爭中，他以自己的學識不遺餘力地為洋務派辯護，成為洋務派的重要一員。

中國派駐出使大臣的消息傳開，引起軒然大波。因為千百年來，中華文明一直以其燦爛輝煌輻射四方，引得「萬方來朝」，認為其他國家都是蠻夷之邦的「藩屬」，定期要派「貢使」來中國朝拜，絕無

中國派使「駐外」之說。簡言之，在中國傳統觀念中，對外只有體現宗（中國）藩（外國）關係的「理藩」，而無平等的「外交」一說。在十九世紀後期，雖然中國屢遭列強侵略，但這種對外觀卻並無改變，認為外國使節駐華和中國派駐對外使節都是大傷國體的奇恥大辱。所以，郭嵩燾的親朋好友都認為此行凶多吉少，為他擔憂，更為他出洋「有辱名節」深感惋惜。認為中國派使出去「徒重辱國而已，雖有智者無所施為」，郭「以生平之學行，為江海之乘雁，又可惜矣」。「郭侍郎文章學問，世之凰麟。此次出使，真為可惜。」更多的人甚至認為出洋即是「事鬼」，與漢奸一般，滿城風雨，沸沸揚揚，有人編出一幅對聯罵道：「出乎其類，拔乎其萃，不容於堯舜之世；未能事人，焉能事鬼，何必去父母之邦。」當時守舊氣圍極濃的湖南士紳更是群情激憤，認為此行大丟湖南人的臉面，要開除他的省籍，甚至揚言要砸郭宅。

在強大的壓力下，郭嵩燾幾次以告病推脫，但都未獲准，終在1876年12月從上海頓船赴英。行前，朝廷應總理衙門之奏請，詔命郭嵩燾將沿途所記日記等咨送總署。此正合郭氏之意，他早就想將自己所瞭解的西方富強之道介紹給國人，使國人從「天朝上國」、視異域文明為異端的迷夢中驚醒。經過幾十天的海上航行，他於1877年1月下旬到達倫敦，立即將這幾十天極為詳細的日記題名為《使西紀行》寄回總署。在日記中，他不僅客觀記述了所見所聞，而且對這些見聞作出了自己的評價。如見到一些港口每天上百艘輪船進進出出卻次序井然，他不禁歎道：「條理之繁密乃至如此」。盛讚倫敦「街市燈如明星萬點，車馬滔滔，氣成煙霧……，宮室之美，無以復加。」從途經十數國的地理位置、風土民情、風俗習慣、宗教信仰，到土耳其開始設立議會、制定憲法的改革，蘇伊士運河巨大

的挖河機器，「重商」對西方富強的作用……全都作了介紹，盡可能讓國人對世界有更多的瞭解，擺脫夜郎自大的狀態。但總理衙門剛將此書刊行，立即引來朝野頑固守舊者一浪高過一浪的口誅筆伐，一時間群情洶洶，有人痛斥他對外國「極意誇飾，大率謂其法度嚴明，仁義兼至，富強未艾，寰海歸心……凡有血氣者，無不切齒。」「誠不知是何肺肝，而為之刻者又何心也。」（李慈銘，《越縵堂國事日記》，光緒三年六月十八日）「殆已中洋毒，無可採者。」（王闓運，《湘綺樓日記》）有人以郭嵩燾「有二心於英國，欲中國臣事之」為理由提出彈劾他，（郭廷以，《郭嵩燾先生年譜》）有人上奏，認為應將郭嵩燾撤職調回：「今民間閱《使西紀程》者既無不以為悖，而郭嵩燾猶儼然持節於外」，「愚民不測機權，將謂如郭嵩燾者將蒙大用，則人心之患直恐有無從維持者。」（張佩綸，〈請撤回駐英使臣郭嵩燾片〉）由於找不到合適的人選，清廷未能將他召回，但下令將此書毀版，禁其流傳。

在駐英大使任內，郭嵩燾還面臨著與自己的副手劉錫鴻愈演愈烈的「窩裏鬥」。劉得到清政府中一些大員的支援，暗中監視郭的一舉一動，不斷向清政府打郭嵩燾的「小報告」，列出種種「罪狀」。如有次參觀炮臺中天氣驟變，陪同的一位英國人將自己的大衣披在郭嵩燾身上，劉錫鴻認為「即令凍死，亦不當披」。當巴西國王訪英時，郭嵩燾應邀參加巴西使館舉行的茶會，當巴西國王入場時，郭嵩燾隨大家一同起立。這本是最起碼的禮節禮貌，但劉錫鴻卻將其說成是大失國體之舉，因為「堂堂天朝，何至為小國國主致敬」！中國使館人員參加英國女王在白金漢宮舉行的音樂會時，郭嵩燾曾翻閱音樂單，劉也認為這是效仿洋人所為，大不應該。連郭嵩燾不用茶水而改用銀盤盛糖酪款洋人，想學外語等等全都是罪過。更嚴

重的罪狀是說郭嵩燾向英國人詆毀朝政、向英國人妥協等等。對於劉的陷害，郭嵩燾當然備感憤怒，竭力為自己辯誣。二人的關係勢同水火，滿城風雨，無法調和。在郭、劉二人「內耗」日甚一日的情況下，清政府於 1878 年 8 月下令將二人同時調回。本來清廷還擬將郭嵩燾查辦治罪，後在李鴻章、曾紀澤等人的反對下才不了了之。

1879 年 1 月末，郭嵩燾離開倫敦，啟程回國。到達上海後，他心力交瘁，請假歸鄉。5 月回到故鄉長沙時，等待他的卻是全城貼遍揭貼，指責他「勾通洋人」。不久，朝廷便詔允其休。就這樣，他在一片辱罵聲中離開了政治舞臺。以後他仍時時深憂國事，常向友人傾談自己對社會、政治的種種看法，一些開明之士對其學識也盛讚不已，對其不為朝廷所用深為惋惜，但終不再被朝廷起用。1891年 7 月 18 日，郭嵩燾在孤寂中病逝。他去世後，李鴻章曾上奏請宣付國史館為郭立傳，並請賜諡號，但未獲朝廷旨准。清廷上諭再次強調：「郭嵩燾出使外洋，所著書籍，頗滋物議，所請著不准行。」其實，郭嵩燾如果泉下有知，對此可能也並不介意，因為他對歷史、對自己充滿信心。在死前不久寫的〈戲書小象〉中，他自信地寫下了這樣的詩句：「流傳百代千齡後，定識人間有此人。」

郭嵩燾的悲劇當然有他個人的原因，如書生氣過重，不知通權達變，不諳官場規矩，生性耿直卻屢因耿直招禍，才華橫溢識見過人卻不免恃才傲物……但這更是時代、社會的悲劇。倘先驅者不為時容，屢遭打擊迫害，受害更深、更遠的，恰是那個時代、社會自身。

中國的「百科全書式」巨人
——梁啓超的現代意義

在偉大的「文藝復興」時期，產生了許許多多文化、思想的巨人，對人類歷史產生了深刻影響。這些巨人如群星璀璨，永耀人間。其中不少人不僅僅是在某一方面，而是在藝術、哲學、文學、科學等許多方面都取得了驚人的成就，因此被稱為「百科全書式」的人物。

現代中國面臨政治、經濟、社會和文化的全面轉型，這是歷史轉折的時代，也是需要巨人、產生巨人的時代。梁啟超，便是這個大時代產生的「百科全書」式巨人，對近代中國的政治、思想、文化許多方面都產生了深刻影響。梁啟超其人其事，人們研究確已多多，但正如對經典著作人們總是一讀再讀、輒有新獲一樣，這位「百科全書」式的巨人也值得我們「一讀再讀」。重新「閱讀」梁啟超，不僅使我們對他有新的認識，更重要的，是使我們對現代中國的認識更加深刻，因為他的命運，與現代中國的命運緊緊相連，他的探求，現代仍有深刻意義……

民權與君權

1894 年甲午中日戰爭中國的慘敗，第二年喪權辱國的《馬關條約》的簽訂，亡國之禍迫在眉睫，有識之士不能不思考、探索救國

之道。在這種背景下，發生了意義深遠的維新變法運動。正是在1895年開始的維新運動中，年僅二十二歲的梁啟超登上了風雲激蕩的政治舞臺。乍一亮相，梁氏便光彩奪目，以致人們常常將他與其師康有為並列，時人甚至把維新變法運動稱為「康梁變法」。

梁啟超的「暴得大名」，是從擔任有維新派機關報之稱的《時務報》主筆開始的。他撰寫的一篇篇「筆鋒常帶感情」的檄文，總是引起一些人的強烈共鳴，另一些人的激烈反對，在沉悶已久的思想界突然掀起一陣精神風暴。

面臨「三千年未有之變局」的近代中國，只有變法才能圖存，但「法」應如何變？梁啟超說：「吾今為一言以蔽之曰：變法之本，在育人才；人才之興，在開學校；學校之立，在變科舉；而一切要其大成，在變官制。」（〈論變法不知本原之害〉）所謂「變官制」，就是政治體制改革，政治體制的根本變革就是實行君主立憲。面對中國長期皇權無限的傳統，梁啟超必須從理論上重新界說「君權」與「民權」的關係。他向人們說道：中國「自秦迄明，垂二千年，法禁則日密，政教則日夷。君權則日尊，國威則日損。」（〈論中國積弱由於防弊〉）「當知三代以後，群權日益尊，民權日益衰，為中國致弱之根原。」（〈西學書目表後序〉）君權尊則國威損，確實一語道出中國落後的根本原因。但為何君權尊則國威損呢？梁啟超的論證是因為舉國上下只尊一人，只有一人有絕對權威，則上至百官下至百姓，只能因循守舊，結果是官民都「愚而不能智」，國勢自然衰弱。在這種情況下，如果發生外患或內亂，便「如湯沃雪，遂以滅亡。於是昔之所以防人者，則適足為自敝之具而已。」要想國家強大，只有增強民權。

為增強民權，梁啟超提出了「群」的概念。這裏所謂「群」，就是後來所說的「社會」。對西方的初步瞭解，就使梁啟超認識到「社

會」的重要性。在從日本引入「社會」一詞之前，人們往往用中國傳統的「群」這一概念來譯指「society」。不過正如梁啟超所闡釋，此時的「群」與中國傳統的「群」已相當不同。梁氏現在所說之「群」，是一與皇權、國家、政府相對概念。中國傳統是以君主的「獨術」統治，現在應以注重社會的「群術」統治。在他的闡述中，「群」又與「公」有某種相通之處。因此，「君主者何，私而已矣；民主者何，公而已矣。」（〈與嚴幼陵先生書〉）國家的強大，就在於用民主制的「公」的「群術」取代君主專制的「私」的「獨術」。這樣，由「群」的概念生發出政治民主、公民的政治參與等中國傳統政治文化中完全沒有的內容。他發人深省地自問自答：「問泰西各國何以強？曰議院哉！議院哉！……議院者，民賊所最不利也。」（〈古議院考〉）同時，只有組成現代社團，才能成為現代意義上的「群」。他認為「群」在政治上的結合是議院，在經濟上的結合是公司，而士紳的結合則是各種學會。其中學會是其他結合的基礎，因為學會可以一可以廣開民智，而「開民智」是民主政治的前提；二可以形成一個紐帶，將不同職業、階層的人聯繫起來，對改變中國民眾「一盤散沙」的狀況有重要作用。在維新運動中，梁啟超本人當然積極參加了許多民間社團、學會的組織工作和各種活動。報紙是把「群」聯繫起來的另一重要載體，梁啟超在《時務報》創刊號發表〈論報館有益於國事〉一文，認為「覘國之強弱，則於其通塞而已」，而「去塞求通，厥道非一，而報館其導端也。」報刊是國之耳目喉舌，若無耳目喉舌便是「廢疾」，「而起天下之廢疾者，則報館之為也。」他還強調現代報刊對民間社會的重要性，因為除了軍國大事之外，報紙還詳記人數之生死、民業之盈絀、學會之程課、物產之品目、格致之新理、器藝之新制等無所不記。總之，「有一學即有一報」，透過在報

刊上的公開交流和討論，不僅「通上下」，而且「開民智」，使民眾容易產生共識，彼此精神聯繫更加密切。

把「群」作為與群權、國家、政府權力相對的擴大民權、實行民主的基礎，梁氏實已觸摸到現代市民社會理論的一些要點。

梁啟超不僅從強國的角度論證實行君主立憲、政治改革的必要性，而且從歷史發展規律的角度論證政治變革的必然性和合理性。根據康有為建立在今文經學基礎上的「三世說」，梁啟超提出人類發展無例外地經過「三世六別」這幾個時期、階段。所謂「三世」是「多君為政」之世、「一君為政」之世和「民為政之世」。每個歷史時期又分為兩個階段，因此共有「六別」。「多君世」前後有酋長之世、封建及世卿之世，「一君世」前後有君主之世、君民共主之世，「民政世」前後有總統之世、無總統之世。此時的中國，正處「一君世」時期中從君主之世向君民共主之世過渡階段，因此維新變法、實行君主立憲不僅是勢所必致，也是理所當然之舉。

從政治體制改革入手，重新論說「君權」與「民權」的關係，確是抓住了問題的根本。

造就「新民」

維新運動失敗之後，梁啟超亡命日本。在日本期間，他對西方、「西學」有了更多的瞭解和更加深入的認識。用他自己的話說，是「稍能讀東文，思想為之一變」。（《三十自述》）他認識到，在政治制度背後實際有一種更廣的文化支持，具體表現為國民素質或曰國民性。因此，他提出要造就「新民」，並以「中國之新民」作為自己

的筆名。為此，他在 1902 年 2 月創辦了《新民叢報》，發表了約十一萬字的總題為《新民說》的系列文章，連載四年。

當然，從「政治」轉向「啓蒙」並非根本的立場、觀點變化，而是一種深化。在維新時期他就強調「變法之本，在育人才」，因此把學校建設提到非常重要的位置。抵日未久，他更感「國民性」的重要。在〈中國積弱溯源論〉中，他批評說奴性、愚昧、虛偽、為我、怯懦等已造成了中國人的人格缺欠，國人的這種集體性缺欠是國家貧弱的根本原因。啓蒙的任務就是要將品性上有根本缺欠的「國人」，改造成現代意義上的「國民」。在〈呵旁觀者〉中他痛斥國人的冷漠，把「旁觀者」細分為渾沌派、為我派、嗚呼派、暴棄派、待時派等，其共同點是「無血性」、「放棄責任」，世上最可憎可鄙的就是「旁觀者」。細讀〈呵旁觀者〉一文，不能不使人想起這一時期也在日本留學、稍後也以「改造國民性」為己任的魯迅以後所寫的著名小說〈藥〉。〈藥〉中的烈士為國人犧牲，但國人卻根本無動於衷，在烈士就義時反而在一旁看熱鬧，甚至有人為給自己的孩子治病，拿饅頭蘸烈士之血。從〈呵旁觀者〉到〈藥〉，內在思想、情感一脈相承，從中也可看到梁氏的影響既深且廣。在〈過渡時代論〉中，他又呼籲國人要樹立「冒險性」、「忍耐性」和「別樣性」這三種德性，以適應新時代的要求，企盼具備這三種德性的平民英雄能在中國層出不窮。

中國漫長的封建社會形成了一整套系統嚴密、以儒學忠孝為支柱的意識形態結構。在這個等級結構中，每個人都不是獨立的個人，而是在君臣、父子、夫妻關係之中。站在權力頂端的是至高無上的皇帝，全社會都匍匐在他的腳下，絕對服從他，他一個人否定了其他所有的人，個人的獨立性完全喪失。梁啓超意識到，啓蒙的重點

是個人獨立：「今日欲言獨立，當先言個人之獨立，乃能言全體之獨立」，「為我也，利己也，中國古義以為惡德者也。是果惡德乎？」「天下之道德法律，未有不自利而立者也……故人而無利己之思想者，則必放棄其權利，弛擲其責任，而終至於無以自立。」「蓋西國政治之基礎在於民權，而民權之鞏固由於國民競爭權利寸步不肯稍讓。即以人人不拔一毫之心，以自利者利天下。觀於此，然後知中國人號稱利己心重者，實則非真利己也。苟其真利己，何以他人剝奪己之權利，握制己之生命，而恬然安之，恬然讓之，曾不以為意也。」（〈十種德性相反相成義〉）他認為社會應以個人為基本單位，因此一反中國輕視個人、抹煞個性的傳統，大力提倡被視為大逆不道的個人主義，啟發人人自覺，為作一個真正的人而奮鬥。他甚至從中國古代被視為異端邪說的楊朱哲學中為個人主義尋找根據：「昔中國楊朱以為我立教，曰：『人人不拔一毫，人人不利天下，天下治矣。』吾昔甚疑其言，甚惡其言」，現在卻認為這是至理名言。（〈十種德性相反相成義〉）因為「一部分之權利，合之即為全體之權利；一私人之權利思想，積之即為一國家之權利思想。故欲養成此思想，必自個人始。人之皆不肯損一毫，則亦誰復敢攖他人之鋒而損其一毫者，故曰天下治矣，非虛言也。」（〈新民說〉）中國當時面臨豆剖瓜分的危險，救亡無疑是當務之急，但梁啟超認為救國的根本也在個人主義：「故今日救國之策，唯有提倡獨立。從各斷絕倚賴，如孤軍陷重圍，以人自為戰之心，作背城借一之舉，庶可掃拔已往數千年奴性之壁壘，可以脫離此後四百兆奴種之沉淪。」（〈十種德性相反相成義〉）

　　當然，從中也可看出梁氏的「個人主義」與西方古典自由主義的「個人主義」還是有相當的差異。西方古典自由主義把「個人」

作為價值的終點,而在梁啟超的思想中,個人主義根本的目的仍是「救國」、「強國」,內在地有以「國權」壓倒「民權」的邏輯。如果說這是理論上的失誤,則不僅僅是梁氏個人才有的「失誤」,稍後中國的自由主義者如胡適、丁文江都有此「失誤」。或許可說,這是中國「自由主義」者的集體「失誤」。其思想淵源與時代、社會背景,值得深究。但無論如何,梁氏此時把「個人」作為立國的基礎或基本單位,對向來否定個人的中國傳統來說,實具劃時代意義。或者說,也只有經此途徑或過程,個人主義才能在中國文化中漸據一席之地。

獨立的個人必然要求平等的權利,只有平等的權利才能保證個人獨立。從個人獨立,必然要強調個人權利。他強調:「國民不能得權利於政府也,則爭之。政府見國民之爭權利也,則讓之。欲使吾國之國權與他國之國權平等,必先使吾國中人人固有之權皆平等,必先使吾國民在我國所享之權利與他國民在彼國所享之權利相平等。」(〈新民說〉)同時,梁啟超還以西方啟蒙學者提出的天賦人權說作為自己的根據:「天生人而賦之以權利,且賦之以擴充此權利之智識,保護此權利之能力。」(〈新民說〉)因此他斬釘截鐵地說:「凡人所以為人者有二大要件:一曰生命,二曰權利。二者缺一,時乃非人。」在專制制度壓迫下的中國人無任何權利,「以故吾中國四萬萬人,無一可稱為完人者。」(〈十種德性相反相成義〉)「無一可稱為完人者」,確是中華民族的千年之歎。

個人權利與個人自由緊緊相連,梁啟超具體提出了政治、宗教、民族、生計等四大自由,並認為:「生計上之自由者,資本家與勞動者,相互而保其自由也」「凡勞動力者,自食其力,地主與資本家,不得以奴隸蓄之。是貧民對於素封者所爭得自由也。」(〈新民說〉)對自由,他熱情地謳歌道:「于戲,燦哉自由之神!」(〈新民說〉)

由「從政」到「問學」

　　與社會思想的激進相反，梁啟超在政治思想方面卻一直堅持漸進改革的主張，反對革命。為此，他在海外與以孫中山為首的革命派進行了激烈論戰，雙方勢同水火。辛亥革命後，在觀望、猶疑幾近一年之後，梁啟超於 1912 年 10 初回到國內。

　　面對已經推翻帝制、實行共和的現實，梁啟超又以極大的熱情投身「政黨政治」。在袁世凱的支援下，他組織了進步黨，與國民黨對峙。在國民黨領袖宋教會被袁世凱刺殺後，舉國悲憤，梁啟超卻為袁世凱辯護。革命黨人發動反對袁世凱的「二次革命」爆發後，他又堅決支持袁世凱鎮壓革命黨。在袁世凱統治時期，他先後出任司法總長、幣制局總裁等職，參政院成立後又被任命為參政員。在民初的政壇上，他活躍非常，儼然成為一個炙手可熱人物，似可一展平生報負。

　　但是，實權一直掌握在袁世凱手中，梁氏其實不過是個「臺面」人物。當袁世凱稱帝野心開始暴露時，梁啟超漸有覺察，在 1914 年 12 月底辭去幣制局總裁一職，開始有意與袁保持一定的距離。1915年春夏，袁世凱帝制自為的野心已公諸於世，梁啟超曾給袁書長信一封，勸袁切勿稱帝，破壞共和國體；還曾拉袁之部下馮國璋一同覲見袁世凱，當面勸阻袁世凱稱帝。但各方努力鈞無效果，袁仍執意稱帝。梁啟超終於忍無可忍，在 8 月 21 日一夜之間寫出萬餘言的〈異哉！所謂國體問題者〉，堅決反對袁世凱稱帝，並從理論上對帝制派的種種謬論作了深刻、犀利的批駁。聽說梁寫此文後，袁世凱深知這篇文章的分量與作用，即派親信以二十萬元賄賂梁啟超，要他勿發此文，另一方面以要他回味曾亡命海外多年的甘苦相威脅。

利益引誘，梁不為所動；危言相脅，梁不屑一顧。這篇文章發表後，舉國震動，吹響了反袁鬥爭的號角。

梁啓超不僅在理論上、輿論上高擎反袁大旗，而且籌畫了他的學生蔡鍔到雲南發動討伐袁世凱的護國戰爭，具體參與了一系列反袁的軍事和政治活動。反袁鬥爭勝利後，政治更加混亂，軍閥彼此爭戰不斷。在如此這般混亂的政局中，梁氏又支持以段祺瑞為首的北洋軍閥，反對孫中山、黃興等革命黨人。這期間，他積極促使北京政府對德宣戰；1917 年 7 月 1 日，張勳復辟，他不僅通電反對，而且親至段祺瑞住處，力勸段舉兵反張；7 月 17 日，他出任段內閣的財政總長。此時，他又以為能倚段之實力，實現自己政黨政治和用現代理財方法建設國家的理想。但是，僅短短幾個月的時間，理想就完全破滅。所謂國會，完全被段祺瑞玩弄於股掌之中。財政大權也全被段掌握，而他這個財政總長實際形同虛設。此時，他對政治失望已極，終在 11 月中旬詞去財政總長一職，最後從自己深捲其中二十餘年的政壇中抽身而出，轉入學界。

這一段本想利用袁、段等這類大獨裁者和軍閥實現自己救國理想，結果反被他們利用、玩弄於股掌之中的經歷，不能不使他格外痛苦。他痛定思痛地反省道：「別人怎麼樣評價我我不管，我近來卻發明了自己的一種罪惡，罪惡的來源在那裏呢？因為我從前始終脫不掉『賢人政治』的舊觀念，始終想憑藉一種固有的舊勢力來改良這國家，所以和那些不該共事或不願共事的人也共過幾回事。雖然我自信沒有做壞事，多少總不免被人利用我做壞事，我良心上無限苦痛，覺得簡直是我間接的罪惡。」（〈外交歟內政歟〉）這確是梁氏的肺腑之言，也道出中國近代知識份子面臨的困境。在梁啓超之後，胡適、丁文江等人震驚於國內政治的黑暗，在二十年代初期還曾想

依靠軍閥組成「好人政府」，改良中國政治，結果也被軍閥視為掌上玩物。胡適在〈一年半的回顧〉一文中，沮喪地承認政治改革的夢想失敗：「我們談政治的人到此地步，真可謂止了壁了。」丁文江心有不甘，在幾經活動之後，於 1926 年 5 月被軍閥孫傳芳任命為新設立的「淞滬商埠督辦公署」總辦，似乎給他一展平生抱負和發揮行政才能的機會。但期望有益於社會的丁文江實際站在了進步力量的對立面，北伐軍佔領上海前夕，他終於辭去職務，但仍為北伐軍通輯。據丁的好友蔣廷黻回憶，丁文江曾多次揶揄地說：「中國的問題要想解決非得書生與流氓配合起來不可。」（〈我所記得的丁在君〉）

　　梁、胡、丁三人的感歎如出一轍，當非偶然。近代中國正是傳統意識形態和社會制度大變動的時代，舊秩序已轟然倒塌，新秩序遠未建立。在這種情況下，很難建立起「文治」的政治架構，實際是「有槍便是草頭王」，一切都是「槍桿子」說了算。「文人」想對實際政治發生影響，不得不依靠、利用「武人」，然而結果卻總是被「武人」所玩弄，被「固有的舊勢力」利用。不過，他們往往明知此種努力不僅很可能無裨於事，甚至會弄髒自己的「羽毛」，但「以天下為己任」的情懷又使他們不得不深涉政壇。此中的是非曲直，的確值得再三尋思。

思想與文化

　　1919 年初，當年以力主「採西學」、宣傳新思想著稱的梁啟超，以中國出席巴黎和會代表團會外顧問的資格，率張君勱、丁文江等人踏上了瘡痍滿目的歐洲大陸。慘絕人寰的世界大戰造成的物質破

壞和精神的深創巨痛，使梁啟超驚心動魄。終於，這位維新運動的健將一反以往，對西方文明的許多方面大失所望。1920年，他在著名的《歐遊心影錄節錄》中驚呼：「當時謳歌科學萬能的人，滿懷著科學成功黃金世界便指日出現。如今功總算成了……我們人類不唯沒有得著幸福，倒反帶來許多災難……歐洲人做了一場科學萬能的大夢，到如今卻叫起科學破產來。」

他的這篇文章實際成為稍後中國思想史上著名的「科玄論戰」的前導。以張君勱為代表的「玄學派」認為，不論科學怎樣發達也不能解決人生觀問題。而以丁文江為首的「科學派」則認為，科學可以解決包括人生觀在內的所有問題。張、丁的論戰引起了思想界的激烈反應。梁啟超首先以「局外中立人」的身份制定〈關於玄學科學論戰之「戰時公法」〉，稍後又寫了〈人生觀與科學〉一文參加論戰，支持張君勱。儘管這次論戰並未得出、也不可能得出明確的結論，但這次震撼思想界的大論戰本身卻極有意義。從思想史的角度看，這是近代中國最富哲學色彩的一場論戰，探討了心物關係、實證哲學與人本哲學、理學與漢學、東西方文明等多方面問題；從中國哲學發展角度來看，這次論戰意味著中國實證哲學流派的形成，開始突破傳統直觀把握的宇宙觀，標誌著中國現代哲學的真正開端。這場論戰是五四新文化運動後，各主要思想派別有關哲學、科學和東西文化的第一次全面論戰。中國現代哲學的長進與不足在這次短暫而熱烈的討論中都得到充分反映，對各思想流派今後的發展有著深刻影響。

五四運動後，社會主義思潮異軍突起，思想界展開了關於社會主義的激烈論戰。作為文化思想界的「重量級」人物，梁啟超當然也是這場重要論爭的主角之一。

　　對社會主義思潮，梁啟超早就有所瞭解，成為社會主義在中國最早的介紹者之一。在 1906 年與革命黨辯論時，他就對同盟中某些人主張建設「社會國家」的主張提出質疑：「即行社會革命，建設社會的國家，則必以國家為一公司，且為獨一無二之公司，此公司之性質，則取全國人民之衣食住，乃至所執職業，一切干涉之而負其責任。」（〈雜答某報〉）這時，他能看到在這種體制下所有權力都為國家所有、個有將無任何權利的巨大危險，確實深具洞見。1919 年漫遊歐洲之後，他看到社會主義思潮的興起，在《歐遊心影錄節錄》中敏感地提出「社會革命，恐怕是二十世紀史唯一的特色，沒有一國能免，不過爭早晚罷了。」認為列寧領導的十月革命「將來歷史價值，最少也不在法國大革命之下，影響自然是及於別國。」二十世紀的歷史，證實此言不虛。但是，他認為在當下的中國要走社會主義，是「搔不著癢處」。因為「社會主義，自然是現代最有價值的學說，國內提倡新思潮人，漸漸的注意研究他，也是很好的現象。」但「至於實行方法，那就各國各時代種種不同。」「歐洲為什麼有社會主義，是由工業革命孕育出來。因為工業組織發達得偏畸，愈發達愈生毒害，社會主義家想種種方法來矯正他，說得都是對症下藥。在沒有工業的中國，想要把他悉數搬來應用，流弊有無，且不必管，卻最苦的是搔不著癢處。」他認為馬克思提出的「生產機關」國有論在歐洲是「救時良藥」，但在中國情況就完全不同。如鐵路國有「是歐美社會黨最堅持的大問題」，但此時的中國早已實行了鐵路國有，但「結果如何」？他認為「在這種政治組織之下提倡集產，豈非殺羊豢虎」。所以在當時中國的條件下若提倡「生產機關」、「歸到國家」，他「頭一個就反對」。

在二十年代初關於社會主義的論戰中，他仍持此種觀點，寫了〈覆張東蓀書論社會主義運動〉長文，支持張東蓀與陳獨秀、李大釗、李達等馬克思主義者論戰，反對中國現在實行社會主義。他的基本觀點是，中國社會的主要矛盾不是無產階級和資產階級的矛盾，而是中國的資本主義才剛剛產生，遠未發達，無產階級更談不上發達。中國當下的主要問題是民族資產階級受到外國的壓迫，是勞動者很難在現代新式工業生產中找到工作，社會主義在當時的中國缺乏必要的物質條件。「吾認為社會主義所以不能實現於今日之中國者，其總原因在於無勞動者階級」。「故中國之社會運動，當以多數人取得勞動者地位為第一義」。中國當前的任務不是實行社會主義，而是發展剛剛產生的資本主義。「歐美目前最迫切的問題，在如何能夠使更多數之勞動者地位得以改善。中國目前最迫切之問題，在如何能使多數之人民得以變為勞動者。」他自註道：「此勞動者指新式工業組織之勞動者」。他承認，隨著資本主義的發展，「資產階級所隨帶之罪惡，自必相緣而生」，會有種種「可憎可惡之畸形發展」。但資本主義「從一方面觀察，極可厭憎」，「從他方面觀察，又極可歡迎」，對中國來說是「利大於弊」。現在，「資本階級將興於中國，其機運已經成熟，斷非吾儕微力所能抗拒」，當然「資本主義必非社會終極目的明矣，不過藉以為過渡。」所謂過渡，當然是指向社會主義過渡。這表明，他承認最終目的仍是社會主義，也可看到中國思想界從根本上反對社會主義在當時也不多見。他寫道：「以社會主義運動之立場而論，欲此主義之傳播與實現，不能不以勞動階級為運動之主體。勞動階級不存在之國家，欲社會主義之實現，其道無由。而勞動階級之發生，恒必與資本階級相緣。故必有資本階級，然後有勞動階級，有勞動階級，然後社會主義運動有所憑藉……」

　　社會主義要建立在資本主義的社會物質的基礎之上，本是馬克思主義的基本原理之一。梁啟超實際提出了沒有經過資本主義階段的社會能否直接進入社會主義，這一至今仍極為敏感、仍爭論不休的問題。現在，無論認為他的觀點是對是錯，對他的觀點是贊同還是反對，都不能不承認他提出的，是一個緊扣中國社會實際的「真問題」。遺憾的是，反對者在對他的觀點作總體批判的時候，沒有重視這個問題內涵的深刻意義。或許，只有在中國共產黨人經過曲折的探索、付出巨大代價之後才提出要發展資本主義的「新民主主義」理論之後，只有在共和國在經過迫不及待要實行「一大二公」體制遭到巨大挫折之後，才能重視、體會梁氏八十多年前「提問」的深意。

　　作為啟蒙者，梁啟超對域外新思想、新學說的引進自不待言。對中國傳統文化的研究，在許多方面他也作了開創性工作。對先秦思想史、佛學、清代學術史、新史學等諸多方面都作了深入的研究。除了著述之外，他創辦了松坡圖書館，自任館長，是為現在國家圖書館的前身。1925 年，清華國學研究院開辦，他出任「四大導師」之一，對清華國學院的發展作出了特殊的貢獻……今天仍是文化學術界的美談，清華國學院的學術成就、學術規範、教學方法至今仍令學界欽羨，對今天學術事業的發展仍極有借鑒意義。

　　1929 年 1 月 19 日，梁啟超因病在北京逝世。在他逝世前不久撰《辛稼軒年譜》時，曾引辛氏為朱熹所作祭文云：「所不朽者，垂萬世名；孰謂公死，凜凜猶生。」此句為他激賞，其實也可作他的寫照。之所以「凜凜猶生」，就在於他的一生，至今仍極有「意義」。

胡適晚年政治思想述要
——從新近公開的一封胡適致蔣介石函談起

　　胡適是新文化運動的旗手之一和中國現代自由主義的主要代表
人物，儘管非常不情願，他卻不能不與混亂不堪、黑暗無比的中國
現代政治結下不解之緣。隨著中國現代政治爭鬥的中心由軍閥混戰
逐步轉為國共之爭，任何身處政治漩渦中的人，最終都必須在國共兩
黨之間作出自己的選擇，胡適自不能外。眾所周知，胡適在國共黨爭
中選擇了國民黨，但他的選擇並不是無條件的。對他而言，這是一
種「弊取其輕」的選擇。當然，他堅決反對共產黨，但對也並不符
合他的自由、民主觀念的國民黨，他也曾有相當激烈的批評和衝突。

　　在二十年代後期，南京國民政府成立，國民黨大力推行「一個
政黨」、「一個領袖」的「黨化教育」和「黨化統治」。對此，胡適公
開激烈表示反對，連續發表了〈人權與約法〉、〈我們什麼時候才可
以有憲法〉、〈知難行亦不易〉、〈新文化運動與國民黨〉等系列文章，
對國民黨的專制統治作了猛烈抨擊。為此，國民黨上海特別市黨部
作出決議要求嚴懲胡適，教育部亦下達了對胡適的警告令。但1931
年的「九一八」事變，使胡適認為亡國之禍已迫在眉睫，他的政治
態度發生了較大的轉變，於同年10月與人一同到南京晉見蔣介石，
從「體制外」的批評者變為「體制內」的建言者。抗日戰爭爆發，
胡適感到對國家更有義不容詞的責任，於1938年秋出任駐美大使，
盡力促美對日作戰。1941年末，太平洋戰爭爆發，胡適感到促美參

戰的任務已經完成，遂於 1942 所秋辭去大使之職，本想完全重歸
學術，後在各方促動下又出任北京大學校長之職。就這樣，他雖然
一直未入國民黨，但與國民黨的關係卻一步步加深。1948 年末，
在國民黨大勢已去之時，蔣介石曾派人北上邀請胡適南下就任行政
院院長一職，為胡婉拒。但他又託人向蔣轉達「在國家最危難的時
間，與蔣總統站在一起」的決心。[1] 不久，蔣便派專機到北平將
胡接走。

　　雖然如此，胡適內心對國民黨的獨裁統治始終有相當程度的不
滿。新近公開的胡適致蔣介石的一封信，為人們瞭解、研究胡適晚
期政治思想提供了新的重要史料[2]。這封信寫於 1951 年 5 月 31 日，
其時胡適離開大陸、到達美國剛滿兩年，在普林斯頓大學葛斯德東
方圖書館擔任管理員。貌似強大的國民黨，在如此短的時間內便如
此徹底地慘敗於原本明顯居於劣勢的共產黨，舉世震驚，紛紛探討
其中的原因。深涉政壇的胡適更不能外，在驚魂甫定之餘，也對這
一歷史巨變的前因後果作了一番省思和分析，得出了自己的結論。
在給蔣介石的這封四千餘言的長信中，他從共產黨的鬥爭策略和國
民黨自身的問題這兩方面，對國共的勝敗原因作了分析，直言無諱
地說出了自己的看法。當然，他仍是從反對共產黨和國民黨的「諍
友」這種立場和角度出發的。

共產黨的策略

　　共產黨的勝利，首先無疑是共產黨的鬥爭策略的勝利。胡適認
為國民黨、蔣介石對此知之甚少。所以在致蔣的信中首先建議：

在這點上，我要向我公建一議，盼望我公多讀一點中共近年出版的書報。例如：

（1） 毛澤東的《中國革命戰爭的戰略問題》（此是 1936 年寫的，其中分析政府五次圍剿，具有詳細圖說。此文約四萬五千字，大部分詳述史達林的「反攻」的「戰略」與「退卻」的戰略，而一字不提其來源。此冊子作於紅軍「長征」之後，最可以看出毛澤東，以文人而主持中共紅軍的戰略）。

（2） 史達林《論中國革命》……所收史達林諸文多是 1925 年 12 月至 1927 年 8 月的作品，最可以看出在那次國民革命，史達林是在幕後發縱指示的陰謀家……

（3） 《列寧史達林論中國》，1950 年 10 月出版，即是前一書的擴大……有許多材料，是前書沒有的……

胡適認為不僅蔣介石本人應讀這些，而且希望蔣能「指導政府與國民黨的領導人物，切實研究這種敵人文獻」。他提出「國防部長」與「參謀總長」必須細讀《中國革命戰爭的戰略問題》和《目前的形勢和我們的任務》，而黨務、宣傳工作者應讀《反對黨八股》。他寫道：「我這一年來研究近代史實，頗感覺史達林確是一個戰略大家，而毛澤東確是史達林的第一個好學生、好徒弟。他們都得力於克勞司威次的戰略，所以我要我公略知克氏書與列寧史達林的關係。」

在分析了共產黨的策略之後，胡適筆鋒一轉，對國民黨自身的原因作了非常尖銳的分析和批評，並明確提出要蔣介石辭職。

國民黨自身的問題

他認為，退守臺灣的國民黨的當務之急有兩條，一條是「由立法院與監察院聯合妥商一個憲法上規定的總統、副總統選舉方法的緊急補救條款」，否則「將來必有大懊悔之一日，已來不及了」。

另一條更為重要，他的建議也更為詳細：

> 今日似可提倡實行多黨的民主憲政，其下手方法，似可由國民黨自由分化，分成三、四個同源而獨立的政黨，略如近年立法院內的派系分野。此是最有效的改革國民黨的方法。近一年內所談黨的改革，似仍不脫「黨八股」的窠臼。鄙意今日急需的改革有這些：
>
> （1） 蔣公辭去國民黨總裁的職務。
>
> （2） 由蔣公老實承認黨內的各派系的存在，並勸告各派系各就歷史與人事的傾向或分或合，成立獨立的政黨。
>
> （3） 新成立的各政黨應各自立綱領，各自選舉領袖，各自籌黨費。
>
> （4） 新成立的各政黨此後以政綱與人選，爭取人民的支持。
>
> （5） 立法院必須修改議事規則。凡議案表決，原則上均須採唱名投票制，以明責任。（今日立法院表決不記名，乃是一大錯誤，故國民黨有百分之九十的立法委員，而無力控制黨員。）

我研究這三十多年的歷史，深感覺中國所以弄到這步田地，其中最大關鍵有二：（1）中山先生的「聯俄容共」政策，乃是引虎入室，使共產國際的大陰謀，得在中國作大規模的試

驗，使中國共產黨，自始即有一部分兵力為來一九二七年八月以後獨立「紅軍」的基礎。倘使當日若非蔣公清黨反共，則東亞早已成為紅色地區了。(2)「清共」之後，不幸國民黨仍保持「聯俄容共」時期的「一黨專政」的制度，抹殺事實，高談「黨外無黨，黨內無派」。這是第二大錯，就使清共反共都不徹底。後來領袖者雖誠心想用種種法子補救（容納無黨派分子入政府，迫致黨外人才入黨，辦三青團，設參政會、制憲、行憲……）但根本上因黨政軍，大權集於一人，一切補救方法，都不能打破這「一黨專政」的局面，也都不能使國民黨本身，發生真正有效的改革。故今日要改革國民黨，必須從蔣公辭去總裁一事入手，今日要提倡多黨的民主政治，也必須從蔣公辭去國民黨總裁一事入手。今日的小黨派，都不夠做國民黨的反對派。最有效的民治途徑，是直爽的承認黨內幾個大派系對立「而且敵對仇視」的事實，使他們各自單獨成為新政黨。這些派系本是同根同源，但因為不許公開的競爭，所以都走上暗鬥、傾軋的路上去。其暗鬥之烈，傾軋之可怕，蔣公豈不知之。如欲免除此種傾軋的暗鬥，只有讓他們各自成為獨立政黨，使他們公開的作合法的政爭（公開的政爭，是免除黨內暗鬥的唯一途徑）。但蔣公若繼續作國民黨總裁則各派系必皆不肯獨立，必皆欲在此「黨政軍大權集於一身」的政權之下繼續其傾軋暗鬥的生活。在此狀態之下，國民黨的改革，除了多作幾篇「黨八股」之外，別無路子可走，別無成績可望。若各派系公開的獨立城為新政黨，則各派系必將努力於收羅新人才，提倡新政綱，在一轉移之間即可以有生氣，有朝氣，有前途了。

> 數年來，我公曾屢次表示盼望我出來組織一個新政黨，此真是我公的大度雅量，我最敬服。但人各有能有不能，不可勉強。在多黨對立之中，我可以堅決的表示贊助甲黨，反對乙黨，正如我近年堅決的贊助我公，而反對國內國外的共產黨一樣。但我沒有精力與勇氣，出來自己組黨，我也不同情於張君勱曾慕韓諸友的組黨工作。
>
> 因此，我在這幾年之中，曾屢次向國民黨朋友大談「國民黨自由分化，成為幾個獨立的政黨」之說。此說在今日，對內對外，都不容再緩了，故敢為我公詳說如上。

胡適很清楚，在近代中國其他所謂的「反對黨」只是無足輕重的擺設，所以他知道蔣介石要他「組黨」，亦不過是一種把戲，因此一直婉拒，反寄希望於大權在握、但又派系林立的國民黨的自我改造來實現民主政治。不過，在當時的條件下，在蔣介石的獨裁統治下，想要透過這種「理性」來說服國民黨實現派別公開化、合法化，甚至分裂出來獨立組黨，只能是胡適的一廂情願，甚至可說是「與虎謀皮」。

對於胡適的這封信，蔣介石的反應是客氣但冷淡。

1951 年 10 月 11 日，胡適收到了蔣介石 9 月 23 日的覆信，首先對胡適的六十壽辰表示祝賀，然後對他對共產黨的策略的分析大表讚賞，但對他所提的國民黨改組問題則明顯冷淡，曰：「尊函所言憲法問題、黨派問題，以及研究匪情、瞭解敵人等問題，均為目前急務，然非面談不能盡道其詳。」胡適在當天的日記中寫道：「這是很客氣的話。」在第二天的日記中他又寫道：「黨派問題，我的見解似不是國民黨人所能瞭解，似未有進展。」[3]

　　但在隨後的一系列事件中，胡適的這種思想仍屢有表露，因而與國民黨的矛盾日趨複雜、尖銳（當然，他的反共立場並無變化，而且在國外發表的給外國人看的文章更有為蔣介石、國民黨統治的溢美之詞）。

無奈的結局

　　早在 1949 年底，胡適便參加了一些自由主義者在臺灣創辦發行的《自由中國》雜誌的創辦工作，並擔任發行人。胡適在創刊號上發表的〈民主與極權的衝突〉一文中指出，民主生活的本質「是個人主義的」，民主傳統「是由一般愛好自由的個人主義者所手創的。這些人重視自由，勝過他們的日用飲食，酷愛真理，寧願犧牲他們的性命」。與此相反，極權主義「根本不容許差異的存在或個人的自由發展。它永遠在設法使全體人民，適合於一個劃一的範圍之內。對於政治信仰、宗教信仰、學術生活，以及經濟組織等無一不是如此」。該刊的創刊宗旨說是「宣傳自由民主，用以對抗共產黨一黨專政的極權政治」，但不久實際就必然把重點轉向對自己「當下」的生存環境——臺灣的社會政治現實的分析和批判，發表了主要負責人雷震的一系列嚴厲批評國民黨一黨專政的文章。

　　1951 年 6 月，《自由中國》第 4 卷第 11 期發表了題為〈政府不可誘民入罪〉的社論，以激烈的言詞斥責臺灣保安機構在金融管制上的一大弊端，指其為謀破案獎金而「誘民入罪」，引起各方強烈反應，「政府」和保安部門更是震怒，準備嚴懲《自由中國》，甚至開出了逮捕某些編輯人員的公文。後在多方調解下，《自由中國》雜誌

社只得妥協，以在 4 卷 13 期發表題為〈再論經濟管制措施〉的社論，肯定有關部門的金融管制政策而息事。胡適在美讀到這前後兩篇截然相反的文章非常憤怒，立即給雷震寫信，批評當局壓制言論自由，表示要詞去「發行人」一職以示抗議。他寫道：「《自由中國》第 4 卷 11 期有社論一篇〈政府不可誘民入罪〉，我看此文十分欣佩、十分高興。這篇文字有事實、有膽氣，態度很嚴肅負責，用證據的方法也很細密，可以說是《自由中國》出版以來數一數二的好文字，夠得上《自由中國》的招牌！但隨後讀到「《再論經濟管制的措施》，這必是你們受了外力壓迫之後，被逼寫出的賠罪道歉的文字！……我因此細想，《自由中國》不能有言論自由，不能用負責態度批評實際政治，這是臺灣政治的最大恥辱。我正式辭去『發行人』的銜名，一來是表示我一百分贊成〈不可誘民入罪〉的社評，二來是表示我對於這種『軍事機關』干涉言論自由的抗議。」由於此信在《自由中國》第 5 卷第 5 期公開發表，使臺灣當局大為不滿，經過一些人的調和，由「行政院」院長陳誠致信胡適，為「軍事機關」辯解，在《自由中國》第 5 卷第 6 期發表，風波遂告結束。經此風波，胡適對臺灣的「言論自由」的認識更深，終在 1953 年辭去了「發行人」的頭銜。

稍後，《自由中國》雜誌連載了殷海光翻譯的奧地利經濟學家海耶克（F. A.Hayek）於 1944 出版的《到奴役之路》（今譯《通往奴役之路》）。這部著作堅決反對計劃經濟，宣揚市場經濟和個人主義，成為現代自由主義的主要代表之作。

1954 年春，胡適回臺訪問近兩個月，還專門就此作了一場題為〈從《到奴役之路》說起〉的演講。[4] 他對海耶克「一切計劃經濟都是與自由不兩立的，都是反自由的」觀點大為稱讚：「因為社會主

義的基本原則是計劃經濟，所以儘管自由主義運動者多少以為：社
會主義當然是將來必經之路，而海耶克先生卻以一個大經濟學家的
地位來說：一切社會主義都是反自由的。」同時，他對自己二十年
代的觀點作了公開的懺悔。他在 1926 年發表的〈我們對於西洋近代
文明的態度〉著名文章中說：「十八世紀的新宗教信條是自由、平等、
博愛；十九世紀中葉以後的新宗教信條是社會主義。」[5] 在 1926 年
夏取道蘇聯去歐洲的途中，他曾在莫斯科停留幾天，對蘇聯的社會
主義「實驗」印象極深，他這樣寫道：「此間的人正是我前日信中所
說有理想與理想主義的政治家……他們在此做一個空前的偉大政治
新試驗；他們有理想、有計劃、有絕對的信心，只此三項已足使我
們愧死。」「我們這個醉生夢死的民族怎麼配批評蘇聯！」對此，徐
志摩當時就不表贊同，反問蘇聯的這種實驗在「學理上有無充分的
根據，在事實上有無實現的可能？」胡適立即反駁說：「資本主義有
什麼學理上的根據？國家主義有什麼學理上的根據？政黨政治有什
麼學理上的根據？」[6] 在近三十年後的這次演講中，他對此表示「公
開懺悔」，「不過我今天對諸位懺悔的，是我在那時與許多知識份子
所同犯的錯誤。」緊接著他將鋒芒指向臺灣當局，因為國民黨一直
標榜「節制資本」、「反對資本主義」(不管實際怎樣，起碼口頭如此)，
強調「國營」，主張政府對經濟的「統制」和計畫（實際以官僚資本
壓制民間、私人資本）在撤臺後相當一段時間內對經濟的管制更嚴。
針對這種狀況，胡適說：「現在臺灣的經濟，大部分都是國營的經濟，
從理論與事實上來說，像海耶克這種理論，可以說是很不中聽的。」
希望國民黨當局聽了這些話，看了《自由中國》等雜誌後「也不要
生氣，應該自己反省反省，考慮考慮，是不是這些人的話，像我胡
適之當眾懺悔的話，值得大家仔細一想的？大家不妨再提倡公開討

論：我們走的還是到自由之路，還是到奴役之路？」提出臺灣應為資本主義正名，從計劃經濟走向市場經濟，從壟斷經濟走向自由經濟，同時在政治上改變一黨專制的狀況。他說：「資本主義不過是『勤儉起家』而已。」「『勤儉為起家之本』，老百姓辛苦血汗的所得，若說他們沒有所有權是講不通的。從這一個做起點，使人人自己能自食其力，『帝力何有於我哉』這是資本主義的哲學，個人主義、自由主義的哲學。這是天經地義，顛撲不破的。」「我們也應該想想，是不是一切經濟都要靠政府的一般官吏替我們計畫？還是靠我們老百姓人人自己勤儉起家。」「我們還是應由幾個人來替全國五萬萬人來計畫呢？還是由五萬萬人靠兩隻手、一個頭腦，自己建設一個自由經濟呢？」

　　1956 年秋，《自由中國》出版了為蔣介石七十大壽祝賀的「祝壽專號」，名為「祝壽」，實則提倡政治自由。胡適發表了〈述艾森豪總統的兩個故事給蔣總統祝壽〉一文，文中勸蔣說：「一國的元首要努力做到『三無』，就是要『無智、無能、無為』：『無智，故能使眾智也。無能，故能使眾能也。無為，故能使眾為也。』這是最明智的政治哲學。」他希望蔣能本此哲學，做一個「守法守憲」的領袖。最後，「還只能奉勸蔣先生要徹底想想『無智、無能、無為』的六字訣。我們憲法裏的總統制本來是一種沒有行政實權的總統制，蔣先生還有近四年的任期，何不從現在起，試試古代哲人說的『無智、無能、無為』的六字訣，努力做一個無智而能『御眾智』，無能無為而能『乘眾勢』的元首呢？」[7] 以此種文字來向蔣祝壽，確是大煞風景，必然觸怒當局。同年 12 月，由蔣經國主持的「國防部總政治部」以「周國光」之名發佈了題為《向毒素思想總攻擊！》的「極機密」的特字第 99 號「特種指示」，隨後又印行了長達六十一

頁的、更為詳盡的同名小冊子。說《自由中國》「假借民主自由的招牌，發出反對主義反對政府、反對本黨的歪曲濫調，以達到顛倒是非、淆亂聽聞，遂行其某種政治野心的不正當目的。」其中第三章題為「對毒素思想的批判」，內又分「對所謂『言論自由』的批判」、「對所謂『軍隊國家化』的批判」、「對所謂『自由教育』的批判」、「對批評總裁個人的批判」四小段，從這四個方面對《自由中國》和胡適等人這方面的言論進行了猛烈的抨擊。指責「有一知名學者發表所謂『向政府爭取自由』的言論」「目的在於製造人民與政府對立，破壞團結、減損力量、執行分化政策，為共匪特務打前鋒」。要「總裁」做一個「『無智、無能、無為』的元首」，更是「荒謬絕倫的言論」。「批評總裁個人，陰謀毒辣！……廣大革命群眾如果一心一德，堅決服從大智、大仁、大勇的革命領袖的領導，則革命事業必獲進展與成功，反之，必然遭到重大挫折與失敗。陰險狠毒的反革命集團，對此深深瞭解，所以他們破壞革命事業的一貫策略，就是：攻擊革命領袖，分化群眾對領袖的信仰。」「所謂『言論自由』、『思想自由』，其實都是騙人的」，「一味空談民主自由，絕對不能解救國家的劫運。」「別人講民主，我們也講民主，別人講自由，我們也講自由。實際上這是一種極可笑的看法。須知各國國情不同，此時此地的臺灣，只有大家拚命來爭取國家的自由，然後個人的自由才可取得；況且時代潮流趨勢，亦已由爭取個人自由轉而爭取國家自由」，為了「消毒」，「我們就要大大的發揚國家自由重於個人自由，國家自由先於個人自由，不論是在學理上、法律上、事實上使個人自由主義無法立足。」「現在我們要高舉起正義的大纛，只要認為某些言論是反動的、荒謬的，就要予以無情的痛擊。」這份文件時時處處都要說明自由主義「實際卻是共匪的幫兇」、「替共匪搖旗吶喊」

一類，在時處「白色恐怖」的臺灣，這可是殺頭之罪。文件「要黨內同志提高警惕，分清敵我」，「要思想動員：進行思想戰打擊敵人，最重要的，是有組織，有領導」，「一定要有組織領導，組織支援，在黨內進行大規模地思想動員，而定計劃步驟，安排出戰人選，攻擊不偏於一個角度，而要以排山倒海之勢，從四面八方來圍剿敵人。」要求在學校、軍隊、機關、工廠、農村、商店，甚至家庭內、車船中都「隨地作戰」，「我們的武器是筆、是嘴、是報紙、是雜誌、是廣播電臺、是印書館」，「思想作戰要無處不是戰場，無時不是戰鬥，以打擊敵人，獲取勝利的成果。」[8]隨後，臺灣各主要媒體都對自由主義這種「毒素思想」作了大量的猛烈抨擊。

不過，胡適的聲名畢竟還在，臺灣當局又於 1957 年底任命他為中央研究院院長，他於 1958 年 4 月返臺任職，但以後仍然是風雨不斷。

就在返臺剛一個多月，他又發表演講，後被《自由中國》加擬了〈從爭取言論自由談到反對黨〉的題目公開發表。他在演講中高度讚揚了雷震和《自由中國》的努力，「堪稱為言論自由的鬥士」，強調「言論自由不是天賦的人權，言論自由需要我們去爭取來的，從前或現在，沒有那一個國家的政府願意把言論自由給人民，必須要經過多少人的努力爭取而得來。」在談到「反對黨」問題時，他說：「一講『反對黨』就有人害怕了。不明道理的人，以為有搗亂、顛覆政府的意味，所以不用『反對黨』這個詞。」他認為用「在野黨」這個詞更好些，並再次提出由國民黨分成幾個黨的設想，但立即又認為這並不現實，轉而又說「現在可否讓教育界、青年、知識份子出來組織一個不希望取得政權的『在野黨』？一般手無寸鐵的書呆子出來組黨，大家總可相信不會有什麼危險。政府也不必害怕，

在朝黨也不必害怕。」[9] 其實，在當時，這同樣是不現實的。就在第二年初春，臺灣當局就再次構陷《自由中國》，雷震被傳訊，後經朋友作保了事。胡適立即在《自由中國》第 20 卷第 6 期上發表〈容忍與自由〉一文，原初題為〈政治家的風度〉，後幾經斟酌才定此名，可見他實際是對當局的迫害表示抗議，要求當局應有「容忍」的「風度」。其主旨是「容忍比自由還更重要」，「容忍是一切自由的根本」，「沒有容忍，就沒有自由。」「在宗教自由史上，在思想自由史上，在政治自由史上，我們都可以看見容忍的態度是最難得、最稀有的態度。人類的習慣總是喜同而惡異的，總不喜歡和自己不同的信仰、思想、行為。這就是不容忍的根源。不容忍只是不能容忍和我自己不同的新思想和新信仰。」「一切對異端的迫害，一切對『異己』的摧殘、一切宗教自由的禁止、一切思想言論的被壓迫，都由於這一點深信自己是不會錯的心理。因為深信自己是不會錯的，所以不能容忍任何和自己不同的思想信仰。」所以，「沒有容忍『異己』的雅量，就不會承認『異己』的宗教信仰可以享受自由。」「在政治思想上，在社會問題的討論上，我們同樣的感覺到不容忍是常見的。」[10] 將容忍引入自由的範疇、作為自由的基石，對種種不容忍的根源作出歷史的分析，確可說抓住了問題的要害。因此，這篇文章在臺灣引起較大反響，另一著名自由主義思想家殷海光專門寫了〈胡適論「容忍與自由」讀後〉一文，對胡適的觀點作了更為詳盡、激烈的發揮。

幾乎同時，胡適還捲入了另一場冤案。1959 年 2 月末，臺灣啟明書局董事沈志明夫婦被「警備總司令部」以「叛亂」罪名拘捕。主要「罪證」有二：一是香港啟明書局在 1950 年發行了斯諾的《中國之紅星》；另一是 1958 年，臺灣啟明書局翻印出版了馮沅君在三

十年代出版的《中國文學史》，其中最後三頁的內容「渲染自由主義文學，歌頌共產文學」。對此，胡適非常憤怒，立即寫信給當時的行政院院長陳誠和副院長王雲五，替沈陳述，代沈抗議。他寫道，十年前在香港出斯諾的書，「豈可歸罪於遠在臺北的啟明書局經理人夫婦？」而馮沅君之書「乃是二十年前在安徽大學的講義，全書很平凡，只在最末三頁提到『無產階級的文學』，此不過是二十年前的文人學當時的『時髦風氣』，何必在今日認為『叛亂』罪的證據？」「起訴書中有『渲染自由主義文學』一語，試問『渲染自由主義文學』何以構成『叛亂』罪名？此係根據那一條法令？我舉此一例，可見書籍之事、文藝之事，都不應由軍法機關管理。」他還指出：「頃查雲五先生主持之『總統府臨時行政改革委員會總報告』其六十九案即是『切實保障人權案』，其中『辦法第二項即關於司法機關與軍法機關審判權之劃分』，其三項『人身自由之保障』，即特別注重憲法第八條之規定，『於二十四小時內將逮捕人移送法院』等等。」他因此質問說：「何以拘禁至十餘日之久，不許家屬探問，不交保釋放候訊？」後來他再次寫信，多方活動，直至驚動蔣介石，蔣把責任完全推給了「下面」。如此，沈志明夫婦終於在 3 月底被交保釋放，自然向胡深表感謝，胡適說：「我沒有幫你什麼忙。我不是對你一個人的問題，我是為人權說話。」[11]

將於 1960 年 2 月舉行的「國大第三次會議」，涉及總統的換屆選舉，在蔣介石應否連任的問題上，胡適與國民黨當局及蔣本人的矛盾更加尖銳。從 1959 年秋起，胡適就公開表示蔣應遵從憲法，不應連任，還於 11 月 15 日專請國民黨元老張群向蔣轉達他的幾點意見，認為這「是中華民國憲法受考驗的時期」，「為國家的長久打算，我盼望蔣總統給國家樹立一個『合法的、和平的』轉移政權的風範。

不違反憲法，一切依據憲法，是『合法的』。人民視為當然，雞犬不驚，是『和平的』。」「盼望蔣先生能在這一、兩個月裏，作一個公開的表示。明白宣佈他不要作第三任總統……如果國民黨另有別的主張，他們應該用正大光明的手段明白宣佈出來，絕不可用現在報紙上登的『勸進電報』方式。這種方式，對蔣先生是一種侮辱；對國民黨是一種侮辱；對我們老百姓是一種侮辱。」其實，在不到一個月前他就將這幾點向其他權要講過，而此次他在日記中寫道之所以仍要複述，是「我只是憑我自己的責任感，盡我一點公民責任而已。」正是這種公民的責任感，使他在隨後的幾個月內在公、私場合多次發表意見反對修改憲法，希望蔣介石不要連任總統。當然，這些並不能阻止蔣氏執意「修憲」連任的決心。當蔣氏連任已成定局時，「副總統」陳誠於 1960 年 2 月 14 日專訪胡適，勸他承認「即成事實」。對此，胡適表示：「我還是抱萬分之一的希望，希望能有轉機。」[12] 儘管胡適的態度完全無裨於事，但無論從個人的操守風骨這種角度，還是從維護法治的尊嚴、保持作為「社會良心」的知識份子的獨立性這種角度來看，這種立場的表白並非沒有意義。

　　一波未平，一波又起。就在這年 9 月 4 日，胡適正在美國開會之時，臺灣當局以「涉嫌叛亂」的罪名將雷震逮捕，交軍法審判。胡適當日得知後即致電「副總統」陳誠表示不滿：「鄙意政府此舉不甚明智」，國內外輿論必將認為這是「政府畏懼並摧殘反對黨運動」，「必將蒙摧殘言論之惡名」，「在西方人士心目中，批評政府與謀成立反對黨與叛亂罪名絕對無關」。他要求將此案交司法公開審理，而不能由軍法審訊。同時，他多次會見美國記者，公開表示「我認為這是一件最不尋常的事」，「他以叛亂罪逮捕，乃是最令人意料不到的，我不相信如此。」（《自由中國》）「在過去十一年內一直是中華

民國出版自由的象徵。我希望這一象徵不被肆意毀滅。」,「希望我回到臺北的時候,我的朋友和同事雷震將自叛亂罪下獲釋」。針對有人認為《自由中國》言論過激,他辯護說:「言論過激與否,各人的觀點是不同的」,如美國的兩黨互相攻擊,就要比《自由中國》的言論過激得多,所以「我個人也沒有覺得它有什麼激烈的地方,不過這份半月刊言論自由的爭取,雷先生確盡了最大努力去做。」這些談話引起了各方長達數月的強烈反響,在返臺當天,他就對前來採訪的大批記者表示堅信雷震無罪,甚至表示「我願意出庭作證」,「十一年來,雷震已成為自由中國言論自由的象徵,換來的是十年坐監。這是很不公平的。」11 月 18 日,胡適去「總統府」見蔣介石時再次提到此案,對如此判決深表不滿。當然,胡適的態度還是不起作用,雷震並未獲減刑,仍被「軍法審判」處徒刑十年。消息傳來,胡適對記者無奈地說:「對雷案我只有六個字的感想:『大失望、大失望』。」此案使胡適深受刺激,不久就心臟病復發,終未痊癒。1961年 7 月 26 日,病中的胡適抄寫了南宋大詩人楊萬里的《桂源鋪》絕句,送給獄中的雷震,祝賀他六十五歲生日:「萬山不許一溪奔,攔得溪聲日夜喧。到得前頭山腳盡,堂堂溪水出前村。」[13]

表達了對雷震的深深贊許與高度敬佩。

1962 年 2 月 24 日,胡適終因心臟病猝發,在臺北逝世。

如前所述,中國的自由主義者,在 1949 年都必須在國、共之間作一種非此即彼的選擇。胡適等人毫不猶豫地選擇了國民黨,但他的政治思想卻並不為國民黨所容,反屢被指為「匪諜」、「共黨幫兇」⋯⋯。相映成趣的是,海峽此岸作為對整個自由主義知識份子(多數選擇了共產黨)進行思想改造運動重要組成部分的「批判胡適反動思想運動」更是轟轟烈烈。「胡適派」被指為「一隻狗,套著

美國項圈的走狗！」「胡適今天雖然逃亡到他主子的巢穴裏，但仍然如一支惡犬一樣發出喪盡廉恥的狂吠。」「戰犯胡適及其一派，乃是帝國主義及其走狗北洋軍閥和國民黨新軍閥的御用學者、反共論客……胡適派這班『學者』就裝扮成為『民主主義者』、『自由主義者』出現在中國的政治舞臺上。」[14] 等等。總之，他們只能或「彼」或「此」，但卻又都不被「彼」、「此」所容；選「彼」者反被指是「此」的「幫兇」，選「此」者又被指是「彼」的「走狗」。這，便是近代中國自由主義者的困境和悲劇。

注釋

【1】轉引自耿雲志，《胡適年譜》，四川人民出版社 1989 年版，第 374 頁。

【2】〈胡適致蔣總統書〉，1997 年 2 月 27 日，臺灣《聯合報》第 37 版。因此信是首次刊佈，多數讀者尚無法閱讀，故本文將較多引用此信原文，以利研究。

【3】蔣介石致胡適函、1951 年 10 月 11、12 日之胡適日記均見，1997 年 2 月 27 日，臺灣《聯合報》第 37 版。

【4】〈從《到奴役之路》說起〉，《自由中國》第 10 卷第 6 期，1954 年 3 月 16 日出版。

【5】〈我們對於西洋近代文明的態度〉，《胡適文存》第 3 集卷 1。

【6】〈歐遊道中寄書〉，《胡適文存》第 3 集卷 1。

【7】〈述艾森豪總統的兩個故事給蔣總統祝壽〉，《自由中國》第 15 卷第 9 期，1956 年 10 月 31 日出版。

【8】「特種指示」及《向毒素思想總攻擊》全文見《雷震回憶錄》，1978 年版，第 107-145 頁。

【9】〈從爭取言論自由談到反對黨〉，《自由中國》第 18 卷第 11 期，1958 年 6 月 1 日出版。

【10】〈容忍與自由〉，《自由中國》第 20 卷第 6 期，1959 年 3 月 16 日出版。

【11】胡頌平編撰，《胡適之先生年譜長編初稿》第八冊，臺北聯經出版公司，1984 年出版，第 2851、2852、2861、2863、2865 頁。

【12】《胡適之先生年譜長編初稿》第八冊，第 3036、3037 頁；第九冊，第 3191 頁。

【13】《胡適之先生年譜長編初稿》第九冊，第 3335、3336、3337、3343、3344、3365、3385 頁；第十冊，第 3677 頁。

【14】《胡適思想批判》，三聯書店 1955 年版，第 1 輯，第 46 頁；第 2 輯，第 320 頁；第 6 輯，第 138 頁。

【附】

偶販書記

筆者以讀書筆耕為業，竟也偶然販書一次，故寫此「偶販書記」，聊以記趣。

胡適與中國現代知識份子是我長期感興趣的一個題目，所以1987年初讀周明之先生的 *Hu Shih and Intellectual Choice in Modern China*，即為其豐富的史料和深刻的分析吸引，而且當時國內對胡適及中國現代知識份子的學術研究發軔未久，深感此書當有意義殊深的啟發作用。因此，當1988年夏，有家出版社決定在1989年推出由「中國現代文化學會」主編之「中國現代文化叢書」，以紀念五四運動七十周年時，我便力薦此書作為叢書之一，並自告奮勇地擔起翻譯重任。

譯畢全書，卻頗為書名的譯法犯難。「Intellectual」通譯為「思想」，這固然不錯，但我總感不完全「恰如其分」。因為漢語中的「思想」要比「Intellectual」寬泛得多，「Intellectual」似乎更偏重於知識、理性、智力等，比「思想」要「單純」不少，直到現在，我仍未找到一個非常貼切、滿意的譯法——近見有人將其譯作「智性」，足見不滿將其譯作「思想」者大有人在。與叢書主編、出版社責編商量後並經周先生同意，決定將書名由《胡適與中國現代思想的選擇》改譯為《胡適與中國現代知識份子的選擇》。因為此書雖是以胡適為中心，卻對從胡適到傅斯年、徐志摩、丁玲等人的人生道路、職業選擇、愛情觀、信仰的變化與堅守等都作了細緻分析，實際透視了

那一代知識份子的心路歷程；而且，「Intellectual」本有「知識」之意，「Intellectuals」即「知識份子」；更重要的是，當時正是國內思想、學術界的「知識份子熱」：「士」與現代知識份子的轉變與產生、知識份子的社會屬性社會角色的重新定位、知識份子從啟蒙者到受教育者的角色轉換⋯⋯沸沸揚揚，好不熱鬧。

　　但喧囂之後卻是突然的冷卻，原定於 1989 年春出版的「中國現代文化叢書」戛然而止。然而，那家出版社終感無論是思想深度還是學術水平，此書在同類著作中實不多見，於是在 1991 年，冒著經濟的和非經濟的壓力與風險，將此書出版面世，唯徵訂時印數少得可憐，勉強開印，印製更是簡陋不堪。當時學術書籍出版極不景氣，學者們自費出書或給出版社一定「贊助費」是普遍情況。而這家出版社卻相當不錯，不僅不要我個人出一分錢，還付給我一半稿酬，另一半則給我好幾百本書相抵。稿酬雖然只有一半，但卻是按全額扣稅，心中難免耿耿，但想想這也是在為國家做貢獻，心理也就平衡了。幾百本書到手後，便開始了我的第一次、到目前為止也是唯一的一次「販書生涯」。我拿著樣書跑到附近的四家書店，家家都同意代銷，不過各家的折扣卻不一樣，經過一番討價還價，最高的是「四八折」，最低的是「四折」。由於出版社是按書的實價扣款，所以我做的明擺著是「賠錢買賣」。但當時「拿手術刀的不如拿剃頭刀的，搞導彈的不如賣茶葉蛋的」，雖然賠錢也心甘情願，可謂賠得「高興」，只盼這些書能快快賣完。沒想到大約僅一個星期，幾百本書在這四家書店就全部賣完，都說這本書「走得不錯」，還想再要。看來這本書還真有不少讀者，但出版社當初徵訂時訂數卻上不去，這也是當普遍情況，說明彼時圖書發行體制確有問題。

　　書賣完了，就開始到各家收款，其中三家書店都痛快地按合同把書款立即給我，但在沙灘附近的一家書店卻碰到一個小小的問題。這家書店的經理非向我索要發票付款不可，並強調一定要正式發票，連收據都不行，如果沒有發票肯定不能把錢給我，甚至說：「沒發票就是偷稅、漏稅！」到現在，我也沒弄明白他是說我偷稅、漏稅還是說他們偷稅、漏稅。我又沒辦公司，到哪兒去搞發票？發票豈是個人隨便開得出的？當時賣假發票的可能沒有現在「發達」，起碼我那時從沒碰到也沒聽說過，不像現在路過一個地鐵口，就有好幾個人悄聲向你兜售發票。跟他說了半天，他就是不給錢，明顯刁難。當我悻悻而回，對一位朋友談起此事時，他不禁大笑：「這還不容易，你老兄總在附近的幾個書攤買書，跟他們要一張空白發票不就得了。」果然，我到一個常去的書攤買了本書，就要到了一張空白發票，立即到那家書店換回書款。此舉顯係違法，但委實出於無奈。

　　雖然小有周折，但出了自己喜歡、認為有價值的書，而且還拿了一筆稿費，心中自然高興。唯一的遺憾是，在當時的大環境下，此書雖然出版，但僅如在巨大的虛空中投下一粒小小的沙石，難有反響，仍是濃重的沉寂。形格勢禁，毫無辦法。

　　令人欣慰的是，近些年對胡適及中國現代知識份子的研究又在不斷升溫，那一代人面對的「困局」，似乎重又叩擾著當下「讀書人」的心靈。他們面對現實政治那種進退失據、詞受兩難的處境，對傳統文化愛之痛苦、破之更痛苦的複雜矛盾心理，對國家的與社會關係的深刻思考，甚至他們對家庭、婚姻和愛情的態度，在在均又引起激烈爭論。而周明之先生的大作，將大動盪時代背景下「亂世兒女」們特有的無奈，那種理智與情感的衝突、理想在現實面前的妥

協甚至幻滅、激情的勃發與冷卻進而轉為令人心悸的自嘲，都從思想史、心靈史的角度作了深刻細緻的分析。這部力作，將使我們今天的思考與爭辯更加深刻，而不是流於隨感，更不是「非此即彼」地簡單苛責或頌揚。那一代人早已風華不再，從紛繁熾烈的時代大舞臺愴然謝幕退場已久。不過，他們繁華褪盡的身影，卻一直時顯時晦地浮現在雖無喧囂、但更加深沉闊壯的歷史舞臺，鬱鬱然成為一個民族的「心結」。

近日廣西師範大學出版社的劉瑞林女士慧眼識書，力主重出此書，相信會給中國學術界、思想界帶來新的思考。此書新版不僅印數遠遠超過舊版，而且印刷裝幀精美大氣，舊版簡直無法望其項背，時代之變化，由此亦可略窺一斑。

校長當如竺可楨

　　浙江大學現在是全國著名高等學府，而在五十年代初期「院系調整」以前，其學術聲望更高，長期是屈指可數的享譽全國的綜合性大學之一。在浙大的發展歷程中，從 1936 年到 1949 年擔任校長達十三年之久的竺可楨先生可謂厥功至偉，被公認為浙大學術事業的奠基人、浙大「求是」精神的典範、浙大的靈魂。而這十三年，是國難當頭、內戰不止的十三年，竺先生究竟有何本事、有何能耐、有何「秘密武器」，能在如此動盪險惡的環境中將浙大辦成全國著名的大學？新近出版的《竺可楨全集》（1～4）為我們提供了答案。

　　在許多文章和演講中，他反覆強調辦好大學有三個關鍵要素：教授、圖書儀器和校舍建築，而在這三者之中，教授又最為重要。因為「教授是大學的靈魂，一個大學學風的優劣，全視教授人選為轉移」。（〈大學教育之主要方針〉）因此，他總是想方設法，延請有真才實學的教授到浙大任教，並且能在至艱至難的環境中穩定教授群體。在欠薪成為家常便飯的當時，他想盡種種籌款辦法，雖然有時未果，但廣大教職員工卻為他的誠心所動。而時局的激烈動盪，學校不可避免地成為各種政治力量爭奪的重要「戰場」，捲入政治鬥爭的漩渦，對此，一向主張學術獨立、教育獨立的竺可楨，更是竭盡全力排除政治的干擾，維護學術和教育的尊嚴。在現代中國的急風驟雨中，他以自己的人格、理想和才幹，為浙大營造了相對安定的學術、教育氛圍，吸引了許多一流學者、教授。

他認為學術獨立、教育獨立的重點，是學者、學生要有獨立的思想，經常提醒大學生「運用自己思想的重要」。「我們受高等教育的人，必須有明辨是非、靜觀得失、縝密思慮、不肯盲從的習慣，然後在學時方不致害己累人，出而立身處世方能不負所學。大學所施的教育，本來不是供給傳授現成的智識，而重在開闢基本的途徑，提示獲得知識的方法，並且培養學生研究批判和反省的精神，以期學者有自動求智和不斷研究的能力。」（〈大學教育之主要方針〉）由於浙大是從「求是」學堂演變發展而來的，他時時提醒浙大師生，「求是」精神是浙大的靈魂，所謂「求是」即尊重、探求真理，只認真理、是非，而不問利害、不為名利所動，不屈服於政治的壓力。當時國民黨政府實行「以黨治校」、「黨化教育」，作為國立大學校長，竺可楨先生自然無法公開徹底反對，但在實際管理中，他總是將這類「黨治」減至最低，而且一有機會，他就不厭其詳地宣揚學術、教育獨立。1936 年，為紀念母校哈佛大學三百周年，他寫了〈美國哈佛大學三百周年紀念感言〉一文公開發表，在文章最後，他意味深長地寫道：哈佛辦學方針主要有兩點，「第一，主張學校思想之自由，即所謂 Academic Freedom。反對政黨和教會的干涉學校行政與教授個人的主張。第二，學校所研究的課目，不能全注重於實用，理論科學應給予以充分發展之機會。這兩點主張與英國大學的方策一樣，而與義大利、德意志、蘇聯各國之政策，則大相徑庭。世界各國辦大學教育之分野，在這兩種主張上，是很清楚的。有一點哈佛大學亦可以昭示我們的，即為哈佛大學的校訓──Veritas，拉丁文 Veritas 就是真理。我們對於教育應該採取自由主義或干涉主義，對於科學注重純粹亦注重應用，尚有爭論的餘地，而我們大家應該一致研究真理、擁護真理，則是無疑義的。」如果說在國難當頭，

他認為這種「黨治」還情有可原，甚至有一定必要性的話，那麼在抗戰勝利後，他認為大學即應實行民主管理。抗戰勝利後，許多人都在深思中國的前途、命運，一直關心國家、社會和民族命運的竺可楨先生自有深刻思考，1945 年 9 月，即發表了〈戰後國家與學校諸問題〉一文。在這篇文章中，他認為抗戰勝利，國難已靖，大學的辦學方針「應以理智為重，本校『求是』校訓，亦即此意。近年官吏貪污，學風不良，非道德之咎，實社會有不合理之處，今後大學應行教授治校制，以符合民主之潮流。」

竺可楨先生與國民黨許多高官都是往來甚密的好友，與其中一些人還有親戚關係，蔣介石本人對他也頗為看重，他的出任浙大校長，即由蔣「欽點」。後來，蔣又想讓他出任中央大學校長，為他婉拒。然而他卻能「出污泥而不染」，絕未以此作為驕橫之資，更未利用這些關係為自己謀任何利益，與「黨國」有如此之深的淵源，卻能贏得包括堅決反對國民黨的左派師生在內的全體師生的敬重，委實不易，顯示出了他的人格魅力。在 1949 年以前，作為留學美國的自由主義知識份子，他對國民黨的所作所為大有不滿，但對共產黨的主張也不贊同。由於校長的身份，他對左派學生組織的「學潮」十分反感、多次公開表示反對，認為學生的首要任務是讀書。然而，在幾次學潮中，他雖反對卻走在隊伍的前列，為的是保護學生，怕手無寸鐵的學生「吃虧」。他雖不贊同、甚至反對左派學生的「鬧事」，然而卻堅決反對國民黨抓捕學生，保護了不少他並不贊同其政治觀點的學生。而且一旦有學生被捕，他總是極力營救，一定要到獄中看望他們；如果受審，他一定要到庭旁聽。在 1949 年夏，國共鬥爭最激烈的時刻，他冒著生命危險，堅決反對國民黨特務在逃跑前對左派學生下毒手。「愛生如子」，是所有學生對他的評價。

　　他認為「宇宙間，有兩種很偉大的力量，一種是『愛』，一種是『恨』」，而人類的命運就繫托於「愛」能否戰勝「恨」。「世界現在還充滿了仇恨、殘暴和妒嫉，霸道橫行。這還是因為仁愛的教育沒有普及之故」，因此「辦教育者，該有『人皆可以得善』的信心」，對學生充滿愛，無論自己是否同意學生的思想觀點。(〈大學教育與民主〉)竺先生對學生這種無私、無畏的愛，應成為所有教育者的楷模；所有教育者都應捫心自問：能象竺先生那樣愛學生麼？

「我們都是民眾！」
──關於顧頡剛

　　「我們都是民眾！」這是顧頡剛先生七十年前在靜安先生投湖十日後所寫的〈悼王靜安先生〉一文的最後一句。靜安先生的投湖，至今還為學界所關注，給當時的學人造成的心靈震撼之強烈，更是可以想見的。文人學者紛紛撰文，除表達哀念之情外，不免還要分析靜安先生的死因。這些分析，卻為我們現在一窺作者本人當時的思想提供了一個難得的視點。

　　顧氏對靜安先生的崇敬可謂「五體投地」。在《古史辨第一冊》自序中，他曾深情地談到自己從王氏的著作中獲益極多；雖然他與靜安先生數來只有兩次面談，但卻時有書信往返，討論學問，甚至常在夢中向靜安先生求教。對此，他的日記多有記載：「夢王靜安先生與我相好甚，攜手而行……我如何自致力於學問，使王靜安先生果能與我攜手耶？」（1924 年 3 月 6 日）「予近年之夢，以祖母死及與靜安先生遊為最多……靜安先生則為我學問上最佩服之人。今夜又夢與靜安先生同座吃飯，因識與此。」（1924 年 3 月 31 日）他還曾寫信給靜安先生，企望能「從此追隨杖履，為始終受學之一人」。1924 年冬，遜帝溥儀出宮，靜安先生生計無著之時，顧氏又給胡適寫信請其相助，薦靜安先生入清華國學研究院。當靜安先生投湖自沉的消息傳來，他不能不悲痛地寫道：「這個消息驀然給我一個猛烈的刺激，使我失望而悲歎。我對於他雖向少往來，但是戀慕之情十年來如一日。」

在表達了深切的追念之情、細陳了王氏的學術偉業之後，他對靜安先生的死因作了更多、甚至不客氣的分析。他認為首先是王以「遺老」自居，懼怕國民革命軍的到來。但王實際上是因為曾要靠真正的遺老羅振玉為生，所以不得不「裝作遺老」，「成了一個『遺而不老』的遺老了。等到一成了遺老，騎虎難下，為維持自己的面子起見，不得不硬挺到底了」。「所以他今日的自殺，中國的政府與社會應當公同擔當責任，倘使中國早有了研究學問的機關，凡是有志研究的人到裏邊去，可以恣意滿足他的知識慾，而又無衣食之憂，那麼，靜安先生何必去投靠羅氏，更何必因羅氏之故而成為遺老。」為防止類似的悲劇發生，他提出兩項建議：

一、大學「應該替專門研究學問的人設想」，使他們可以專心向學，不問世事。「凡是專心研究學問的人，對於政治的興味一定很淡，這並不是遺落世務，實在一個人只有這一點精神，它既集中於學問，便再不能分心於政治了……學校中人一齊不問政治固然不對，但容許幾個對於學問有特別興味的人專作研究也未始說不過去……使得類似靜安先生的人可以安心研究，不再被別的方面所拉攏而作犧牲。」二、「我們應當造成一種風氣，把學者們脫離士大夫階級而歸入工人階級。這並不是學時髦，實在應當如此。以前讀書人的心目中，以為讀書的目的是做好了文章、修好了道德，預備出而問世；問世就是做官，目的是要把他的道德文章發揮盡致。因為這樣，他們專注目於科第仕宦，不復肯為純粹的藝術和科學畢生盡瘁。」因此，「我們便該鼓吹一種思想：做文章只是做文章，研究學問只是研究學問，同政治毫沒有關係，同道德也毫沒有關係。做文章和研究學問的人，他們的地位跟土木工、雕刻工、農夫、織女的地位是一樣的。他們都是憑了自己的能力，收得了材料，造成許多新事物。

他們都是做工，都沒有什麼神秘。」但是「現在會做文章的人，無形中總給許多人捧作民眾的領袖，一切的事情都壓到他的頭上，直至把他毀壞了而後已。」他認為這種「士大夫」的清高，「是害死靜安先生的主要之點。他覺得自己讀書多、聞見廣，自視甚高，就不願和民眾接近了。……到現在寧可以身殉辮，這就是他不肯自居於民眾，故意立異，裝腔作勢，以鳴其高傲，以維持其士大夫階級的尊嚴的確據。這種思想是我們絕對不能表同情的。」最後，他滿腔激憤地喊道：「士大夫階級的架子害死了王國維！我們應該打倒士大夫階級！我們不是士大夫！我們都是民眾！」

顧氏對靜安先生死因的分析是否正確並不重要，而他提出的學術與政治的關係、學者的社會身份等問題，直到現在仍是值得深思的。

《中國文化》第 11 期在將顧氏七十年前舊文重刊時，還附有顧先生的女兒顧潮女士的「附記」，讀來令人感慨不已。

八十年代初，她整理父親遺物時，無意中發現他一冊日記的封底摺頁（日記冊為線裝）裏塞有紙張，小心翼翼地抽出一看，原來是王國維先生的三封信！她不禁百感交集。在「文革」的十年浩劫中，顧先生作為「反動學術權威」，當然是屢被批鬥、抄家。在「破四舊」人人自危的狂瀾中，顧先生的書籍被抄、信件被焚，要將此三封信保存下來，所冒風險之大、所需勇氣之巨，都是後人難以想像的。正如顧潮所說：「這些信薄薄數箋，捧在手中幾乎覺不出重量，但父親視若珍寶，簡直看得比生命還重要」。為是否保存一些信件，他還與夫人發生了激烈爭吵。他的日記兩則有如下記載：

一九六六年十一月末——十二月初　整理舊信札，分別去留。予一生所得他人信札均不廢棄，仿機關檔案例保存。今

當破四舊之際，靜秋力勸毀之，予不忍盡燒，思保留一點論學者，用是又生爭吵。予置在燕大之信札，抗戰時為日寇所奪，久以為不復見矣。而今日整理，竟有抗戰前舊信在（如王國維、錢玄同等），想以置在禹貢學會，故得存也。予欲多留，而靜秋不許，何其忍也！……火光熊熊，使予心痛。

一九六七年三月二十七日　抄王靜安先生四十年前與我之信入冊。靜秋撿出予所存信札，欲盡焚之，予謂其中有王國維與我論「顧命」信，求其為我留下，得允。

「火光熊熊，使予心痛」，短短一語，便道盡了一代學人眼見文化被毀的椎心之痛。雖只寥寥八字，但字字千鈞，讀來如重錘擊胸，亦不禁要對天長歎：「何其忍也」！

余生也晚，雖然現也在中國社會科學院研究歷史，卻未能親炙顧先生教誨。不過，幾位「過來人」不約而同地對我講述顧先生當年的一樁往事，確能說明他的精神與風貌，令人歎止。

1966年夏，「文革」狂瀾驟起，顧先生被扣上「反動學術權威」的大帽，為首批被揪出的「牛鬼蛇神」之一。一次在「學部」（即中科院「哲學社會科學部」，為今「社科院」前身）召開的「批鬥大會」上，數十名「牛鬼蛇神」被剃頭（有「陰陽頭」，有「中間開路」式）後，要逐一按指定的「罪名」登臺「自報家門」，然後下臺接受「革命群眾」的「遊鬥」。在「揪出 XX 份子 XXX」的怒吼聲中，他們依次被押上臺，按剛才的吼聲自報「我是三反份子 XXX」、「我是黑幫份子 XXX」、「我是階級異己份子 XXX」、「我是壞份子 XXX」、「我是反動學術權威 XXX」……之類的話。輪到顧先生上臺，他卻出人意外地「自報家門」說：「我是歷史研究所一級研究員顧頡剛」。雖

然後來屢經磨難，但他終於堅持下來，活到了海晏河清的 1980 年。「活著」，有時也需要巨大的勇氣。

雖不自視清高、能夠忍辱負重，但無論面臨的壓力有多大卻又絕不自辱、不失自尊，或許這便是「民眾」的堅韌性與「士」的「不可辱」精神的結合體現。

「寓論斷於序事」的陶菊隱

　　明末清初的著名思想家顧炎武，在《日知錄》中的〈史記於序事中寓論斷〉篇中有「古人作史，有不待論斷而於序事之中即見其指者，唯太史公能之」之語，足見他對史學中「寓論斷於序事」之能力的評價之高。當代史學大家白壽彝先生對此論格外欽佩，於1961年發表了〈司馬遷寓論斷於序事〉一文。1980年，時近二十年後他又著意將此文重新發表，並發表談話，提請史學界同仁注意此問題。由此，足見他對此文、此論的重視。或許是有感於今天歷史敘述乾癟無文，史學家似乎已經不會「講故事」，往往將豐富多彩、生動無比的歷史簡化成幾個抽象枯燥的「公式」，所以白先生在談話中提出：「今天，我們史學界，應該在這方面向司馬遷學習，要使我們的作品能吸引人，能讓人愛看，才能發生更大的效果。一般讀者反映，說我們的歷史書，寫得乾巴巴的，人家不愛看。我們應該接受這個意見，改變我們的文風。儘管做起來很困難，但這是我們應該努力的。」

　　陶菊隱先生近半個世紀前寫就的《北洋軍閥統治時期史話》，便是非常難得的「寓論斷於序事」、「能讓人愛看」的佳作。

　　從1912年初袁世凱當上民國大總統，到1928年底張學良宣佈東北「易幟」，這十七年中華大地兵連禍結，戰火連天。特別是袁世凱死後，更是出現「有槍便是草頭王」的分裂局面，指不勝屈的大小軍閥各自為政，彼此征伐，戰事一日未絕；軍閥、政客縱橫捭闔，

耍盡陰謀詭計，在這十七年中，僅「北京政府」即如走馬燈般更換了十三任總統、四十六屆內閣，而其他「地方」軍閥政權的更替則難以勝數。這段歷史本身的殘忍、荒誕和令人驚心動魄的程度，恐超出人們的想像。所以無需任何虛構，僅如實將這段歷史作全景性掃描，讀來即令人時時緊張、悚懼無任。然而，若無如椽巨筆，休想不假任何虛構即將這一段千頭萬緒、紛繁複雜的歷史說得清清楚楚、明明白白、頭頭是道。而陶先生這一百三十餘萬字的《北洋軍閥統治時期史話》，正是不假任何虛構，便把上至袁世凱朝鮮發跡、下至張學良東北易幟這段長達三十三年經緯萬端、雲譎波詭的歷史說得清楚明白。對於史實，陶氏極為認真，所用素材皆有所本，且大都經過自己的一番考證；毫不「戲說」卻通俗生動，確實擔得起「目光如炬的史學家」（曹聚仁語）之稱。

　　然而不能不令人嘖嘖稱奇的是，陶先生其實只有中學學歷，並未受過正規的史學訓練。原籍湖南長沙的陶先生，出生於 1898 年，中學尚未讀完，就於 1912 年進入長沙《女權日報》當編輯，年方十四即步入新聞界，開始了三十年的報人生涯。不久，就任《湖南民報》編輯，撰寫時事述評；稍後辭職接辦《湖南新報》，擔任總編輯。同時，他還為上海一些大報撰寫湖南通訊。1919 年，他以湖南報界聯合會代表的資格，參加湖南的「驅張（敬堯）運動」。由於對湖南政情報導出色，1920 年，他受聘上海《新聞報》駐湘特約通訊員，撰寫長沙特約通訊。1927 年，擔任《武漢民報》代理總編輯兼上海《新聞報》駐漢口記者；其間還為著名的《申報》、天津《大公報》撰寫通訊。1928 年，他曾擔任《新聞報》戰地記者隨國民軍報導「二次北伐」，冒著槍林彈雨，發回大量戰地消息，親身經歷了日本侵略者製造的「濟南慘案」。他對軍閥混戰時事新聞的迅速、準確報導和

深入的述評分析，為他在贏得了極高的聲譽，與天津《大公報》的張季鸞並稱為當時中國報界「雙傑」。從三十年代起他又先後在南京、上海辦報。

由於國民黨的新聞管制日緊，他便從寫「新聞」轉為以寫北洋時期「舊聞」為主。抗日戰爭爆發後，他積極宣傳抗戰，曾受蔣介石單獨召見。長期的政治、軍事報導，養成了他對時局犀利的眼光和深刻的分析、判斷能力，所以他對國內抗戰尤其是國際形勢的看法深為蔣賞識，故曾想將他安排重用，但他的好友蔣百里認為，他回到上海新聞界作用更大，便代其婉拒。於是蔣要陳布雷轉囑，他回滬後對時局的看法、形勢的分析可寫成書面材料，設法隨時轉交。由於他在上海「孤島」時期不顧日偽百般威脅利誘，堅持抗戰，所以幾次受到迫害。1941 年太平洋戰爭爆發，上海「孤島」淪陷，他不得不退出新聞界，過著「隱居」的生活，專注於文史研究和寫作。1949 年後，他曾擔任上海文史館副館長，以他的複雜經歷與交遊，在「文革」中自然遭到殘酷迫害。「文革」結束，他終獲平反，又重新握管疾書，於 1989 年病逝。

他 1912 年步入新聞界時，正是袁世凱竊取辛亥革命果實、後來史界所稱「北洋軍閥時期」的開始。湖南當時政治活躍，各種矛盾非常尖銳異常，是各路軍閥必爭之地，同時又是北伐軍師出廣東的首攻之處。可以說，陶先生是以報導「北洋軍閥統治時期」起家的，是這段歷史的直接目擊者。他與各路軍閥和北伐軍的一些重要人物都有相當密切的交往，對他們作過周密細緻的採訪，參與過許多重要會議報導，不僅對「臺前」發生的事情瞭若指掌，而且對許多鮮為人知的秘聞軼事也知之甚詳。他巧妙周旋於不同派系的軍閥、政客間，獲得他人難以得到的消息，卻又不失獨立報人的原則，客觀、

如實地向公眾報導新聞。將許多被軍閥當局列為「禁區」的獨家「政情內幕」如實報導，無異於引火焚身，但如果避而不寫，就是對報館和讀者的不負責，他總能想方設法即將消息發出，又保證自己的安全，至為不易。這種本領，是新聞界業者應當學習掌握的。

長期的報人生涯，使他特別注重資料搜集、整理、積累，許多當事人給他提供了珍貴的史料，經過日積月累，建立了自己的「小資料庫」。對北洋時期史實的撚熟和資料的豐富，使他從三十年代起由新聞向文史研究、寫作的轉向，如同輕車熟路。其中，《籌安會六君子傳》、《督軍團傳》、《吳佩孚將軍傳》均與「北洋軍閥」有密切關係。

新中國成立之初，周恩來總理提議舊時代過來的人可多寫文史資料，陶氏便開始以此為基礎寫作《北洋軍閥史話》，計畫分八冊出版，終於在 1957 年初春起陸續出版了前幾冊。然而，就在這年年中政治風雲突變，出版社認為此時出版這種軍閥時代的史書而且共出八冊，政治風險太大，便要單方面中止合同，不再續出後面幾冊。他的兒子陶端回憶：「父親自然心有不甘，在萬般無奈之際，他想到了求助於毛澤東主席。早年同為湖南人的父親與毛澤東在『驅張運動』中曾有一段共事經歷。張敬堯禍湘時期，長沙市民組織各界聯合會，要求開放言路，改選省議會。時任老師的毛澤東是教育界代表，陶菊隱則是新聞界代表，在一次重兵把守的辯論會上兩人都差一點被軍閥逮捕。果然給主席去信還是起了作用。毛澤東並未親自回信，處理來信的工作人員可能考慮到這段歷史淵源，也有可能調查過這本書前幾冊沒有問題，作者也並未打成右派，《史話》終於在 1959 年 12 月全數出齊。」在當時的政治氛圍中，陶氏在個別地方不得不生硬地使用自己並不熟悉的新時代的「新語言」、「新觀點」，

以至傅雷先生見到他時打趣地說：「陶老，你寫的這本北洋軍閥史話好是好，可怎麼釘了那麼多的紅補丁呀？我看還是你老早寫的書好。」「紅補丁」？陶菊隱一直未忘老友的這句調侃。在已經實行改革開放的 1981 年，這部書重新出版修改時，他仍念叨著已在「文革」中遇難的傅雷所說的「紅補丁」……

昨天的新聞是今天的歷史，今天的新聞就是明天的歷史，所以有人曾形象地說「新聞是歷史的初稿」。陶菊隱先生不愧是將「新聞」化作「歷史」的高手，歷史在他筆下娓娓道來，絕無「戲說」卻又引人入勝，恢復了史家「說事」的能力。而當今「戲說」的繁盛，在一定程度上是對史學界「講故事」能力匱乏的懲罰。其實，歷史不必戲說即能扣人心弦，端看史家本事如何了。

「哀其不幸，怒其不爭」
——《英人‧法人‧中國人》

　　1939 年二戰初起、中國的抗日戰爭正在最艱難的時刻，從英國倫敦大學經濟學院政治系留學歸來未久的儲安平，在「陪都」重慶寫就了〈英人‧法人‧西班牙人〉一文；第二年，他寫了〈英國歷史上的外族入侵〉；再過三年，來到湘西「國立蘭田師範學院」任教的他又寫了〈政治上的英人與法人〉。這些文章看似與抗戰、甚至與中國都沒有直接關係，但等到 1945 年他寫就〈中國人與英國人〉一文後，其良苦用心便昭然若揭：這些文章初看與中國無涉，其實卻如抽絲剝繭般層層深入，最終還是為了將中國人的「國民性」與英國人的「國民性」作一比較。正如作者將此四篇文字結集成書時所說，〈中國人與英國人〉這篇文章是他「多年來關於中國社會的種種感想；這篇文字所涉及的許多問題，至少在著者看來，就是今日我們需要努力的許多工作之中最基本的部分。」這四篇文章，確實形成了一個完整的體系，前面三篇其實都是第四篇的鋪墊、準備和基礎，為作者認為當時的中國需要作「最基本」的改變這一目的服務。

　　所謂「最基本的部分」，實即「國民性改造」。從縱向的歷史演變和橫向與法蘭西、西班牙比較後，儲安平概括了英國人的國民性，進而與中國人的國民性逐一比較。大體而言，他從務實重行、組織性與合作性、對理性的態度及實效、政治文化等方方面面對中英兩國的不同作了比較分析，然後寫道：「比較中的中英兩國的民性及其

作風，究竟孰佳孰不佳，讀者可自行判斷之。但吾人在此至少可以同意兩點：第一，中英兩國人民的性格及社會風氣確是不同；第二，多年以來，英國為一強國，中國為一弱國。此兩點皆為事實，而著者認為後一事實與前一事實有大大的關係。」但他認為其中的原因「歸之於民族性者少，歸之於教育訓練者多」，也就是說，國民性是後天教育形成的，因而改造不僅是必要的而且是可能的；進而他對宗教、家庭、學校、社會乃至體育遊戲等各方面對英國人性格的培養，作了詳細的分析。他認為造成「英吉利典型」性格的主要力量首先是遊戲，然後是宗教，最後是在有規律的生活中所包含的種種傳統、亦即所謂公共的傳統，三者相輔成，殊途同歸。因此，這種「國民性改造」不可能是短期內急風驟雨式的強迫，而是一種「潤物細無聲」的長期、緩慢、細緻、自然而然的過程。在將中英兩國的教育環境作了「比較研究」後，他悲觀地承認中國教育環境之惡劣，達到令人難以忍受的程度，但復以「知其不可而為之的」悲劇精神寫道：「我們誠以今日中國社會上令人鼓舞欣慰之事常少於令人悲憤失望之事為憾，但我們既為中國公民，單單失望悲憤，固無補於實益」，應踏踏實實地做一些實際的工作。「我們固希望有一個富強、繁榮、康樂的中國，但一個富強、繁榮、康樂的中國固不能得之於幻想，而須出之於中國人民的實事求是的努力。」最後，他充滿感情地坦承：「一個進步的現代的中國固常為著者所追求者，而他之所以於敘述他所知之英國以後，復寫此文一述他心中的感觸者，蓋他實亦希望他的感觸能夠引起讀者的共思，因而或能慨然興起稍挽我們目前的頹風於萬一。」憂國憂民的拳拳之心，溢於言表。

顯然，儲安平深受五四精神影響，因為「改造國民性」是五四新文化運動最為響亮的口號和主要內容之一。但「改造國民性」卻

並非如時下某些時賢所譏，只是五四時幾個思想家凌虛蹈空的振臂一呼，而是近代中國社會變化、發展的內在需要，有自己思想發展的內在理路，植根在「本土」之中。鴉片戰爭之後，一些改革者和思想家即或深或淺、或多或少地涉及到「國民性」問題，提出「開通民智」的重要性。在維新時期，梁啟超就強調「變法之本，在育人才」；嚴復提出「鼓民力」、「開民智」、「新民德」是使中國富強的三項辦法。梁啟超流亡日本未久，更感改造「國民性」的重要。在〈中國積弱溯源論〉中，他批評說奴性、愚昧、虛偽、為我、怯懦等已造成了中國人的人格缺欠，國人的這種集體性缺欠是國家貧弱的根本原因。啟蒙的任務，就是要將品性上有根本缺欠的「國人」，改造成現代意義上的「國民」，即現在所說的「公民」。總之，他提出要造就「新民」，並以「中國之新民」作為自己的筆名。為此，他在1902年2月創辦了《新民叢報》，發表了約十依萬字的總題為《新民說》的系列文章，連載四年。可以說，五四新文化運動所提出的改造「國民性」理論不僅是勢所必致，而且是理所當然。

不必也不能否認，他們對自己的「國民性」所進行的嚴厲批判，是以西方為參照的（儲安平此書更具體的以他所熟悉的英國為參照），對西方文化、「國民性」充滿了各種各樣的「文化想像」或「誤讀」。但在文化交往中，這種對異己文化的「文化想像」、「誤讀」屢有發生，並且促進了自身的發展。在啟蒙時代，歐洲人的「中國觀」深受明末來華傳教的耶穌會士影響，一些啟蒙思想家對中國社會、中國文化也曾充滿了這種「想像」或「誤讀」。伏爾泰、波維爾、魁奈、萊布尼茲等對中國文化、道德水平、倫理體系等讚口不絕，甚至提出希望請中國人到歐洲幫助他們提高道德水平。這種「想像」的主要原因在於，在歐洲，宗教一直是倫理道德的基礎，而不言神

怪的中國儒學經典，卻使他們發現了一種沒有宗教色彩而「以人為本」的全新倫理道德體系，恰恰適應了反宗教的啟蒙運動的需要，為他們提供了反宗教的思想武器。

從 1930 年代起，在中華民族生死存亡的廝殺和階級鬥爭的大搏鬥中，曾經風行一時的「改造國民性」話語，因種種的「不合時宜」而漸漸消沉。但儲安平顯然不為時潮所動，堅守五四精神，以綿薄之力從事幾乎是無望的「國民性改造」的艱苦工程，與魯迅當年的「哀其不幸，怒其不爭」一脈相承。1948 年春，儲安平將這些近十年前開始陸續寫作的文字結集出版，表明他認為五四精神仍有其現實意義。這可能是時代發生「天翻地覆」劇變前「改造民國性」的最後絕唱，而舊話重提，則在四十年後的 1980 年代中期──此時，儲安平的「消失」也近二十年了。今天重新出版此書，不僅是對逝者的追懷，更是對現在仍大有意義的五四精神的承繼。

（引儲安平，《英人‧法人‧中國人》，遼寧教育出版社，2005 年 11 月版。）

風華絕代，終成歷史

——漫話宋美齡

美東時間 2003 年 10 月 23 日晚上，一百零六歲的宋美齡在美國家中平靜去世，這位曾經絢爛一時的風雲人物，終於凋謝。她的生命旅程跨越三個世紀，頗具傳奇色彩，在現代中國變幻莫測的幾個重要歷史關頭，她都身居其間，成為「歷史」的參與者。直到晚年，雖然早已淡出政壇，影響漸消，仍舊關心時局，對國共關係和臺灣的「統獨」問題屢發言論。她的一生，確實折射出中國現代史的許多重要方面。

1897 年 3 月，宋美齡在上海出生。此時，康有為、梁啟超發動改革政治體制的維新運動正進向高潮，但一年半後，維新運動便被清廷鎮壓，以流血失敗告終。不過，清政府雖然將維新運動一時鎮壓下去，實際卻喪失了自我調節生存的重要機會，終使延續了幾千年的皇權轟然坍塌。老大帝國重心頓失，自然引起長期的劇烈動盪。然而這種混亂局面卻為各路英雄豪傑、種種志士仁人、形形色色的武人政客提供了一顯身手的大舞臺。正是在這種大時代背景下，宋氏三姐妹竟全都成為中國現代史上舉足輕重的人物。縱觀歷史，實屬罕見。

1907 年，大多數中國女性還必須纏足時，年僅十歲的宋美齡就與二姐慶齡一起赴美留學，可謂得風氣之先。女性出洋留學當時雖是鳳毛麟角，但畢竟反映出時代潮流正在發生變化。因為僅僅十數

年前，多數國人還將出國視為畏途，認為是有辱門楣之舉，而宋家的幾個子女全都留學美國，也從一個側面透露出美國對中國的影響正在不斷增強。1917 年，宋美齡在美留學整整十年後，從衛斯理女子大學畢業回國。她在美國度過了從十歲到二十歲的歲月，這正是人生價值觀形成最重要的時期，因此她的言談舉止非常西化，正如她自己所說：「只有我的臉像個東方人。」

　　1927 年，她與大權在握的蔣介石結婚。時論認為這是一樁「金錢與權力」結合的「政治婚姻」。蔣需要「孫中山的連襟」作為「革命繼承人」的名份，和江浙財團、宋氏家族與西方的廣泛聯繫來支持鞏固自己的地位；當然，蔣的權力無疑會給宋氏家族帶來巨大利益。這樁對中國現代史影響殊深的婚姻，當事人究竟有幾分利害，有幾多感情，實非外人能夠蠡測。十年後，曾堅決反對這門婚事的宋慶齡曾對斯諾說起這件事：「開始並沒有愛情，但是我認為現在有愛情了。美齡真誠地愛蔣，蔣也真誠地愛她。」但無論如何，婚後「第一夫人」的身份，使公認「漂亮、聰明、能幹、有野心」的宋美齡得到施展自己才幹、實現自己抱負的機會。她曾隨蔣介石到南昌「圍剿」，是毀譽參半的「新生活運動」的發起者，對中國空軍建設貢獻尤大，且是事實上的「空軍司令」，更成為蔣介石對外交往的重要渠道。但真正使人刮目相看的，還是她在「西安事變」中所起的作用。

　　「西安事變」發生，蔣介石被張學良、楊虎城扣留。國民黨內的親日派力主以「討逆」之名轟炸西安，並作出進軍西安的軍事佈置，全國內戰一觸即發。在這緊要關頭，宋美齡表現得極其冷靜、果決，堅決反對任何軍事行動，設法排除重重阻力和障礙，冒險親赴西安，挫敗了親日派的陰謀，為西安事變的和平解決創造了重要

條件。日本侵略者的中國的「親日派」，曾以此攻擊宋美齡是「英美派」，說西安事變的和平解決是為了「英美的利益」。但不管怎樣，西安事變的和平解決，使處在千鈞一髮之際的共產黨人絕處逢生，中國現代史的走向「為之一變」，確是形塑歷史的少數「關節點」之一。國共兩黨在「抗日」的旗幟下再度合作，為抗日戰爭的勝利打下了重要基礎。面對日本帝國主義的侵略，採取與「英美結盟」的戰略，確實是當時中華民族的利益所在。

抗日戰爭爆發後，宋美齡長期忙於重建空軍、到醫院和前線勞軍、組織對婦女、兒童的動員和救助工作。著名的「飛虎隊」，可說是她一手促成。早在 1935 年，她就認識到一支現代化空軍的重要，在她的周旋安排下，中國從美國以較為優惠的條件購買了一大批軍用飛機，不久宋美齡就出任航空委員會秘書長一職。在美國顧問的推薦下，她聘請了美國飛行員陳納德幫她整頓空軍，使中國空軍作戰能力有較大的提高。陳納德一見到宋美齡就為之傾倒，在日記中寫道：「在我的心目中，她將永遠是一位公主。」抗戰爆發後，在宋美齡的支持下，陳納德建立了美國志願飛行大隊，因作戰勇敢，被中國軍民稱為「飛虎隊」，對中國抗日作出相當貢獻。她主持的「中國戰時兒童保育會」，救助了不少孤兒。在一次乘吉普車到前線勞軍時，突遇敵機掃射，司機在躲避掃射時發生車禍，她被摔出車外，肋骨也斷了幾根。但她命令司機繼續開向前線，堅持在陣地上向官兵發表演講，極大地鼓舞了士氣。關鍵時刻如此堅強的毅力，和平素對奢華生活的過分追求，就這樣矛盾地集合在她身上。

爭取美國政府和民間對中國更多的支持，是戰時中國政府對美外交的中心。在這方面，宋美齡發揮了自己得天獨厚的條件。抗戰

爆發後，她經常在美國重要報刊上撰寫文章，宣傳中國的抗日戰爭，頗有影響。

1942 年深秋，她來到美國，當時的美國總統羅斯福夫婦便邀請她前往白宮作客，羅斯福總統夫人埃利娜，更是把宋美齡視為自己子女般親切款待。1943 年 2 月 18 日，她在美國國會發表演講，以略帶美國南方口音的英語，把中國人民英勇抗戰的的情況生動感人地介紹給美國政府和人民。她的演講多次贏得雷鳴般的掌聲，有時長達五分鐘之久，最後全體起立熱烈鼓掌。一位議員他說感動得差點兒落淚，從未見過這種場面。她的演講透過收音機轉播全美，打動千千萬萬美國人的心靈，每天有數百封來自全美各地的信寄到白宮，收件人都是宋美齡。第二天她在白宮的總統辦公室舉行記者招待會，她坐中間，羅斯福總統夫婦分坐左右。面對記者尖銳的提問，她總是應對得體，並不失時機地把一些問題轉給羅斯福，羅斯福一次次表態加速對中國的軍援，有次甚至說要以「上帝允許的速度」給中國運送軍火。在隨後的幾個月中，她到許多州訪問、演講，獲得極大成功。《時代》週刊老闆亨利・盧斯專門成立了「紐約公民歡迎蔣夫人籌備委員會」，紐約州有二百七十名名流參加；美國東部九個州的州長專門拜會了宋美齡，兩萬多名紐約市民在麥迪森花園舉行盛大的歡迎會。宋美齡還在好萊塢露天大會場，向三萬聽眾發表來美的第三次重要演說，會見兩百多位支持中國抗日的影劇界人士。為中國人所熟知的大牌影星如勞勃・泰勒、賈利・古柏、英格麗・褒曼、凱薩琳・赫本、亨利・方達、麗泰・海華絲、秀蘭・鄧波兒等，全都來聽她的演講。這些巨星紛紛慷慨解囊，捐獻鉅款。美國媒體對宋美齡和中國人民的抗日戰爭作了大量報導，1943 年 3 月初那一期的《時代》週刊就以她的頭像作雜誌封面，日後她和蔣

介石分別或同時登上《時代》封面的次數，竟高達十一次之多，其中她單獨出現則達三次，還多次登出對她的專訪，影響甚廣。在輿論的壓力和影響下，美國政府一再明確表示要加快對中國的援助，同時民間捐助也急劇增加。宋美齡此次訪美，可謂無限風光，出現萬人爭睹其風采的盛況，她在美國一時成為家喻戶曉的人物，美國掀起了前所未有的「宋美齡轟動」，由此美國民眾也更加關心、支援中國的抗戰。有人說她讓全美國傾倒，並非過譽。同年 11 月末，美英中三國領袖在埃及開羅舉行峰會，蔣介石得以參加這次會議，與宋美齡的活動不無關係。有外電甚至將這次會議稱為「四巨頭」會議，因為除了羅斯福、邱吉爾和蔣介石這三個「男主角」外，宋美齡成了唯一引人注目的「女主角」。雖然是以夫為貴，但她畢竟在這個幾乎全是男性的舞臺上，留下了一個東方女性嬌小的身影。正是開羅會議最後發表的宣言明確宣告，戰後日本必須將東三省、臺灣和澎湖列島歸還中國，使中國收復領土的權利得到國際公認。開羅會議之後，積弱百年的中國之國際聲望，達到了近代以來的最高峰，被列為四強之一。其間，自有宋美齡的一份功勞。

抗日戰爭的勝利，宋美齡作了自己應該作的工作和獨特貢獻。活躍在戰時的國際舞臺，是宋美齡人生中最為絢麗多姿的一段華彩樂章。然而與「外交」的光芒四射相比，其「內政」則黯然失色，甚至大有虧缺。抗戰時期，舉國從上到下大發「國難財」的現象愈演愈烈，腐敗越來越嚴重，對此，孔、宋家族負有最大責任，宋美齡自然難詞其咎。戰時尚且如此，一旦戰爭結束，貪污腐敗則變本加厲，更無法控制。「接收敵產」事實上成為對人民的「劫收」，短短時間內，國民黨就民心盡失，在隨後與共產黨的大決戰中，自然是節節敗退。當國民黨內的有識之士如蔣經國，都認識到人神共憤

的貪污腐敗是其失敗之根，因此奮起「打虎」，準備大反腐敗以使國民黨起死回生時，卻因首先必須觸犯孔家利益而被宋美齡怒止。其實，她並不僅僅只有「臉像個東方人」，內心深處這種家國不分、以國為家的觀念，不能不說也「很東方」。

就在國民黨即將在大陸全面潰敗的 1948 年 11 月底，宋美齡再次赴美，想作番努力，希望能繼續得到更多的「美援」以挽頹局。然而時過境遷，國民黨的驚人腐敗已成「國際醜聞」，美國總統杜魯門曾憤怒地對人談起中國政府中的「貪官和壞蛋」，並開始調查給中國的「美援」有多少被中飽私囊。他挖苦地對人說宋美齡「到美國來是為了再得到一些施捨」，因此毫不客氣地拒絕了她的要求。此次訪美，宋美齡以冷遇和失敗告終，與五年前的巨大成功、風光無限，形成強烈反差。這當然不是她的能力、魅力大不如前，而是形勢丕變，一個看似龐大的政權其實已潰敗不堪，「忽喇喇似大廈傾」，縱有過人的才情和幹練也難以挽回，此時不能不使人頓生「才自精明志自高，生於末世運偏消」之歎。

與蔣介石倉皇渡臺後，她一直堅持「反共」和「一個中國」的立場。1975 年 4 月，蔣介石在臺灣病逝，宋美齡與蔣經國這對並無血緣關係的母子矛盾驟然尖銳，雙方頗有一番明爭暗鬥，但這場「豪門恩怨」終未劍拔弩張便以宋美齡失勢赴美結束。1988 年蔣經國逝世後，她曾力阻李登輝上臺，但此時已年屆九旬，終於心有餘而力不足。

縱觀宋美齡的一生，性格十分複雜。或許，正如與她相識甚久的海倫・斯諾在《近代中國婦女》一書中所說的那樣：「蔣夫人在中國所處的地位是困難的。神經極度緊張。她依違於美國和中國兩種文化之間，左右為難，無所適從。」但不管怎樣，她的百年人生歷

程豐富異常，前半生血雨腥風，後半生偏安於臺島一隅，與百年中國的興衰廢替緊密相連，這也就註定了她的去世，仍不能不成為一種政治符碼。現在臺島內「統」、「獨」之爭正熾，「統派」順理成章地從百年史的角度一再強調臺灣是中國的一部分，加強統一話語；「獨派」則不失時機地提出她的逝世代表「舊時代」最終結束，是「擺脫中國歷史負累」、進一步「去中國化」的契機。凡此種種，一生篤信基督教的宋美齡在天國中不知會作何感想。或許，所有政治人物都是如此這般，不僅生前且死後都無法解脫政治的糾結吧。

林則徐與「文化安全」

1839 年 9 月初，「虎門銷煙」已近三月。三個月來，由於英方不甘就此停止販賣鴉片，中英矛盾日益尖銳，武裝衝突一觸即發。負責禁煙的欽差大臣林則徐身處「第一線」，對此感受更深，自然不敢掉以輕心。他與兩廣總督鄧廷楨聯名給道光帝上了一道奏摺，提出：「竊思鴉片必要清源而邊釁亦不容輕啟，是以兼籌並顧，隨時密察夷情，乃知邊釁之有無，唯視寬嚴之當否。」

對有可能發生的「邊釁」，他頗為樂觀地認為中國肯定能夠取勝，其主要原因是：「夷兵除槍炮外，擊刺俱非所嫻，而其腿足裹纏，結束緊密，屈伸皆所不便，若至岸上更無能為，是其強非不可制也。」近一年後，1840 年 8 月初，此時第一次鴉片戰爭爆發已經兩月，浙江定海已被英軍攻陷。一直在廣東緊張備戰的林則徐憂心如焚，再次上折，為收復定海出謀劃策。他提出可以利用鄉井平民打敗英軍，收復定海。但他的主要理由仍是英軍僅持船堅炮利，而「一至岸上，則該夷無他技能，且其渾身裹纏，腰腿僵硬，一仆不能復起，不獨一兵可手刃數夷，即鄉井平民，亦盡足以制其死命」。看來，在相當長的時間內，林則徐對英國人「腰腿僵硬」、「屈伸皆所不便」因而「一仆不能復起」這一點深信不疑。

之所以會有「英夷」腿不能屈竟至「一仆不能復起」之說，蓋源於乾隆五十八年（1793）年英使馬戛爾尼來華，以向乾隆祝壽為名想行通商之實，終因不願行跪拜之禮而不歡而散之事。對一向認

為中國是「天下之中」,「番邦」不是「狄」就是「夷」,再不就是「戎」或「蠻」,中國皇帝是「天之驕子」,當然也是「天下共主」的「華夏」臣民來說,無論什麼人都應向皇帝下跪,不願向皇帝下跪確實難以理解。合理的解釋是,這些「英夷」不是「不願」向中國皇帝下跪,而是因為他們膝蓋壓根就不會彎曲,所以「不能」下跪。半個世紀以來,此說流傳甚廣,林則徐亦明顯受此影響。在同代人、尤其是在同時代的官員中,林則徐確是對「外面的世界」最為瞭解之人,尚不能不受此影響,適足說明舉國上下當時對「世界」的認識水平。不過,林則徐畢竟識見過人,認為「英夷」腿不能彎曲並非天生如此,而是因其「渾身裹纏」、「腿足裹纏」。不過,他畢竟深感對外瞭解不多,迫切需要瞭解外情,對「沿海文武大員並不諳諸夷情,震於英吉利之名,而實不知來歷」之狀況大為焦慮,所以南下時就帶一位在「理藩院」任事、曾在印度受過教育因此會英文的老人隨行。到廣州後,他又將幾名會英語的華僑、澳門教會學校的學生招入己幕,在行轅翻譯西方書報,瞭解「夷情」。今天看來,這是最正常之舉,但在當時卻飽受非議。因為那些人的職業如洋行買辦、引水、通事等,在當時是為人不恥的卑微行當,社會地位極低;尤其是他們不是曾經學過「夷文」就是曾經「事夷」,在當時幾被目為「漢奸」。堂堂欽差竟將這等人招至幕中,確難為世人理解。

與「夷」接觸越多,越感對其瞭解不夠。林則徐對外部世界的歷史、地理、製造等各方面的興趣漸漸越來越濃,或許,他已隱約感覺到這比鴉片更重要。他令人將 1836 年英國出版的《中國人》譯成中文,名為《華事夷言》,成為瞭解「夷情」的重要文獻。令人更為詫異而且今天更應該重視的是,林則徐「居然」開始注意到「國際法」,在 1839 年 7 月組織了對瑞士法學家滑達爾(Vattel Emericide)

的國際法著作《各國律例》的翻譯。雖然他仍不曾也不可能放棄中國是「天下之中」、「天朝上國」的觀念，僅僅是從對夷鬥爭策略「以其人之道還治其人之身」的角度翻譯、利用「國際法」的，但這畢竟是中國注意到「國際規則」、與「國際接軌」、開始放棄「天朝」規則而進入「國際社會」的開始！意義確實重大。1839年底，林則徐又開始組織翻譯英國人慕瑞（Hugh Murray）1836年在倫敦出版的《世界地理大全》，譯名為《四洲志》。此書介紹了關於世界幾大洲的新知，對近代中國「走向世界」起了重要的啟蒙作用。同時，為了克敵制勝，林則徐還組織編譯了有關西方近代船艦、火炮的資料，並試圖「師夷」仿造。

1841年夏秋，已被革職、遣戍新疆伊犁的林則徐路過鎮江，與好友魏源同宿一室，對榻暢談。林則徐將《四洲志》等編譯的有關外夷資料交給魏源，囑其編撰成書。魏源不負重託，於《南京條約》訂立後不久整理成《海國圖志》出版。

秉承林則徐旨意的《海國圖志》，不僅是當時最為詳盡介紹各國之書，使國人眼界大開，更重要的是提出了「師夷長技以制夷」的重要思想。「師夷長技以制夷」今日看來是最平常不過的思想，在當時卻被認為是「潰夷夏之防」甚至是「以夷變夏」的違禁背俗之作、驚世駭俗之論，受到時論的猛烈抨擊，成為「眾矢之的」。所謂的「潰夷夏之防」，就是說「華夏」文化與「狄夷」文化間有一道「防線」，林則徐、魏源等使這條防線「潰敗」，用今天的話說，就是「破壞中國的文化安全」，最終會導致中國被「夷化」。在這種道德嚴責面前，林、魏的「師夷制夷」之說「舉世譁言之」。林則徐因主戰獲罪，朝野均有不少人對他深表同情、甚至敢於為其鳴不平，但是願意或敢為他負上「潰夷夏之防」之罪責而辯解者實在是少而又少，這頂帽

子委實可怕。例如，廣州士紳梁廷楠是當時極少數對西方有所瞭解之人，林則徐到廣州後曾慕名親訪，咨以戰守之事，他也積極參與禁煙活動並發動當地士紳支持，在許多方面都與林、魏一致。然而，他也批評「師夷」之說是喪失國家體統的奇恥大辱：「既資其力，又師其能，延其人而受其學，失體孰甚」；「反求勝夷之道於夷也，古今無是理也」。不知梁氏的批評是出於外在的巨大壓力，表明自己要與林、魏「破壞中國文化安全」之罪劃清界限，還是內心確實如此認為，但無論是哪種情況，都反映出了「師夷」之說面對的巨大壓力和孤立無援之境。

　　從此以後，「潰夷夏之防」（「破壞文化安全」）就像一個巨大的陰影，阻礙著自林則徐開其端的近代中國變革。近代中國的種種不幸、清王朝的最終滅亡，都與此大有關係。

（原載於《經濟觀察報》，2006 年 9 月 25 日）

從李鴻章隱瞞疫情說起

中日甲午戰爭中，李鴻章苦心經營的北洋水師全軍覆沒，而後他又代表中國政府無奈地與日本簽下了喪權辱國的《馬關條約》，一時間為千夫所指。為了開脫自己、平息民憤，清廷免去了李鴻章大權在握的直隸總督、北洋大臣的重要職務，僅僅保留了沒有實權的文華殿大學士頭銜，他只得失意地散居京城。但 1896 年 5 月，李鴻章又時來運轉，作為清廷「欽差頭等出使大臣」來到俄國，參加沙皇尼古拉二世的加冕典禮。

尼古拉二世素喜鋪張排場，所以此時俄國各地都舉行了各種大小集會，慶賀沙皇加冕。然而由於組織不周，在莫斯科的霍登廣場舉行的群眾遊藝會由於來人過多，混亂不堪，發生嚴重擁擠，造成近二千人死亡，史稱「霍登慘案」。當時的俄國總理大臣維特伯爵，在《俄國末代沙皇尼古拉二世——維特伯爵的回憶》一書中回憶說，李鴻章見到他後，仔細向他打聽有關消息，並問維特「是否準備把這一不幸事件的全部詳情稟奏皇上？」維特回答說皇上已經知道，這件事情的詳情已經呈報皇上。哪知，李鴻章聽到後竟連連搖頭，對維特說：「唉，你們這些當大臣的沒有經驗。譬如我擔任直隸總督時，我們那裏發生了鼠疫，死了數萬人，然而我在向皇帝寫奏章時，一直都稱我們這裏太平無事。當有人問我，你們那裏有沒有什麼疾病？我回答說，沒有任何疾病，老百姓健康狀況良好。」然後他又自問自答地說道：「您說，我幹嘛要告訴皇上說我們那裏死了

人，使他苦惱呢？要是我擔任你們皇上的官員，當然我要把一切都瞞著他，何必使可憐的皇帝苦惱？」對此，維特這樣寫道：「在這次談話以後，我想，我們畢竟走在中國前頭了。」的確，他有理由為此驕傲。

　　平心而論，在同時代的官員中，李鴻章相較而言還是少有的開明有識、敢於任事之人，而且從談話中可以看出，他不僅不認為隱瞞疫情不好，因此不僅沒有極力掩蓋這種謊報、瞞報的行為，反將此作為一種值得誇耀的經驗對外人宣揚。連李鴻章尚且如此識見、如此行為，遑論他人！此足以說明不管出於什麼動機，無論是為了保住自己的「烏紗帽」還是真心怕「聖上」心憂，隱瞞危情，已是當時官場普遍的風氣，實際是一種被認可、甚至是被肯定的行為方式。其實不獨「李鴻章時代」的官場如此，揆諸古今，這種「官風」在中國早已相沿成習，儼然成為中國官場的一種「文化」或曰一種「特殊知識」，如果不掌握這種「特殊知識」，當官的可能就「玩不轉」。所以此次「薩斯」初起時，某些有關官員隱瞞實情並非偶然，而是有著深厚的「文化傳統」。這種「文化」與法治精神格格不入，所以，那些官員這次才會習以為常地按由來已久的官場「文化」處理有關事情，而完全無視早在 1989 年就生效的《傳染病防治法》。這部法律對疫情報告和公佈制度，對隱瞞、謊報疫情行為的處罰都有明確規定：「從事傳染病的醫療保健、衛生防疫、監督管理的人員和政府有關主官人員怠忽職守，造成傳染病傳播或者流行的，給予行政處分；情節嚴重、構成犯罪的，依照刑法第一百八十七條的規定追究刑事責任。」顯然，此次疫情會發展到如此嚴重的程度，與某些官員前期未「依法辦事」、漠視公眾權利密切有關，他們的處置失當，更多地是依過去「官場文化」或曰「特殊知識」的規則而不

是有關法規行事，根本沒有想到對這種與廣大公眾利益甚至生死攸關的事情公眾應享有「知情權」。這種「官場文化」的力量是巨大的，遠遠重於法律，事實上，如果不是此次「非典」的肆虐，有多少人（包括不少官員在內）知道這部《傳染病防治法》呢？有多少官員能想到公眾的有關權利呢？

正是這種「文化」的巨大力量，使「法治」真正實行起來阻力重重、困難重重，使公民個人權利常遭忽視。面對這種「文化」與「法治」、「權利」的衝突，近些年來一些法學家反而排斥、反對現代法治和權利話語，主張維護舊有的「潛規則」、「文化」或曰「特殊知識」，強調這種「本土資源」的重要性，主張法治應當尊重這種「文化」、這種「特殊知識」而不是相反。同時，他們批評「法治的鼓吹者」，把「民主和法治這樣可欲的目標，變成不證自明的普遍價值」。其實，從八十年代以來，之所以有越來越多的人「鼓吹」民主和法治，恰恰不是將其當作一種抽象的「不證自明的普遍價值」所致，而是從無數生活經驗中得來的共識，甚至來自無數人自己的生命體驗。從給國家和人民帶來長達十年巨大災難的「文革」，到日常生活中一些平民百姓遇到的不白之冤，種種無情的事實都說明，如果沒有法治或者法治得不到尊重、個人權利得不到保障必然會給社會、國家、人民造成嚴重損害，後果極其可怕。而從八十年代到現在，正是在追求「民主與法治」的大背景下，法學界（事實上遠遠不限於法學界）在十分困難的條件下進行了關於「人大」權力、「憲法有多大」、無罪推定、權利和義務關係等一系列探討和研究，這些舉步維艱的探討和研究將現代法治和權利話語與中國國情相結合（並不如某些批評者說只是簡單移植和照搬），直接、間接卻實實在在、一點一滴地改變了我們的觀念、我們的社會和我們的生活。從

「文革」時「無法無天」的狀況到現在法制初備（還遠談不上「法治」），其中法學界「法治的鼓吹者」們功莫大焉！

這次「薩斯」的肆虐，再次以慘痛的事實提醒人們法治、權利是何等重要；提醒人們這類無視法律、漠視權利的「特殊知識」之危害是何等嚴重；提醒人們中國的法治建設雖有不小的進步但仍任重道遠，所以中國的當務之急是推進法治建設、強化權利觀念，而不是反要強調那種「特殊知識」而排斥法治和權利話語。

帽子
——辮子與傳統的形成

　　古往今來，以「易服飾」等來表示改革決心或統治象徵之意者向不乏例，中國就有「胡服騎射」、滿清強令漢族男子蓄辮；俄羅斯彼得大帝改革時也曾改服裝，為改變俄羅斯人留大鬍子的傳統以向歐洲人看齊，甚至徵收「鬍鬚稅」；日本明治維新時也曾推廣歐式禮服，並設有專門機構教授官員歐洲禮儀……現在，有人認為這些純屬大可不必的「形式主義」；有人卻認為這是統治者表示施政方向和決心的必要之舉。究竟如何，確屬見仁見智。但從中折射出的「傳統」、「民族特性」的形成，卻頗堪玩味。

　　凱末爾被稱為現代土耳其之父，正是他在二十世紀二十年代一系列堅定的改革，為土耳其的現代化奠定了基礎。凱末爾成為舉世聞名的英雄，當時中國的一些知識份子和孫中山先生，都對「凱末爾（當時譯作基馬爾）革命」深感興趣，試圖從中尋求有益於中國社會變革的啟示。

　　土耳其的前身是政教合一的奧托曼帝國，曾經有過極其輝煌的過去。但在十七世紀末，它卻遇到來自歐洲的強勁挑戰，尤其是1697年的山塔（亦譯森塔）戰役大敗於哈布斯堡王朝，受到強烈震動（頗似中國鴉片戰爭），開始正視已經超越自己的西方。這種災難性失敗，使奧托曼的有識之士開始反思，開始提出要學習西方的船堅炮利，並逐漸意識到這種失敗與自己的制度有某種關聯。但改革面臨

強大的阻力，進行得非常緩慢，一位力主改革的大將軍被反改革的保守派處死，其屍體還被插上「教規和國家的死敵」的牌子。直到蘇丹塞林三世（1761-1808），才開始按歐洲方式組建一支新式軍隊，並在行政和軍隊組織方面進行一些改革。十九世紀三十年代，蘇丹馬赫默德二世在軍事改革方面採用歐洲軍事訓練法，聘用了英國海軍軍官為海軍顧問、普魯士軍官做陸軍軍事顧問。在行政機構方面，他將原來傳統的機構改換成西方近代的政府各部，特別是設立了外交大臣、內務大臣、財政大臣等官職。為了表明開放的決心，他命令官員要穿歐式西褲、大禮服和黑皮靴，百姓戴的穆斯林頭巾被也被廢止，規定一律戴一種圓柱形無邊氊帽。這種帽子由於沒有帽沿，所以宗教禱告時前額照樣可以緊貼地面。顯然，這是穆斯林頭巾與西式有沿帽之間的一種妥協，但它的推行仍遭到維護傳統者因其「反傳統」的強烈反對，在國家採取強硬的行政手段後才開始流行。

後來，土耳其的「改革派」與「保守派」之間的激烈鬥爭一直不斷，曲曲折折，反反覆覆，終於在1908年爆發了要求君主專制立憲的「青年土耳其」革命，最終在凱末爾將軍的領導下，於1923年建立了土耳其共和國。雖然凱末爾集種種大權於一身，但改革還是遇到了強大的阻力，為表示改革的決心，凱末爾在1925年下令禁止戴傳統的土耳其禮拜帽，而要求戴禮帽、鴨舌帽等各種歐式帽。但近百年來，圓柱形紅色禮拜帽已經成為神聖的宗教和奧托曼帝國的象徵，幾乎人人都戴。1925年初，凱末爾卻發動了對禮拜帽的批判，8月，凱末爾本人頭戴巴拿馬帽到幾個最保守的城鎮視察，表示告別傳統。為與凱末爾保持一致，政府機關趕忙向官員發放歐洲式大禮帽。11月，作出了戴土耳其禮拜帽是犯法有罪的規定！這一規定引起了社會上的強烈不滿，在一些地方甚至引發了公開抗議和騷

亂，但都被凱末爾鎮壓下來，其中一些人還被處以絞刑。終於有不少人開始戴各種歐式帽，在百姓中最流行的是鴨舌帽，因為在作禮拜時可將帽子反過來，把帽沿朝後戴，前額依舊可以貼在地上。這可說是「現代」與「傳統」的接榫吧。

而中國的「辮子悲劇」，其慘烈程度遠遠超過了土耳其的「帽子風波」。清軍入關不久，為表示自己的「天下已定」，即強令漢族男子改變千百年的束髮傳統而剃髮畜辮，限定十天之內「盡使薙髮，遵依者為我國之民，遲疑者同逆命之寇，必責重罪。若規避惜髮，巧詞爭辯，絕不輕貸。」如「已定地方之人民，仍存明制，不隨本朝之制度者，殺無赦！」有的地方限三日剃完，有的則關起城門，強迫一日之內全部剃完。清軍到處宣稱「留髮不留頭，留頭不留髮」。在「頭」與「髮」之間，許多人卻是寧願「留髮」也不願「留頭」，把「傳統」、「民族特性」看得比身家性命還重。當清軍佔領南京後，江南不少城鎮「結彩於路，出城迎之」，有的還用黃紙書「大清順民」四字貼於城門。雖然有人組織反抗，但下層百姓參加者並不多。對大多數的小老百姓來說，在哪個王朝統治下都是一樣吃飯幹活，一樣交糧納稅。然而，當薙髮令下來後，漸趨平靜的江南又開始騷動不安起來，下層百姓紛紛參加反清鬥爭。江陰、嘉定百姓的反抗尤其激烈，清軍對這兩處的鎮壓也格外殘酷，血腥的「嘉定三屠」便有幾萬人被殺，全國其他地方因此被殺者難以勝數。經過極其野蠻的屠殺，「遠近始剃髮」，剃髮留辮在血泊中為漢人所接受。

二百年間，蓄辮這原本靠血與火、刀與劍強迫漢人背叛原來的「束髮」傳統而接受的「新生事物」，居然成為「正統」，成為難以撼動的「傳統」，成為中國人和中國特色的象徵。反清的太平軍因不剃頭、不留辮，而被視為大逆不道的「髮逆」、「長毛」。1895 年，

孫中山剪辮易服以表示反清革命，也被多數人咒為叛逆。辛亥革命時期，章太炎以軍政府名義起草〈討滿洲檄〉，列數清王朝的種種罪惡，其中一條就是：「往時以蓄髮死者，遍於天下，至今受其維繫，使我衣冠禮樂、夷為牛馬。」革命黨號召百姓剪辮，但仍有許多人依然戀戀不捨，於是革命軍只得在大街小巷強迫行人剪辮子，成為時代一景。

土耳其反戴穆斯林頭巾傳統的禮拜帽，在百年之內就演化成了「傳統」；中國反束髮傳統的剃髮蓄辮，在兩百年之內也演化成了「傳統」。「帽子」與「辮子」終於媳婦熬成婆，成為具有民族特性的「傳統」。顯然，傳統、民族特性等本身也在不斷的變化之中，不少傳統、民族特性其實一開始時也是「反傳統」、反原來的「民族特性」的，甚至是人為強迫「植入」的結果。對傳統、民族特性等雖要尊重、珍惜，但大可不必將其神聖化、固定化、格式化。

（原載於《經濟觀察報》，2006 年 10 月 2 日）

莫讓心靈在黑暗中行走

　　2006 年 6 月，我到德國參加了一個史學的國際學術會。會議結束後只有一天的遊覽時間，在這僅有的一天中，德國東道主只能安排來自各國的學者參觀兩個「景點」，其中之一即是位於風景優美、歷史悠久的文化名城魏瑪附近的布切沃爾特（Buchenwald）集中營。雖然大家從歷史著作、小說和影視作品中對納粹「集中營」的瞭解已相當詳細，但身臨其境，還是給了每個人強烈的震撼。向「客人」展示本國的一段罪惡史、展示自己的「瘡疤」，說明了德國對那段歷史反思的深刻，和對「歷史記憶」的深刻認識。

　　「當過去不再昭示未來時，心靈便在黑暗中行走。」這是十九世紀法國思想家托克維爾的一句名言。而如果掩蓋、塗抹歷史，竭力遺忘歷史，心靈必在黑暗中行走。正是為了正視歷史、牢記過去，不讓心靈在黑暗中行走，負責監管納粹的國際紅十字委員會所屬機構最近宣佈，組成這一機構的十一個國家經過長期談判，終於就公開納粹檔案達成共識，決定正式公開納粹大屠殺檔案。從勞工伙食到集中營大批猶太人的死亡過程，這批檔案都有十分詳實的記載。

　　德國對納粹時期罪惡反思的深度有目共睹，贏得舉世敬重。其實，此前納粹大屠殺檔案並非完全封閉，對大屠殺受害者及其直系親屬就完全開放，歷史學家若得到受害者的書面授權也可查閱。但多年來，人們認為這種「有限開放」是不夠的，仍會對歷史形成某種程度的遮蔽，不斷要求德國完全公開這些檔案，特別是美國、以

色列等國，一直與德方具體交涉此事。但德國方面一直以保護受害者隱私、避免對他們造成再次傷害為由，拒絕完全開放。

但在二戰結束六十餘年後的今天，德國終於同意完全開放這批檔案。雖然德國對本國的那一段罪惡史一直勇於展示於人、引為殷鑒，但六十年的時光流逝畢竟會使記憶稀釋，因此近年來德國的「新納粹」勢力有所抬頭，特別是遇到經濟不景氣、外來移民帶來的種種問題時，總有人，尤其是某些年輕人，會被「新納粹」所吸引。儘管「新納粹」只是少數，主要集中在東部地區，卻引起了德國政府的高度重視，在此決定完全開放這批檔案，與遺忘作鬥爭，作為提醒人們警惕「新納粹」的重要手段。

當然，總有人極力想掩蓋歷史，讓人們忘記過去。與德國相比，日本對那場戰爭、對自己所犯罪行的認識，只能說相當膚淺。日本這種國家悔罪意識的缺匱，是由於它的「國體思想」絲毫未變。日本在第二次世界大戰中雖遭慘敗，但以「神道」為核心的「皇國」意識形態並未被觸及。從明治時候起，日本政府就煞費苦心地將原本屬於民間、並無統一神祉的神道改造成「萬世一系，神聖皇國」的國家意識形態，「民間神道」變成了「國家神道」。這種國家神道又由按行政區劃設的崇奉皇室祖靈的神社而制度化，設有專人管理，透過祭祀、參拜活動而深入到國民的日常生活之中。為了獎勵武功，明治政府還創設了影響深遠的「靖國神社」，專門祭祀戰爭中的陣亡者。「皇國」進行的自然是「聖戰」，這樣無論是什麼人，只要「為國捐軀」，就是為「聖戰」捐軀，便理所當然地由此成「神」，其靈魂永遠成為護國神祉，與「神聖皇國」融為一體，供人膜拜。這種「國體思想」根本不容許對戰爭進行懺悔。一旦懺悔，必傷國體。換句話說，只有徹底拋棄這種國家意識形態，才能徹底懺悔。

同樣可以設想，如果納粹政權不是被徹底粉碎而是僅僅被趕回德國境內、仍然大權在握，法西斯意識形態依然是「國家話語」，侵略只是為了「生存空間」，希特勒納粹對猶太人進行「大屠殺」的令人髮指的種種罪行被刻意掩蓋、粉刷……那麼，還有多少德國人會知道、相信法西斯的暴行呢？德國還會有這樣深刻的懺悔嗎？而殺人魔王希特勒，很可能因為當年在短期內使一個軟弱的德國擺脫《凡爾賽條約》束縛而迅速強大，最終憑其震撼世界的赫赫武功而仍被德意志民族當作「一代偉人」，推崇備至。事實說明，國家的力量是巨大的，當國家想掩蓋一段歷史的時候，這段歷史將極易被「集體遺忘」。

記住過去並非要「睚眥必報」，而是為了更好地面對未來；一個失憶的人將行為錯亂，根本無法面對未來，一個失憶的民族將陷入「集體無意識」之中，同樣行為錯亂，同樣無法面對未來。因此，面向未來並不是要遺忘過去；「忘卻」並非通向美好未來的「通行證」。因為有記憶，個人和集體才會對自己的過錯、罪孽懺悔，才可能不重蹈覆轍；而且受害者才有可能原諒、寬恕迫害者。而健忘的個人或集體，總會不斷地重複錯誤、罪孽，難以自拔。「忘卻」有可能獲得一時的麻痹，但總有一天會因此付出代價。的確，只有記住過去，心靈才能不在「黑暗中行走」。

文人還會被尊敬麼？

　　1725 年年末的一天，雖為平民但卻春風得意、終日沉酣於巴黎上流社會的戲劇、美女、貴婦、愛情、歡宴、社交和榮譽中的伏爾泰，在劇場以傲慢的口吻回答了門第顯赫的貴族德・羅昂騎士的侮辱和挑戰，維護了自己的尊嚴。但幾天後，他卻被羅昂的僕人當街杖責，而羅昂則坐在馬車上哈哈大笑，使伏氏蒙受奇恥。不甘就此受辱的伏爾泰，先是試圖透過報告員警總監或上訴法庭的方式來伸張正義，不料卻遭到拒絕。不得已，便刻苦習劍，準備與羅昂決鬥雪恥。但沒想到羅昂卻惡人先告狀，結果伏爾泰反於 1726 年 3 月末，被當局以「暴烈行為威脅國家安定」的罪名投入巴士底獄。幾個月後，伏氏受到「寬大」處理，被迫流亡英國。

　　這一意外事件雖使伏爾泰在法國上流社會的錦繡前程就此中斷，卻將他造就成一位對人類歷史產生深遠影響的啟蒙泰斗。從封建專制的法國到已經歷資產階級革命而實行君主立憲的英國，使伏爾泰得以把這兩種制度作一直接比較。這種比較的結果，便是其不朽之作《哲學通信》的產生。在這二十五封通信中，伏氏娓娓道來，將英法兩國的軍事、政治、經濟、文化等都一一詳細比較，由英國軍事的強大追蹤至經濟的繁榮，由經濟又追蹤至商業傳統，由商業再追蹤至政治的民主，最後歸結為更為深刻的文化原因。這部著作的法文本才剛秘密問世，巴黎高等法院即以其鼓吹信仰自由，對宗教和社會秩序會引起極大危害為由，將其列為禁書，下令焚毀。

　　作為啟蒙運動最重要的著作之一，這本書的博大與深刻早已為人所熟知，無需筆者在此贅言。近日重翻此書，引發筆者興趣的，不是關於宗教、政治、軍事及商業的通信，而是以前不甚注意的「談種痘」，介紹牛頓力學及「談研究文學的老爺們」和「談人們對於文人應有的尊敬」等幾封看來「無關宏旨」的通信。

　　在這幾封信中，伏氏以豔羨的口吻談到了「文人」在英國的崇高地位。「在英國，最鼓舞藝術的，就是藝術所受到的尊敬：首相的畫像只掛在辦公室的壁爐架上，但我卻在二十家住宅中都見到波伯（筆者按：即詩人 Pope，一譯蒲伯）先生的畫像。」「牛頓先生在世的時候曾經受到尊崇，死後也得到了他所應得的榮譽。國家的要人互相爭奪執紼的榮幸。請您走進西敏寺去。人們所瞻仰讚歎的不是君王們的陵寢，而是國家為感謝那些為國增光的最偉大人物所建立的紀念碑；您在那裏看到了他們的塑像，猶如人們在雅典看到索福克勒和柏拉圖的塑像一般；而我深信這些光榮的紀念碑，絕不止激發起了一個人，也絕不止造就了一個偉大人物。」「這便是英國人民對於才能的尊敬，一個成績卓著的人總能在英國獲致財富。」（〈第二十三封信〉）甚至王公貴冑「都不怕失去貴族的資格而成為非常偉大的詩人和出色的作家。他們的著作比他們的門第更為他們爭光。他們像寒士等待出頭那樣地研究文學。」（〈第二十一封信〉）當然，他看到對文人的崇敬更得益於一種民主的氛圍。「在倫敦差不多有八百多人有權公開發言，主持國家的利益；差不多有五、六千人希望輪到他們來分享同樣的榮耀；其他一切人自稱為這些人的評判者，每人都可以發表印刷文件，說明他對於公共事業的想法。因此，整個國家都感到學習的必要……，這種研究自然而然地就引導到文學上去。」（〈第二十封信〉）

　　伏氏之所以能注意到文人在英國的備受崇敬，固然與他在本國的受辱有關，但他的文化史觀，可能是更為深刻的原因。

　　大英帝國的富強與文人地位的高低之間究竟關係如何，可暫且不論。但中國封建社會的穩定與發達頗得益於文人地位的崇高，則是不爭的事實。

　　「士志於道」，肩負著傳承、捍衛足以「尊於勢」的「道理」的神聖使命，故為四民之首。文章不是用以餬口的末技，而是「肇自太極」為「天地立心」，用以載道的千秋勝業。舞文弄墨之輩甚至被喻以天界星體。科舉及第為「蟾宮折桂」，文采斐然是「文光射斗牛」，而北斗魁星附近的六顆半月形星群，則是文人專屬的文曲星（亦稱文昌星）。記得剛知曉這些時，突然想起當年戴紅袖章「大串聯」、擠在火車行李架上，一遍遍高唱「抬頭望見北斗星……」的情景，不禁倒抽口冷氣，真沒想到中國的文人也曾有過那般輝煌的時刻。難怪眾人攛胡屠戶打范進一個嘴巴以治病救人時，這胡屠戶卻百般作難道：「雖然是我女婿，如今卻做了老爺，就是天上的星宿。天上的星宿是打不得了！我聽得齋公們說：打了天上的星宿，閻王就要拿去打一百鐵棍，發在十八層地獄，永不得翻身。我卻不敢做這樣的事！」打完之後，胡屠戶的那隻手還真的隱隱作痛，彎不過來，只道：「果然天上文曲星是打不得的。」（《儒林外史》）

　　但中國文人的處境，往往又應了「捧得高，摔得重」這句俗話。既以傳道衛道自命，當世事不濟、「天下無道」時，便只得唯「士」是問了。如清初大儒顏習齋總結明亡殷鑒時，對讀書人便語極刻薄：「讀書愈多愈惑，審事機愈無識，辦經濟愈無力。」（《朱子語類評》）「兀坐書齋人，無一不脆弱，為武士農夫所笑。」「宋元來習儒者卻習成婦女態甚可羞。『無事袖手談心性，臨危一死報君王』，即為上

品矣。」（〈存學編〉）即便平時，也不乏《儒林外史》類對文人酸腐的嘲諷。《隨園詩話》就記有一首名為〈道情〉的諷文：「讀書人，最不濟。爛時文，爛如泥。國家本為求才計，誰知道變作了欺人技⋯⋯」

這些呵責和嘲諷自有相當道理，但都未能從根本上動搖文人的地位。在傳統社會中，對「道」，即社會正統意識形態的傳承闡發，是一種讀書人責無旁貸、而旁人亦無法取代的天職。

使讀書人地位發生根本變化的，是現代社會的誕生，使讀書人由「士」演化為現代意義的「知識份子」。

現代化社會的主要特點便是理性化、科層化、專業化。技術高度發達、資訊高度密集、專業高度分化的現代社會，需要的是大量的專門人才。以讀經為主要內容的傳統學問，為一門門專科知識所取代。文章詩賦曾是「取士」的重要標準，現在則淪為無足輕重的雕蟲小技，且為各類專業技術知識考試所替取。知識類型的分化，使「讀書人」在經過不同的專業訓練後，開始擔任各不相同的社會角色、接受各不相同的身份認同。具有統一價值標準的單一的「士」，終於演變成各類專家。這種專業化與分工化，便建立了各不相同的意義體系，各有一套專業價值標準與精神世界。因此，即便對同一事物，化學家、物理學家、生態學家、各類工程師、電腦專家、醫生、法學家、文學家、哲學家、經濟學家⋯⋯彼此的看法往往大相徑庭。其根本原因，就在於各自都以自己的專業內容和利益為視角、標準和根據。

反對分工、強調通才、堅持「君子不器」的儒家正統觀念，在分工愈來愈細、似乎就是要以所有人為「器」的現代化潮流面前，幾成絕響。當然，在對現代性進行反省時，儒家的通才觀念不失為

一甚有價值的思想資源，但目前尚看不出「通才」取代「專才」的可能性。甚至神聖如社會正統意識形態，其解釋也由「天下之士」的天職，分化成一種少數受過專門訓練的意識形態專家賴以謀生的專門職業。意識形態解釋、傳承的這種職業化和技術化，便是傳統的「士」與現代知識份子的職責、功能具有本質不同的重要標誌。

在市場經濟大潮的洶湧衝擊下，作為整體的知識份子，更加迅速地被「消解」為各類受過訓練的專業人員。其尊卑貴賤，都要透過在「市場」這個大考場上的拚搏競爭而一見分曉。而且，在強調「合理化」的現代化社會中，意識形態的功能與作用日益淡化。這些都使知識份子迅速由「中心」滑向「邊緣」。以前，知識份子總是居於舞臺中央，無論是正劇還是喜劇、鬧劇，扮演正角還是反角，是為刀俎還是為魚肉，其命運總為萬眾所矚目。或是舉國「共討之」、「共誅之」，或是普天為之同灑一掬熱淚。現在卻日漸冷落，難免有些自怨自艾。雖然少數人文類的知識份子，由於其功能主要是從事有關價值、觀念及符號等精緻文化的創造性活動，追求生命的本體、終極意義，因而與意識形態關係密切。但他們的活動與遭際，亦已失去引起社會普遍關注的「轟動效應」。那種一部小說、一篇論文、一齣戲劇乃至一首小詩、一項發言，都可能引起全社會心靈震撼的時代，已經一去不返了。此中人須耐得住寂寞。想來胡屠戶再無將被打入十八層地獄之虞，打過范進的那隻手，也肯定不會隱隱作痛了。

在生活節奏日益加快的現代化社會中，在以大眾消費為基礎的「市場法則」支配下，精緻文化的「地盤」日益縮小，強調官能直感的通俗、痞子文化卻大行其道。且看正在接受專業訓練、但專業角色還未最後確認的大學生群體中，十幾年前流行的是批判理性的

覺醒絕對精神社會良心存在與時間之乎者也浮士德羅密歐與茱麗葉，今天的熱點卻是瑪多娜傑克遜金利來吃進拋出一無所有千萬別把我當人玩的就是心跳讓我一次愛個夠過把癮就死！

當今世界，皓首究經早成笑談，於是各種「白話經典」便乘虛而入。當人們連白話經典都不勝其煩時，「漫畫經典」、「滑稽經典」就應運而生。在此類經典的大舉進攻面前，當代閻百詩顧亭林們頓時潰不成軍，只得徒悲天道漸失，向隅而泣。

「文言─白話─漫畫」，這種經典載體的變化，必然導致資訊傳遞的失真。而語言形式由「象形」向「形象」的回歸，必然造成人類思維由精緻抽象向簡單直觀的退化。這倒也罷，「人生識字憂患始」，倘真能就此漸脫憂患，亦是人生一大幸事。

臣民－公民－中國知識份子當今使命

 1898年初，著名的法國作家左拉給總統寫了一封題為〈我控訴〉的公開信，為受迫害的猶太軍官德雷弗斯上尉伸冤。這封信發表時被稱為「知識份子宣言」，一大批主張為德雷弗斯平反、經常指陳時弊的文化人遂被稱為「知識份子」。大約與此同時，俄國一批批評沙皇制度的文化人也被稱為「知識份子」。此後，「知識份子」即指那些不僅具有專業知識，且更具有獨立精神、強烈的社會關懷和批判精神的人。

 中國傳統社會中的「士」與此有某些類似，具有強烈的社會關懷和社會責任感的「讀書人」。但中國「讀書人」的職責不是入世做官、實際從政，就是維護社會統治者的正統意識形態——儒家意識形態的捍衛者。總之，是社會體制和規範的捍衛者，與體制融為一體，而不是有獨立地位、獨立精神的社會批判者，「士」是使中國傳統社會結構能夠長期穩定承續的重要因素之一。就此而言，「士」與「知識份子」有著本質上的不同。

 中國傳統社會是「身份社會」，「普天之下，莫非王土；率土之濱，莫非王臣。」在這種社會結構中，存在一種人身依附關係，皇帝高高在上，其他皆為其「臣民」，沒有獨立的人格，個人權利觀念嚴重匱乏。當中國傳統社會在現代化的挑戰壓力面前開始結構解體，從臣民社會向公民社會轉型時，傳統的「士」開始向現代「知識份子」轉變，他們承擔起社會轉型中知識份子所應盡的職責。

中國新式知識份子的產生，發軔於一百多年前的戊戌維新運動。維新派主張實行君主立憲，面對中國數千年來皇權無限的傳統，他們從理論上重新界說「君權」與「民權」的關係。他們認為中國「自秦迄明，垂二千年，法禁則日密，政教則日夷。君權則日尊，國威則日損。」「當知三代以後，君權日益尊，民權日益衰，為中國致弱之根原。」君權尊則國威損，確實一語道出中國落後的根本原因。為增強民權，他們提出了「群」的概念。這裏所謂的「群」，就是後來所說的「社會」。對西方的初步瞭解，就使維新派認識到「社會」的重要性。在從日本引入「社會」一詞之前，人們往往用中國傳統的「群」這一概念來譯指「society」。不過正如他們的闡釋，此時的「群」與中國傳統的「群」已相當不同。他們現在所說之「群」，是一與皇權、國家、政府相對的概念。中國傳統是以君主的「獨術」統治，現在則應以注重社會的「群術」統治。在他的闡述中，「群」又與「公」有某種相通之處。因此，「君主者何，私而已矣；民主者何，公而已矣」。國家的強大，就在於用民主制的「公」的「群術」，取代君主專制的「私」的「獨術」。這樣一來，由「群」的概念衍生出政治民主、公民的政治參與等中國傳統政治文化中完全沒有的內容。同時，他們強調只有組成現代社團，才能成為現代意義上的「群」。他認為「群」在政治上的結合是議院，在經濟上的結合是公司，而士紳的結合則是各種學會。其中學會是其他結合的基礎，因為學會一可廣開民智，而「開民智」是民主政治的前提；二可形成一個紐帶，將不同職業、階層的人聯繫起來，對改變中國民眾「一盤散沙」的狀況有重要作用。他們反覆論證報紙是天下公器，是把「群」聯繫起來的另一重要載體，把「群」作為與君權、國家、政府權力相對的擴大民權、實

行民主的基礎，維新派實際已觸摸到了現代公民社會理論的一些要點。

維新運動時期，這些過去的「士大夫」們組織了上百個現代意義的社團、學會，並且開啟了民間辦報、以報紙論政、進行社會批判的新局面。維新運動，是現代中國從「臣民社會」艱難地走向「公民社會」的一個里程碑，是中國現代知識份子初生的標誌。

從維新運動到五四新文化運動，知識份子在中國社會轉型中起了重要的啟蒙作用。維新運動的失敗，促使維新派反思政治體制改革失敗的更深刻的原因。他們認識到，在政治制度背後實際有一種更廣的文化支持，具體表現為國民素質或曰國民性。因此，梁啟超石破天驚地提出要造就「新民」，並以「中國之新民」作為自己的筆名。他批評說奴性、愚昧、虛偽、為我、怯懦等已造成了中國人的人格缺欠，國人的這種集體性缺欠，是國家貧弱的根本原因。啟蒙的任務就是要將品性上有根本缺欠的「國人」，改造成現代意義上的「國民」。

現代「國民」或曰「公民」的觀念，與傳統的「臣民」觀念必然嚴重衝突。中國漫長的封建社會形成了一整套系統嚴密、以儒學忠孝為支柱的意識形態結構。在這個等級結構中，每個人都不是獨立的個人，而是在君臣、父子、夫妻這種倫理關係之中，個人的獨立性完全喪失。從維新派到五四運動的新文化先鋒，都意識到啟蒙的重點是個人獨立。梁啟超說：「今日欲言獨立，當先言個人之獨立，乃能言全體之獨立」，「天下之道德法律，未有不自利而立者也……故人而無利己之思想者，則必放棄其權利，弛擲其責任，而終至於無以自立。」「蓋西國政治之基礎在於民權，而民權之鞏固由於國民競爭權利寸步不肯稍讓。即以人人不拔一毫之心，以自利者利天下。」

陳獨秀在《新青年》的創刊號上「敬告青年」，要「各有自主之權，絕無奴隸他人之權利，亦絕無以奴自處之義務」。由此，他們進一步明確地提出，國家與個人的關係根本不應是倫理關係，而應是一種契約關係。高一涵在〈民約與邦本〉、〈國家非人生之歸宿論〉等文章中反覆強調：「國家者，非人生之歸宿，乃求得歸宿之途徑也。人民、國家，有互相對立之資格。」個人的人格不能被侵犯，「故欲定國家之蘄向，必先問國家何為而生存；又須知國家之資格，與人民之資格相對立，損其一以利其一，皆為無當」。所以「小己人格與國家資格，在法律上互相平等，逾限妄侵，顯違法紀。」這種新的國家觀破除了「皇權神聖」、「朕即國家」的神秘觀念，實際上批判了「國家神聖」的國家崇拜論。國家對於人民有權利，人民對於國家亦有權利；人民對於國家有義務，國家對於人民亦有義務。所以陳獨秀在〈愛國心與自覺心〉中激動地說：「國家者，保障人民之權利、謀益人民之幸福者也。不此之務，其國也存之無所榮，亡之無所惜。」當國家違背人民意願時，人民亦有權要求國家必須按人民的利益行事。換句話說，國家本身並不是目的，而是使個人的個性、創造力充分發展，「充其本然之能」，各人「謀充各得其所」的手段。公民社會的重要一點就是要破除國家神秘論、國家崇拜觀，論證個人與國家之間並無一種天生的必然聯繫，而是一種契約關係。

現代中國外患頻仍，內亂不斷，走向「公民社會」之途艱險異常。但仍有一些知識份子在驚濤拍岸之際仍保持理性和良知，宣揚民主自由，雖如風中之燭，影響甚微，但「知其不可而為之」，終留下星星之火。1949 年，神州風雨蒼黃，這的確不是一般意義的政權更替而是社會的根本性變化。新的社會結構以國家所有制

為核心，進行社會改造，如此，一切資源都為國家所掌握。在傳統的「一大二公」的計劃經濟體制下，建立了全能政府治理下的國家，國家與社會高度重合，社會自主領域幾乎完全被國家吞沒，國家幾乎壟斷了所有的社會資源配置權，從經濟資源到個人的身份、地位等等。城市中的每個人必須隸屬於一個國家的「單位」，離開「單位」便很難生存。農民則由「人民公社」制度被牢牢地捆綁在土地上，完全沒有離鄉的自由，而且國家透過對農副產品的「統購統銷」和一系列指令性計劃，對「公社」生產什麼、生產多少進行嚴格的掌控。在這種體制下，個人的自由被壓至最低，更不可能有獨立於國家的社會力量。當然，在「非常時期」，這種體制有極強的動員力量，有可能在短期內使經濟迅速發展。但長期來看，缺乏個人自主的體制必然使經濟發展緩慢、社會發展停滯不前。

對於正處於轉型期的當代中國來說，國家與社會關係的調整至為重要，甚至可以說，當前改革的重要內容就是二者關係的重組。二十多年前開始的以市場經濟為主導的經濟體制改革，必將引起社會結構的變化。市場經濟的發展建立，使國家對社會資源控制開始減弱，公民自主性開始提升。國家逐漸退出直接經營活動，行政權力逐步從經濟領域撤出，經濟成分日益多樣化，公民漸漸可以脫離「單位」，農民的流動性大大增強，生產者不必透過「國家」這個仲介才能與生產資料相結合，個體對社會資源的直接佔有越來越多，各種非政府組織（NGO）、仲介機構、公民志願性團體、各種協會、社區組織、利益團體也越來越多，既對政府退出的某些領域進行管理，又維護、代表各自成員的利益，與政府或其他部門進行談判。也就是說，中國的公民社會正在興起。

　　由於中國目前再次面臨公民社會的建立，所以當今中國知識份子的使命，仍是承續從「維新」到五四的精神傳統：為公民社會的建立啟蒙。

（原載於《澳亞週刊》，2003 年第 10 期）

測謊器的哲學原理

不同民族、國度往往會有一些不同的道德、倫理和價值觀念；而且，同一民族、同一國度在不同時代、不同歷史時期，其道德、倫理和價值觀念往往也會發生許多變化。然而，「不許撒謊」卻幾乎是所有民族、所有國度從古到今都要求必須遵從的道德戒令，因為如果一個民族、一個國度的多數成員都撒謊成性，這個民族、國度確實難以生存。所以「不許撒謊」也許是全人類一條最古老、最普遍的道德戒令。不過，這大概也是一條最難為人完全遵守、最易被人破壞的戒令，因此從很早起，人們就想出種種測謊術來維護這條戒令。

中國早在周代即以「五聽」法來判斷當事人的陳述是否真實，據《周禮・秋官・小司寇》記載，審判者「以五聲聽獄訟，求民情：一曰詞聽，二曰色聽，三曰氣聽，四曰耳聽，五曰目聽」，即透過觀察被審者的言詞是合情合理還是矛盾百出，說話時神色是從容還是緊張、氣息是平和還是慌亂、精神是沉著還是恍惚、眼神是鎮定還是遊移等，來綜合判定其陳述的真偽和案件的是非曲直。古代印度人認為說謊的人心虛，所以唾液分泌少，總是口乾舌燥，因而發明了東方國家普遍使用的「嚼米測謊法」，即讓嫌疑人每個人放一把炒米在嘴裏，嚼幾下再吐出來，說謊者因口水少，吐出的米明顯比誠實者要乾一些。

隨著近代科學的產生，一些科學家、醫學家開始用近代科學的方法研究人在撒謊後出現的生理變化。十九世紀末，一位義大利犯

罪心理學家與生理學家合作，提出了人在撒謊後，血壓、脈搏和呼吸會發生「微妙變化」的理論，並計算出了一整套量化標準。1913年，美國哈佛大學的心理學家馬斯頓（Marston）經過大量的心理實驗研究後，認為正常人說謊一定會在心理機制和生理機制上多消耗一些精力，的確會引起血壓、呼吸的變化。他的工作，為現代「測謊器」的產生提供了統計基礎。1921年，有人開始把血壓計與呼吸計聯合起來，對嫌犯做測試，取得了大量更加準確的資料。1925年，美國史坦福大學學生吉勒（Leonarde Keeler）發明了一種可連續測定嫌疑人呼吸、脈搏和血壓的精密儀器，被認為是第一臺現代意義上的測謊器。以後，他仍不斷試驗，使測謊器日益精確、完善。1938年，他又增設了能自動記錄皮膚電阻變化的新裝置，因為皮膚電阻是反映人交感神經興奮性變化最有效、最敏感的生理參數。現在的測謊器雖然越來越複雜精密，呼吸、血壓、脈搏、皮膚電阻、語音、腦電波、瞳孔、體溫等都在測量範圍之內，但最主要仍是透過皮膚電阻、呼吸波和脈搏波（血壓）這三項參數來測量被測試者的心理變化。

現代測謊器之發達先進，測量精度與古代的「五聽」、「嚼米」簡直不可以道里計，但其基本原理卻完全相同：撒謊時人的心理和情緒變化會引起相應的生理參量變化，這些變化一般只受植物神經系統的制約，不受大腦的意識控制，透過捕捉這種生理參量變化，可以幫助判斷當事人陳述的真偽。而人在撒謊時之所以會引起心理和情緒的變化，因為潛藏其下有一個更深刻的哲學原理或曰倫理規範，不論人是否意識到都在暗起作用：不許撒謊！

然而，現實生活的複雜畢竟遠遠超過單純的哲學原理或倫理規範。大千世界，無所不有。從野心家的彌天大謊到芸芸眾生的偶撒

小謊，一生中從未撒過謊的能有幾人？更何況，有時是客觀的社會環境迫使善良正直之輩不能不撒謊。

蕭乾先生曾寫道：「57 年夏天我坐在大樓裏挨鬥時，看到善良人竟然也張牙舞爪，誠實人也睜眼撒起謊來，我絕望了。反右傾以後，這片大地更加沉寂了。革命者變得唯唯諾諾，革命變得陰陰慘慘。農場孟技術員頭天在隊部挨了批，第二天就在田埂上朝我們大聲嚷著：『我保守，我跟不上時代。聽著，畝產可不是兩千斤，是兩萬斤！聽見了嗎？兩萬！』大家都豁出去了。那本辯證唯物主義顛倒過來念了。謊言成了真理。」（蕭乾，《北京城雜憶》，人民日報出版社，1987 年 5 月版，第 109 頁）

一旦「謊言成了真理」，謊言的製造者自身也被欺騙了。一般意義上的「謊言」，是指撒謊者有意背離一個確知的真實，但撒謊者知道真相，然而在「謊言成了真理」的過程中，謊言製造者本身漸漸也成為謊言的相信者。當袁世凱一心稱帝，不容他人反對甚至略表不同之時，他就得不到反對的資訊，他得到並且逐漸以為，真的「民意」就是天下「臣民」都衷心擁戴他當皇帝。所以，杜思妥耶夫斯基的小說《罪與罰》中的一個人物，在抨擊為「結案」而經常製造冤案的沙俄員警時說：「這事最叫人生氣的是什麼呢？不是他們在謊，說謊一向是可以原諒的；說謊是情有可原的事，因為由假可以及真。不，叫人惱火的是，他們不但說謊，還崇拜他們自己的謊言。」（杜斯妥耶夫斯基，《罪與罰》，人民文學出版社，1982 年 10 月版，第 164 頁）

對有良心的人來說，撒謊的確令人痛苦，所以蕭乾先生略帶自我慰安地「感謝」，自己因被打成「右派」而被「剝奪」了「撒謊的權利」：「我的『右派』改正之後，多少好心人以惋惜的口氣對我說，

你損失了二十多年啊，而且是你一生中精力最充沛飽滿的一段時光。要是沒戴帽該可以寫出多少東西！感謝之餘，我心裏卻並不以為然。在鼓勵說謊，甚至只許說謊的年月裏，被奪去手中的筆，有什麼不好呢？我不必一面看到朋友家的暖氣管子被拆掉抬走，一面又違心地去歌頌大煉鋼鐵。一個用筆桿的人，倘若不能寫出心坎上的話，確實還不如當隻寒蟬好……每當有人以好奇或同情的語氣問起我那段沉默的日子時，我就回答說，那是塞翁失馬，因禍得福。這並不是遁詞，而是肺腑之言。」（同上，第 111 頁）同樣的，索忍尼辛的小說《癌病房》中患了癌症的「流放者」奧列格，對同患癌症的「自由人」舒路賓表示自己羨慕其自由之身時，沒想到舒路賓卻對他說：「您至少比較不那麼昧著良心說話，您懂嗎？您至少不那麼委曲求全，這一點可要珍惜！你們被捕，我們便被趕到群眾大會上去批鬥你們。你們被處死刑，我們就得站著鼓掌擁護法庭的宣判。不光是鼓掌，連槍決也是我們要求的。注意，是要求！您該記得，當時報上往往這樣寫道：『全體蘇聯人民瞭解到這般聞所未聞的卑劣罪行，無不義憤填膺，就像一個人一樣……』您可知道『就像一個人』這幾個字對我們意味著什麼？我們都是各不相同的人，可是忽然間『就像一個人一樣』！鼓掌時必須把手舉得老高，讓鄰座和主席團都看得見。誰活得不耐煩啦？誰願挺身為你們辯護？誰敢唱不同的調子？這樣做的人如今又在何方？」對這種大多數人都撒謊的「怪象」，舒路賓一針見血地說道：「難道全體人民都是傻瓜？請恕我直言！人民是聰明的，人民要活下去。大國的人民有這樣一條守則：熬過一切，保存自己！將來歷史指著我們每一個人的墳墓問起『他是何許樣人』的時候，只得用普希金的詩句來回答：『在我們這個可鄙的時代，無非是暴君、叛徒，或是囚犯──五行中人不出這

三者以外。」」（索忍尼辛，《癌病房》，上海譯文出版社，1980 年版，第 593、594 頁）這是普希金寫於 1826 年的《致維亞節姆斯基》中的名句，痛責沙皇專制的殘暴、虛偽。

普希金所言或許過於偏激，但這種激憤，是針對那種人人必須「表態」，連「沉默的權利」或曰「沉默的自由」都沒有而發。在任何時候都「講真話」確實可貴，但首先要做到「不講假話」，要有沉默的權利與自由。叔本華認為沉默並非不義，謊騙才是不義，而且是一種暴力：「單是拒絕說出一個真理，也就是根本拒絕說出什麼，這，本身還不是什麼非義，但以任何謊語騙人上當卻都是非義。誰拒絕為走錯了路的人指出應走的路，這還不是對這人非義，但故意教他走錯卻是非義。──從這裏說出的〈道理〉推論起來，任何謊騙作為謊騙論，都和暴行一樣的是非義；因為謊騙既作謊騙論，其目的已經是在於把自己意志的支配權擴充到別的個體的身上去，也就是以否定別人的意志來肯定我的意志，正和使用暴力相同。」（叔本華，《作為意志和表象的世界》，商務印書館，1982 年中文版，第 463 頁）有沉默的權利，即不撒謊的權利，是社會的巨大進步。

當然，生活中每個人都可能會因為種種不同的原因撒謊，普通人當然不可能像袁世凱這類政治人物撒彌天大謊，儘管有些謊言還真情有可原，但總歸於道德有虧。不過，如果有千千萬萬個人都因為同一原因撒謊，那麼「有問題」的肯定是這個導致眾人撒謊的「原因」。過來人都應該記得，當年「知青」返城難於上青天，但規定患有某幾種病者可以留城或「因病」返城，不過必須有省、市級醫院的證明，許多「知青」和家長於是想方設法開出「有病」證明。到七十年代末，「文革」剛結束，但「兩個凡是」還未破除，包括「上山下鄉」在內的「文革事物」還屬不能否定的禁忌，然而千百萬「知

青」已開始強烈要求返城，很難阻止。面對這種「兩難」的局面，有關部門俯察民情，十分明智地通權達變，規定凡「因病」都可以返城，而問題的關鍵在於同意普通醫院都可以開「有病」證明，「建設兵團」的「團部」醫院都可以開，到後來，有的兵團醫院的醫生拿著一本本早已按病患要求寫好的「病歷」，只是快速填寫「病人」的姓名而已。有千百萬「知青」都「因病」返城，幾乎一夜之間，大潮突然退去……許多回憶文章與「知青小說」對此都有詳盡的描述。既沒有（當時還不能）公開否定荒誕的「新事物」，又在實際中順應了民意，這是決策者的高明之處。在這種語境中，「醫生」與「病人」已不是「心照不宣」地撒謊，而是公開地「弄虛作假」。然而，誰又能指責「醫生」、「病人」與決策者呢？均為情非得已矣。問題出在那種悖逆民情的荒誕制度，並用諸如「反修、防修」之類的意識形態將其神聖化，使其難以廢廢。當一種制度明顯地不合時宜，不為人信奉、遵從，卻又不能廢止時，便會出現這種陽奉陰為的「集體性撒謊」或者說「制度性謊言」。

然而，當謊言成為準則，許許多多人不得不動輒說謊時，終將導致說謊感的喪失。「假做真時真亦假」，最後是全社會誠信全無。一旦撒謊成性，就會「撒謊臉都不紅」，沒有任何生理反應；這樣，測謊器根本無法測出被測者是否撒謊。如果一個群體、民族竟要靠測謊器來維持其「誠實」，無疑是這個群體、民族的奇恥大辱；但如果連測謊器都無法維持其「誠實」，這個群體、民族則已陷入萬劫不復之境。

拿伯的葡萄園

　　十九世紀德皇威廉一世強拆平民磨坊，被法庭判決違法、不得不賠償「業主」的損失並原地照舊重建之事現已廣為人知，成為「法治」的象徵。其實，在幾千年前的以色列也曾有過類似的故事，並被載入《舊約》而成為「經典」，用以培養社會的法治精神。

　　據《舊約‧列王紀上》記載，耶斯列城的平民拿伯的葡萄園靠近以色列王亞哈的宮殿，有一天，亞哈對拿伯說：「你將你的葡萄園給我作菜園，因為它靠近我的宮殿；我就把更好的葡萄園換給你，或是你要銀子，我就按價值給你。」看來此時以色列即無「普天之下，莫非王臣；率土之濱，莫非王土」的概念，不然以亞哈身為一國之主的權位之尊，完全可以「朝廷」、「國家」、「政府」乃至國王為國工作，要好好休息的條件等種種名義，一道命令就白白徵用或僅象徵性的付一點費用即得到此園，而他卻不得不以優厚條件置換或高價購買。按說亞哈開出的條件不薄，但沒想到拿伯卻毫不識趣，一口回絕，表示自己「萬不敢將我先人留下的產業給你」。亞哈被認為是以色列歷史上最邪惡的王之一，就在此前曾率兵與亞蘭人惡戰一場，殺死了十幾萬亞蘭士兵，大勝回朝。一個如此兇狠的國王此時對一介平民卻毫無辦法，倒也可見當時的「法治」精神。無奈之中，亞哈只得快快而回。回宮後他一直悶悶不樂，像個「小女子」般地將臉朝內躺在床上，連飯都不吃。也難怪，久經沙場、殺人如麻的堂堂一國之君，竟然連一個小小老百姓的葡萄園都換不到、買不到，委實令人氣悶。

　　看到亞哈如此垂頭喪氣，王后耶洗別趕忙過來，擔心地問他為何這樣鬱悶，連飯都不吃？他對王后說，耶斯列人拿伯的葡萄園就在我的宮殿旁邊，我想拿更好的葡萄園與他交換或拿銀子買下，卻都被他拒絕。王后立即對他說，現在以色列全國都歸你治理，你只管起來心情暢快地去吃飯，我一定能讓你得到他的葡萄園。說完，王后就以亞哈的名義寫了一封信，並蓋上他的大印，送給耶斯列城裏的長老貴冑。信上寫道：「你們當宣告禁食，叫拿伯坐在民間的高位上，又叫兩個匪徒坐在拿伯對面，作見證告訴他說，你謗瀆神和王了。隨後就把他拉出去用石頭打死。」值得注意的是，信上要求找匪徒而非以權勢隨便就找一、兩個普通人作偽證，也說明當時普遍認為作偽證「罪莫大焉」，連一國之主都不敢或很難找一般人。接到信後，這些長老貴冑立即照令而行，找來兩個匪徒作偽證，拿伯以謗瀆神和王的罪名，被眾人拉到城外一個水池邊用石頭打死，流在地上的血被一些聞腥趕來的野狗舔淨。

　　得到拿伯的死訊後，王后耶洗別趕緊高興地對亞哈說：「耶斯列人拿伯已死，你可以得到他不願賣給你的葡萄園了！」聽說拿伯已死，亞哈連忙起床準備佔有葡萄園。但就在這時，耶和華卻被這種暴行激怒，命令一位先知向亞哈傳話：「你殺了人又得了他的產業，所以『狗在何處舔拿伯的血，也必在何處舔你的血！』『狗在耶斯列的外郭，必吃耶洗別的肉。』」

　　果不其然，幾年後再次與亞蘭人征戰時，亞哈受重傷大敗而逃，最後死在戰車上。部下將他埋葬後，把戰車拉到當年打死拿伯的水池邊，準備洗盡車上的污血，這時一群野狗趕來爭舔車上的血污，正應了耶和華當年的話。亞哈死後，其子亞哈謝繼承王位，然而一些年後，亞哈謝手下的一名將軍起來造反，奪取了王位，將亞哈謝

殺死並趕到耶斯列城，把住在那裏的耶洗別這位當年設計殺害拿伯的王后從窗子扔下，被馬踏而死，結果她的屍體被野狗吞吃，也應了耶和華的話。

這段故事充滿善惡報應隱喻的故事，說明了保障公民個人財產權的重要，即便是一國之主，也不能對平民百姓的土地、財產予取予奪，如果不尊重平民百姓的土地、財產權，終難長治久安。現在，我們國家經濟迅速發展已是舉世公認的事實，但因為社會轉型而正處矛盾高發期，近來最為突出的就是城市因拆遷、農村因徵地所引起的一些尖銳衝突。土地作為經濟發展和社會生活的重要資源，在我國其配置權實際是由各級政府把持，或是真心實意為發展經濟，或是為了彰顯「政績」的「面子工程」，或是為中飽私囊，一些地方政府大規模「圈地」，而給拆遷戶或失地農民的補償金微乎其微（這一點還真不如亞哈），於是想法設法「拆遷」，手段無所不用其極，甚至有拆遷公司為了巨額利益，竟不惜縱火燒死「釘子戶」！其行為與耶洗別有何區別？為「面子工程」或為中飽私囊而「圈地」自不必說，即便真心為了發展經濟且確實是經濟發展的需要，也必須尊重居民的權利。如果強行拆遷，看似以「低成本」得到重要的土地資源，一時有利當地經濟發展，但從長遠來看，其實「隱性成本」極大，因為引起人們強烈不滿，加劇了社會衝突，威脅到社會穩定，破壞了社會和諧。這種「發展」，與「科學發展觀」背道而馳，與「建設和諧社會」更是南轅北轍。相反的，充分尊重居民的權利，初看起來可能成本高了不少，但長遠來看，其實成本更低，因為雖然發展可能會慢一些，但卻更加平穩、和諧、持久。「科學發展觀」、「建設和諧社會」的核心是「以人為本」，重要的內容就是尊重每一個公民的權利，這是不容破壞的基本規則。

　　無論出於什麼原因，不擇手段地強徵城鄉居民土地，甚至使其人身權利都橫遭侵犯者，都應好好讀一讀〈拿伯的葡萄園〉。

「社會」的意義
——任鴻雋與「中國科學社」啟示

　　當今中國大概無人不知「科學」，「科學」被賦予「第一生產力」的重要地位，而且成為興國的綱領性舉措之一，科學的地位不可謂不高。但現在有多少人知道，為了在中國傳播科學，使科學在中國紮根而篳路藍縷、厥功至偉的任鴻雋，和他創辦、經營的中國科學社呢？我也是上個世紀的八十年代中期開始中國現代科學思潮、中國現代知識份子研究時，才知道、瞭解了任鴻雋和他的偉業。欽佩之餘，不禁感歎歷史的健忘，當然，與那一代大多數知識份子一樣，他也是「有意」被遺忘的。因此，在塵封數十年後，《科學救國之夢——任鴻雋文存》的出版標誌了歷史記憶的「恢復」，意義不容低估。今天重溫他們的辛勤努力和坎坷際遇，更給人價值非常的啟示。

　　1912 年歲末，曾積極參加辛亥革命，此時已經二十歲的任鴻雋懷著尋求救國之方的理想赴美留學，進入康奈爾大學文理學院。兩年後的一個夏夜，第一次世界大戰正要爆發，國際形勢分外緊張，一直關心國事的任鴻雋與其他幾個中國留學生不能不思考、討論，在這緊急關頭，他們這些海外學子能做一點什麼為國效力。他們認為，中國現在最缺乏的莫過於科學，因此決定辦一個專門向國人宣傳科學的雜誌。1915 年 1 月，由任鴻雋為主要發起人、大家集資創辦的《科學》雜誌在上海創刊；這年 10 月，他們在美國成立了民間學術團體「中國科學社」，任鴻雋被選為第一屆董事會會長（中國科

學社社長）。而後，他又先後在哈佛大學、麻省理工學院和哥倫比亞大學的化學工程系就讀，獲得化學碩士學位。1918 年秋，他離美歸國，中國科學社也移回中國，此後他便傾全力於祖國的科學發展和教育事業。

在《科學》第 1 卷第 1 期的例言中，他們說明了自己付出巨大精力創辦《科學》雜誌和中國科學社的初衷：「一文明之國，學必有會，會必有報，以發表其學術研究之進步與新理之發明……同人方在求學時代，發明創造，雖病未能；轉輸販運，未遑多讓……他日學問進步，蔚為發表新知創作之機關，是同人之所希望者也。」1920 年，在學社第五次年會和慶祝社所及圖書館成立的開會詞中，任鴻雋明確地說道：「現在觀察一國文明程度的高低，不是拿廣土眾民、堅甲利兵作標準，而是用人民知識的高明、社會組織的完備和一般生活的進化來做衡量標準的。現代科學的發達與應用，已經將人類的生活、思想、行為、願望，開了一個新局面。一國之內，若無科學研究，可算是知識不完全；若無科學的組織，可算是社會組織不完全。有了這兩種不完全的現象，那麼，社會生活的情形就可想而知了。科學社的組織，是要就這兩方面彌補缺陷。」作為私人民間學術團體，中國科學社的經費完全自籌，會員會費無疑是杯水車薪，遠遠不夠。在籌款、經營和組織管理方面，任鴻雋表現出了傑出的行政才能。他深諳中國國情，與學界、商界、政界的重要人物廣泛接觸，得到他們的支持和捐助。在任鴻雋的苦心經營下，中國科學社蒸蒸日上，規模越來越大，活動越來越多，影響越來越廣。《科學》月刊從 1915 年創刊到 1950 年停刊為止，共出刊三十卷，近四百多期。為了進一步普及科學，中國科學社又於 1933 年創辦了《科學畫報》，先是半月刊，後改為月刊，發行量曾達兩萬以上，這在當時是

非常了不起的數字。他們還刊印了多部論文專刊,出版了「科學叢書」和「科學譯叢」這兩套影響深遠的叢書。在上海和南京創辦圖書館,收藏大量中外文科學圖書、雜誌和學報供公眾閱讀,其中不乏珍品。1922 年,中國科學社在南京成立了生物研究所,為中國最早的科學研究機關之一,更是國內私人團體設立研究所之嚆矢,意義重大,當然也困難重重,「此研究所成立之始,研究員皆無薪給,常年經費不過數百元」。他們深知科學術語的準確應用對科學研究的重要性,所以在科學社成立之初,就將編訂科學名詞列為該社的重要事業之一,於 1916 年就在《科學》雜誌進行了名詞討論;1934年,國民政府成立國立編譯館,由國家統一譯名工作,但相當一部分是以科學社已有的工作為基礎的。在這幾十年間,中國科學社還舉辦多次科學展覽,舉行科學報告會,設立獎金鼓勵青年科學家研究著述,參加大學、中學的科學教育,組織中國科學家參加國際會議,為各界提供科學諮詢,創辦科學圖書儀器公司推進科技圖書和儀器製造業的發展⋯⋯

在戰亂頻仍的年代,一個民間的私人學術團體為科學在中國的發展作出如此巨大的貢獻,至為不易。這也說明,「民間」、「社會」的力量何其偉大!而民間社會之所以能有如此巨大的能量,也有賴於現代中國的社會轉型,即從傳統的民間社會向現代「市民社會」傳變。中國傳統也有很強大的非政府的民間社會,但傳統的民間社會大都不是開放的,而是具有「私」的性質,如會館、宗族祠堂、行會等,主要是對「內部人」開放,具有地域性或血緣性,以「家長式」管理為主。而現代民間社會或曰市民社會則是一種「自由人的協會」,具有「公共性」,強調個人的權利和平等。在這種傳統向現代的轉型過程中,戊戌維新運動起了重要作用。

　　1895 年春，「公車上書」失敗之後，康有為意識到僅靠朝廷是不夠的，應造成一種社會力量來推動、促進維新事業。他先後在北京、上海組織了強學會。強學會經常集會，發表演說，探討政治、研究國是、宣傳種種新知識，還出版了自己的機關報。強學會的每次演講，都吸引了大批聽眾，影響日大。這是第一個公開的合法社團，開近代合法結社之先聲，意義重大。正如梁啟超所說：「我國之有協會、有學社，自此始也。」正是在維新運動期間，中國興起了前所未有的創辦學會的熱潮。至 1899 年 9 月「戊戌政變」為止，短短二、三年中，各地興辦的各類學會就有七十餘個。有政治性學會，也有各種專門學會，如算學會、測量會、不纏足會、農學會、法律學會、地圖公會、工商學會……雖然政變發生，各種學會被迫解散，但這種潮流已無可阻擋，幾年後各種社團又遍地而起。確如譚嗣同言：「大哉學會乎，所謂無變法之名，而有變法之實者也。」此處所謂「無變法之名，而有變法之實」，即指政治雖然尚未改變，但社會結構已經變化。及至辛亥軍興，建立民國，但以後的幾十年中，「國家」政治一直混亂不堪，腐敗黑暗。不過政治雖然混亂黑暗，市民社會卻在蓬勃發展著，正是這種市民社會的強大，為民間私人團體──中國科學社提供了大有作為的基礎。

　　1949 年，神州風雨起蒼黃，這的確不是一般意義的政權更替，而是社會的根本性變化。新的社會結構以國家所有制為核心，進行社會改造，如此，一切資源都為國家所掌握。作為民間私人團體的中國科學社，自然也要被改造。1951 年，已有三十五年歷史的《科學》雜誌停刊；1953 年初，《科學畫報》由上海市科普協會接辦；1954 年，科學社生物研究所的所有標本、儀器及工作人員分別移交、調往中科院有關研究所；1956 年春，科學社圖書館的全部圖書、館

舍設備和購書基金交給國家；1956 年秋，在「社會主義改造」的高潮中，中國科學圖書儀器公司的印刷廠合併於中國科學院科學出片社，編輯部合併到上海科技出版社，儀器部分則合併於上海量具工具製造廠；1959 年，在「大躍進」、「總路線」一浪高過一浪的形勢下，中國科學社的所有房屋、圖書、設備和八萬餘元的款項全部上交給國家。這時，任鴻雋提出希望由中國科協再辦《科學》雜誌，不使其長期中斷；但這個毫不過份的小小要求並沒有得到實現……

歷史表明，當所有資源都為國家掌握時，「社會」必然消失。這樣，如果國家政策正確，一切都可順利發展；而一旦國家決策失誤，諸如發生「大躍進」、「文革」那樣的混亂，則無任何其他因素可以糾正或減低種種損失。也就是說，當國家不能有效配置資源時，社會可以作為另一種資源配置體制，彌補國家的不足或失誤。更重要的是，市民社會可以劃定國家行動的邊界，活躍而強大的市民社會，是自由、民主不可缺少的條件；社會與國家應是一種互相制衡又良性互動的關係，使公民的基本權利不受侵犯，使國家真正繁榮穩定。「現在觀察一國文明程度的高低，不是拿廣土眾民、堅甲利兵作標準，而是用人民知識的高明、社會組織的完備和一般生活的進化來做衡量標準的。」任鴻雋先生在近九十年前提出的這個標準，確是智者的真知灼見。

新詞與方言：「哇」聲一片又何妨？

　　「陽曆初三日，同胞上酒樓。一張民主臉，幾顆野蠻頭。細崽皆膨脹，姑娘盡自由。未須言直接，間接也風流。」「處處皆團體，人人有腦筋。保全真目的，思想好精神。勢力圈誠大，中心點最深。出門呼乙太，何處定方針。」這是上世紀初流傳的兩首「打油詩」，因為當時大批現代自然、社會科學新詞傳入我國，引起了許多尖銳的批評和非議，這「團體」、「腦筋」、「目的」、「思想」、「精神」、「方針」、「同胞」、「民主」、「膨脹」、「自由」、「直接」、「間接」等，當時全是頗遭物議的「新詞」。

「日本新詞」對漢語的反哺

　　這些新詞大都由日本傳入，連素以「開明」著稱的重臣張之洞，亦以反感並力禁使用「日本新詞」聞名，以致他七十大壽時，其門生和部下樊增祥所撰長達二千餘言駢文，在細述張氏德政時，特將此事敘入，極表讚佩。壽文有句云：「如有佳語，不含雞舌而亦香；盡去新詞，不食馬肝為知味。」文中所謂「雞舌」、「馬肝」是引用典故，在此以「雞舌」、「馬肝」暗喻「日本新詞」，意謂不必用這些新詞，照樣能學問精通。

　　但語言具有某種強迫性，甚至使反對變化的人也不知不覺地使用種種「新詞」。隨著「新學」日興，要完全擺脫「新詞」卻越來越不可能，即便憎恨新詞如張之洞，亦不能免俗。一次他請幕僚路某擬一辦學大綱，不料擬就之後他見文中有「健康」一詞，便勃然大怒，提筆批道：「健康乃日本名詞，用之殊覺可恨。」擲還路某。偏偏路某略通新學，當即發現張之洞的「把柄」，便針鋒相對地回曰：「『名詞』亦日本名詞，用之尤覺可恨。」二人遂不歡而散。反對用「日本名詞」者如張之洞，卻也無法擺脫「日本名詞」的困擾，確有象徵意義。

　　在中國近代新觀念的引進中，由於日本對「西學」的譯介遠勝中國、大量中國學生留學日本、中日「同文」等諸多原因，使譯自日文的書籍在甲午戰爭中國為日本所敗後突然後來居上，迅速超過原來的中譯西文書籍。梁啟超到日本不久，即寫下〈論學日本文之益〉一文作為《清議報》的社論，力論應向日本學習，從中可見當時知識界心態之一斑。他寫道：「既旅日本數月，肆日本之文，讀日本之書，疇昔所未見之籍，紛觸於目，疇昔所未窮之理，騰躍於腦，如幽室見日，枯腹得酒，沾沾自喜，而不敢自私，乃大聲疾呼，以告我同志曰：我國人之有志新學者，盍亦學日本文哉。」一年後，他更回憶說，在日年來的經歷使他「腦質為之改易，思想言論，與前者若出兩人」。細查這幾年梁啟超等人的論文，的確發生了重大轉變，不僅對「西學」的瞭解突飛猛進，而且所使用的重要術語從原來基本上都是中國術語，轉為幾乎全用日本術語。從 1900 年後，中國「新知識」的翻譯工作幾乎就集中在日本，甚至當時差不多每一種日本中級教科書都被譯成了中文，連一些教員的講義也被翻譯。

　　其中值得一提的是，如今幾乎已被人遺忘的范迪吉譯編的《編譯普通教育百科全書》，當時廣為發行，影響不小。「全書」包括了「知

識」的各個領域，共分八大類：宗教和哲學六種，文學一種，教育五種，政治法律十八種，自然科學二十八種，實業（包括農業、商業和工業）二十二種，其他二種。「全書」使用的是標準的日本術語，對中國各類學科術語的規範化起了重要作用。其實，近代中國的大門先於日本被西方的堅船利炮打開，因此「西學東漸」也先於日本，所以在明治維新前後，日本恰恰是透過中國瞭解西方、「西學」，將中文「西學」書籍大量譯成日文出版。這期間的許多「日本新詞」卻是來自漢語，如「鐵路」、「鐵道」、「新聞」、「國會」、「權利」、「主權」、「公法」、「選舉」、「化學」、「植物學」、「細胞」……不一而足。但當近代日本全面超過近代中國後，日語新詞便開始大量、迅速地流入中國。

透過這種大量的翻譯引介，一大批日語詞彙融入到現代漢語之中。有意思的是，這些詞彙甚至迅速取代了「嚴譯」的大部分術語。這些幾乎涉及各類學科的新詞彙或是現代日本新創造的，或是使用舊詞而賦以新意，現在又被廣大中國知識份子所引進，這大大豐富了漢語詞彙，並且促進了漢語多方面的變化，為中國的現代化運動奠定了一塊非常重要的基石。現在我們常用的一些基本術語、詞彙，大都是此時自日本舶來的。

如當我們順口說出「為人民服務」、「加強組織紀律性」、「講政治」、「永遠革命」「申請入黨」、「掌握政策」、「大政方針」、「解決問題」、「學習理論」、「學好哲學」、「堅持原則」……時，這「服務」、「組織」、「紀律」、「政治」、「革命」、「黨」、「方針」、「政策」、「申請」、「解決」、「理論」、「哲學」、「原則」等等，實際全是來自日語的「外來語」，還有像「經濟」、「科學」、「商業」、「幹部」、「後勤」、「健康」、「社會主義」、「資本主義」、「封建」、「共和」、「美學」、「美術」、「抽象」、「邏輯」……數不勝數，全是來自日語。

語言不可能完全平等

語言從來就處在變動不居之中，隨著不同文明間的交往、交流而加快加深。從理論上說，語言交流應該是彼此平等，互相影響，每種方言都有平等擠進「中心」的權利，不同文明間的交流應該對等地相互吸收「外來語」。但實際上語言也十分「勢利」，如同流水，也是高往低流，根本不可能完全「平等」。語言發展演變的歷史表明，「外來語」更多是「先進」的「中心」向「落後」的「邊緣」滲透、侵入，逆向流動者絕少，後者不得不深受前者影響。而大量「外來語」在近代隨西學東漸，甚至有「外來」居上之勢，蓋因「西學」較「中學」發達先進也。無論高興與否、贊成與否，這種自然而然的過程就是如此，難以人為改變，大可不必因此而痛心疾首。若一定要「查戶口」、「講出身」，非要「正本清源」地查「血統」，非祖宗八代「根紅苗正」不可，一定要把這種帶有「殖民」色彩的「外來語」統統掃地出門，則我們現在幾乎無法開口說話。

新詞的引進當然不能離開翻譯，音譯、意譯何者為佳，本無定論。但每見一些音義相容的漂亮譯法，總使人擊節不已。如果將「Coca-Cola」意譯為「古柯葉飲料」或「碳酸類飲料」，「可口可樂」在今日中國的驕人業績一定會大打折扣。「Pepsi-cola」如果譯為「皮斯克勒」或「屁事可樂」之類，「百事可樂」在中國也不會如此暢銷。「Benz」是馳名世界的德國名車，以前曾有譯作「苯茨」，有音無義，如同化工產品，是「感情零度」。現在改譯為「賓士」，音義俱有，汽車賓士之狀躍然欲出。當然，若萬般不巧，恰恰是你乘坐的「賓士」途中拋錨，懊喪之餘，心中可能不免暗暗罵道：「真該譯為『本次』！」有的翻譯還使原有的詞彙「增義」，如車止為

「停」，船止為「泊」，但香港用「泊」來翻譯英文「Parking Lot」（停車場），停車位也譯為「泊位」。現在此譯也傳入大陸，使漢語的「泊」不專指船停，同時也可指車停。以「泊」字譯英文停車「Parking」，音義皆備，且有獨特生動之感，不知是哪位高明的妙手偶得。

最有趣的還是「席夢思」的移譯。現在都知道「席夢思」指的是彈簧床，但「席夢思」本是美國一家專門生產鋼、銅彈簧床及床上用品的「Simmons」公司的譯名。該公司以前曾在上海設有辦事處，初譯為「雪門斯公司」，譯名平平，與公司產品無任何關聯。大約在二十世紀三十年代，該公司改譯為「席夢思公司」，「席夢思」的確令人對該公司的產品產生浪漫聯想。生意興隆，再加上譯名漂亮，「席夢思」遂成為中文彈簧床的代稱。新詞的使用，自然而然，非人力所能強迫。如內地將「Taxi」譯為「出租汽車」，香港早就根據粵語將其譯作「計程車」，將「take a taxi」順勢譯為「打的」。從二十世紀八十年代起，「打的」在內地口語中亦極流行。不過，當時報上曾多次有文章勸人不要說「打的」，要說「乘計程車」。並說香港是殖民地（當時還未回歸），「打的」是殖民地語言，而我們若用「打的」一詞，就是等而下之的被「殖民地」「殖民」，所以是「自我次殖民地」化。陳義不可謂不高，無奈言者諄諄，聽者藐藐，直到現在，出門即要「打的」者仍不在少數。

譯名種種，不拘一格，譯界高明可各顯身手，任社會生活自然選汰。但筆者以為科技譯名卻應當遵從有關部門的規定，否則將引起嚴重混亂。

如我國有關部門規定將英文「Laser」一詞譯為「雷射」，而海外華界多將其譯為「鐳射」。若純就譯法而論，「鐳射」音義皆備，

似棋高一著，所以現在許多廣告或歌廳招牌上的「雷射音響」、「雷射唱片」都讓位於「鐳射音響」、「鐳射唱片」。更有甚者，則乾脆來個相容並包，赫赫然寫上「雷射鐳射」或「鐳射雷射」，令人啼笑皆非。

在全球化時代，音譯、意譯似均已趕不上「時代需要」，乾脆「卡拉 OK」、「B 超」、「TV」、「KTV」、「DV」、「DVD」、「CD」、「VCD」、「3G」、「BBS」、「IP」、「QQ」、「CEO」、「CDMA」、「ADSL」……直到最近隨「超女」一夜走紅的「PK」，這些「蝌蚪文」（以前還可用「蟹行」鄙稱，可惜現在漢文多也改成橫排「蟹行」）居然都直接竄入「天雨慄、鬼夜哭」才創造出來的漢字之中，成為「現代漢語」。是耶？非耶？更有甚者，令中老年一頭霧水的「網路語言」，在青少年中卻大行其道，「什麼東東」、「斑竹」、「偶」、「大蝦」、「菜鳥」、「青蛙」、「恐龍」、「CU」、「MM」、「GG」、「BF」、「GF」、「LG」、「LP」、「BT」、「886」、「7456」、「9494」……隨著「E 世代」長大成人，漸成社會中堅，這類「網語」（如不高興，不妨疾首蹙額，將其稱為「魍語」）已經並將更迅速地進入「普通話」。倘倉頡再世，不知當作何感。

方言的「話語權」

語言的「勢利」，還表現在一國之內往往是政治、文化中心或經濟發達地區的方言才有權變成「官話」、「普通話」，其他方言只能蟄居「邊緣」，難登大雅之堂。當年的「外省青年」到巴黎奮鬥，首先即要努力去掉「外省」口音。而今日不少北京方言或流行語之所以

能在全國迅速流行，極易成為「普通話」，自因其為政治、文化中心。近代許多滬語能突破「邊緣」、進入「中心」，則因其為商埠首開之地，成為經濟中心，總是風氣先得也。人們往往沒有意識到，我們現在以為很「普通」、早就習以為常、時時脫口而出的「滑頭」、「流氓」、「盯梢」、「出風頭」、「尋開心」、「像煞介事」、「陰陽怪氣」……若查書一看，原本竟都是上海方言。而今日粵語的情形亦頗有些類似，自打改革開放以後，廣東得風氣之先，南風漸盛，於是「粵味普通話」也隨粵菜一道北上，如「埋單」、「搞定」、「生猛」、「炒魷魚」等，已漸漸成為「普通話」。以趙本山為代表的一批東北小品演員，愣使「忽悠」等原本有些戲謔色彩的東北土話在嬉笑聲中漸漸「普通」起來，這固然是「明星效應」，然更重要的恐怕還是，「中央電視臺」才能使經濟、文化尚居「邊緣」的「東北方言」躋身「主流」——只有經過「中心」的認可，「邊陲」才能取得一定的「話語權」。

現在「港臺腔」頗受責難，其實「港臺腔」不也是我們統一的祖國的「方言」之一種嗎？兩岸隔絕幾十年後，原本同根的語言已發生一些地域性的差別，增加了彼此理解的困難。所幸兩岸交往渠道重開近二十年，語言終於互相影響，扭轉了越來越「隔」的趨勢。「資訊」、「數位」、「考量」、「提升」、「作秀」、「量販」、「認同」、「體認」、「願景」等一批來自臺灣的詞彙濟濟而入。此次舉世矚目的「胡連會」，《新聞公報》就說，「正視現實，開創未來」是國共兩黨的共同「體認」，胡總書記與連主席決定共同發佈「兩岸和平發展共同願景」。這多次出現的「體認」、「願景」，立即被收入《現代漢語詞典》。事實說明，我們的最高領導層並不排拒來自臺灣的詞彙。現在越來越多的青少年用「港臺腔」的「耶！」、「哇！」代替「哎喲！」來

表示驚歎，引起了一些尖銳的批評責難。若追根溯源，被視為「驚歎」之「正統表達」的「哎喲」也並非古來如此，一成不變。如要「正統」，那就只能不是「噫吁嚱！」就是「嗚呼哀哉！」幾年前，我就曾撰文，主張何妨用「聽取蛙聲一片」那般寬舒閒淡的心態，來聽取「哇」聲一片呢？同樣的，隨著大陸經濟的迅速發展，「普通話」尤其是「簡體字」在臺亦影響漸強，對此，彼岸則有不願統一的人認為，這會增強臺灣青少年對大陸的認同而「後果堪憂」。這恰恰說明，兩岸語言在互動中越來越融洽，而不是把彼此的語言視為有害的洪水猛獸而漸行漸遠，實在是增進彼此瞭解、有利於國家、民族統一的幸事。

雖有種種混亂，但總體來說，無論是方言還是外來語，都使我們的語言更加生動、新鮮、豐富。「普通話」之所以「普通」，就在於它能廣納「方言」，博採「外語」。格外值得深思的是，在近代的中日文化交流中，日本從「新詞」的「輸入國」一躍而為「輸出國」的重要原因，是「新學」在日本遇到的阻力比中國小得多。這種「師生易位」的歷史說明，若想以保守封閉來維護民族文化傳統，用心可謂良苦，但結果不僅無裨於事反而更加被動，「弘揚民族文化」云云則更無從談起；相反，只有開放的文化才能贏得主動，民族文化才能真正弘揚。

在社會飛速發展的「動感時代」，語言必定五光十色、雅俗共存、新舊並列、魚龍混雜，本人也不禁「打油」一首：「出門就打的，吃喝皆料理。餅乾克力架，家具盡家私。GG 想 MM，LG 怕 LP。青蛙遇恐龍，CU886。」

五四雕塑與「公共記憶」

在中國現代歷史的行程中，五四運動打下了她深深的印記。因此，在共和國成立前一天奠基、最終在 1958 年落成的人民英雄紀念碑的八組浮雕中，有一組就是五四運動。這組浮雕表現的是熱血沸騰的青年學生上街遊行抗議、在街頭發表慷慨激昂演講以「喚起民眾」的場景，它以這種群像向人們作出對歷史的詮釋：青年學生是這次運動的主體。在這些憤怒的「新青年」中，北京大學有著舉足輕重的地位。因此，2001 年在北京新建成的皇城根遺址公園中段、緊挨舊北大「紅樓」的五四大街路口，修建了一座 4.5 × 8.2 米、重達四噸的大型不銹鋼雕塑，名為「翻開歷史新的一頁」，紀念五四新文化運動，可謂順理成章，非常恰當。在具有特殊意義之處豎立大型公共藝術作品以紀念某個事件、某個人物，灌輸、強化、提醒人們的歷史記憶，也是舉世的慣例。

與人民英雄紀念碑的浮雕不同，這座大型雕塑的浮雕主體，是那些青年學生的精神之父——他們的老師。的確，正是這些新文化運動的先驅，培養、造就了一代新青年。但使人驚訝的是，這座雕塑的浮雕部分鐫刻著李大釗、魯迅、蔡元培和青年毛澤東等人的頭像，而且青年毛澤東的頭像位居雕塑中心，卻獨缺五四新文化運動兩位最重要的領袖人物——陳獨秀、胡適。

眾所周知，五四新文化運動翻開了歷史新的一頁，而這新的一頁，卻是從陳獨秀創辦《新青年》雜誌開始的。1916 年 9 月，陳獨

秀創辦的《新青年》在上海首次出刊，創刊號的篇首就是陳獨秀本人寫的「敬告青年」，文中提出了著名的「新青年」六條標準：「自主的而非奴隸的、進步的而非保守的、進取的而非退隱的、世界的而非鎖國的、實利的而非虛文的、科學的而非想像的」，在一潭死水中突然掀起不小的波瀾。1917 年 1 月，《新青年》發表了當時尚遠在美國的胡適的〈文學改良芻議〉，提出言之有物、不摹仿古人、須講求文法、不作無病之呻吟、務去爛調套語、不用典、不講對仗、不避俗字俗語等新文學的「八事」，明確提出「言文合一」，以「白話文學」為文學之正宗。今日看來是「卑之無甚高論」，但當年卻是駭俗之論，被稱為「發難的信號」、「首舉義旗」。此後，陳、胡聯手，共同推進新文化事業；陳果決、胡寬容，陳重破、胡重立，可謂相得益彰。1917 年 1 月，陳獨秀應北京大學校長蔡元培之請，從上海遷居北京，擔任北京大學文科學長（相當於後來的文學院院長），《新青年》雜誌也隨之遷京；同年 9 月 10 日，胡適也來到北京大學任教。陳、胡以《新青年》為陣地，集結了李大釗、魯迅、劉半農、錢玄同等一批新文化運動的思想領袖，在貧瘠的中國思想界播下了「民主與科學」的種子。

在內憂外患不斷、社會腐敗不堪、政治一團漆黑的情況下，陳獨秀、胡適先後改變了不談政治的初衷，捲入政治的狂瀾。《新青年》初辦時，陳獨秀明確說：「蓋改造青年之思想，輔導青年之修養，為本志之天職，批評時政非其旨也。國人思想倘未有根本之覺悟，直無非難執政之理由。」胡適初回國時也曾發誓「二十年不談政治」，「要想在思想文藝上替中國政治建築一個革新的基礎。」但國事如此不堪，他們最終忍無可忍，以「匹夫有責」、「捨我其誰」的精神直接從政。書生從政，實際上難免尷尬，結果他們都被政治的大潮

裏挾，起伏跌宕，雙雙釀成令人扼腕長歎的悲劇人生。但在最灰暗的人生歲月中，他們仍執著於民主與科學的信念，而幾十年的風雨人生，使他們對此有著更加深刻的思考。陳獨秀反思說：「我認為：民主不僅僅是一個抽象的名詞，有它的具體內容，資產階級的民主和無產階級的民主，其內容大致相同，只是實施的範圍有廣狹而已。」胡適滿含滄桑地寫道：「我自己也有『年紀越大，越覺得容忍比自由還更重要』的感想。有時我竟覺得容忍是一切自由的根本；沒有容忍，就沒有自由。」

無論他們後來「干政」的歷程如何坎坷曲折，歷史的風雲際會使陳獨秀、胡適無可否認地成為新文化運動的領軍人物。魯迅坦承自己在新文化陣營同仁中「佩服陳、胡」，而當時的一代青年對他們的敬佩更不在話下。毛澤東曾對斯諾回憶說：「《新青年》是有名的新文化運動的雜誌，由陳獨秀主編。當我在師範學校做學生的時候，我就開始讀這一本雜誌。我特別愛好胡適、陳獨秀的文章。他們代替了梁啟超和康有為，一時成了我的模範。」「有很長一段時間，每天除上課、閱報以外，看書，看《新青年》；談話，談《新青年》；思考，也思考《新青年》上所提出的問題。」事實，確實如此。

1917 年春，年僅二十四歲的青年毛澤東在陳獨秀主編的《新青年》上發表了〈體育之研究〉一文，這是毛澤東第一次在全國性雜誌上發表文章。兩年後的五四期間，陳獨秀被軍閥逮捕下獄，毛澤東在《湘江評論》發表〈陳獨秀之被捕及營救〉一文，認為陳獨秀宣傳的民主與科學兩樣東西為我國所缺，因此盛讚陳為「思想界的明星」，說他的被捕「絕不能損及陳君至堅至高精神的毫末」，最後甚至說：「我祝陳君萬歲！我祝陳君至堅至高的精神萬歲！」對陳的崇敬，溢於言表。胡適對毛澤東的影響也是明顯的，如毛澤東參與

組織了湖南青年到法國勤工儉學，但自己卻並未出國，與胡適的影響關係不小。他在給友人周世釗的信中說自己覺得出洋求學實在沒有「必要在什麼地方」的理由，中國出洋的總不下幾萬乃至幾十萬，好的實在少，多數仍舊是「糊塗」，仍舊是「莫名其妙」。「我曾以此問過胡適之和黎劭西兩位，他們都以我的意見為然，胡適之並且作過一篇〈非留學篇〉」1919 年 7 月中旬，毛澤東在長沙創辦《湘江評論》後寄給胡適，請他指點。胡適同年 8 月末在《每週評論》上撰寫的「介紹新出版物」中，高度評價《湘江評論》，以師長的口吻讚賞說：「《湘江評論》的長處是在議論的一方面。《湘江評論》第二、三、四期的〈民眾的大聯合〉一篇大文章，眼光很遠大，議論也很痛快，確是現今的重要文字。還有『湘江大事述評』一欄，記載湖南的新運動，使我們發生無限樂觀。武人統治之下，能產生出我們這樣的一個好兄弟，真是我們意外的歡喜。」

因此二十餘年後，在中共七大預備會議上，毛澤東明確地說，陳獨秀是「五四時期的總司令，整個運動實際上是他領導的」，「我們是他那一代人的學生」。他回憶說，最早是聽陳獨秀「說世界上有馬克思主義」的。而在五十年代出於政治需要，聲勢浩大的「批判胡適」運動中，毛澤東仍說：「批判嘛，總沒有什麼好話。說實在話，新文化運動他是有功的，不能一筆抹煞，應當實事求是。」「到了二十一世紀，那時候，替他恢復名譽吧。」

由於種種原因，主要是由於「左」的偏見，「實事求是」的原則得不到堅持，陳獨秀、胡適在新文化運動中的作用，一段時間內在國內未得到應有的評價。但自 1978 年後（並未等到二十一世紀！），隨著思想解放運動的開展和實事求是精神的重新提倡，學術界對陳、胡二人在新文化運動中的作用和貢獻作了客觀研究和公允的評

價。近年來，學術界的這些研究成果也被有關部門吸收，並在中國現代史、革命史和中共黨史的著述、文獻影視片中得到一定的反映，這些作品對陳、胡這一時期的作用和地位，也作了實事求是的評價和恰當的歷史定位。曾經被遮蔽的歷史，重新顯現出來。

　　然而，在「二十一世紀」豎立的這座「翻開歷史新的一頁」，仍然為那種「左」的觀念所囿，罔顧歷史事實，依然不願「還歷史本來面目」，不願為陳、胡「恢復名譽」，不能不使人深感遺憾。由於雕塑的作者完全是以後來的「成敗」論英雄、排座次，所以才會把當年歷史事件中的「學生」置於「中心」，把「老師輩」的李大釗、蔡元培等放到「邊緣」，而起指揮、領袖作用的陳獨秀、胡適則乾脆被「一筆抹煞」。在這裏，「歷史」明顯屈從於「權力」。難怪有人玩笑地說，希臘神話中司掌管歷史的女神克萊奧（Clio）是位俊俏勢利的時髦女郎，總是歡待成功者，冷落失意人。這說明「新時期」開始以來的思想解放運動還有待深入，要真正做到實事求是，的確不容易。正是在種種「非歷史」的觀念指導下，才會產生這種扭曲歷史的雕塑，其後果非常嚴重，應該重視。因為這種具有公共紀念性質的公共藝術品具有某種宣傳的「強迫性」，使過往者不能不看；同時對大眾而言，它對所表現、詮釋的事件又具有某種權威性。所以紀念性公共藝術創作、策劃和審批者個人的識見，即他們對歷史的記憶和理解，透過這種作品對「公共記憶」的形成均有極強的影響。現在時常有人在「翻開歷史新的一頁」前照相留念，但留給他們的，將是沒有陳獨秀、沒有胡適的「新文化運動」。

　　如上所述，一個事件被豎成雕像，其功能在把某種特殊記憶灌入大眾的腦海之中，使之成為集體記憶。德國思想家哈貝馬斯指出，所謂的「公共記憶」，在本質上帶有規範性意義，即人為地規範人們

該記住什麼、忘卻什麼，實際上充滿了人為選擇。在這種人為的篩選過程中，紀念性公共藝術起了重要作用。事實證明，紀念性公共藝術品從不是純粹的美學表現，在其建造過程中，從規則的制定、對藝術家的挑選、藝術家對作品的理解、方方面面對作品的修改審訂直到最後完成，價值、權力、利益等諸種因素可謂貫徹始終，並或明或暗地體現在作品之中。

如何恰當地表現某個場所獨特的時空特性，即用藝術的形式來表徵、凝結與此場所相關的事件或人物，形成獨特的歷史性，是這種紀念性公共藝術應當慎重考慮的重要因素。而且，公眾對此更有參與的權利，即有權提出建議、意見和批評。有關方面事前應公佈方案，廣泛徵求意見。總之，公眾應參與「公共記憶」的形成過程，而不能由少數人來影響、決定我們的「公共記憶」。

憂天下、探世變

——讀《中國人史綱》

　　法國歷史學家馬克‧布洛赫在《歷史學家的技藝》中寫道：「歷史學以人類的活動為特定對象，它思接千載，視通萬里，千姿百態，令人銷魂，因此它比其他學科更能激發人們的想像力。」柏楊先生的《中國人史綱》，便是一部以「中國人」的活動為特定對象的「思接千載、視通萬里」之作。

　　柏楊先生不是「學院」內的歷史學家，能寫出這種洞察古今的史學巨著，不能不說與他的特殊經歷大有關係。在二十世紀六十至七十年代，臺灣尚未「解嚴」的時期，他曾遭受十年無妄之災，幾乎要被槍決，所以有人說他是一個「看過地獄回來的人」。這部《中國人史綱》，是他十年牢獄生活中有關中國歷史研究叢書之一種，在卷帙浩繁的中國史冊中認真爬梳整理、凝煉而成。他自述道：「叢書是我在火爐般的斗室之中，或蹲在牆角，或坐在地下，膝蓋上放著用紙糊成的紙板和著汗珠，一字一字的寫成。」確實擔得起「字字看來都是血，十年辛苦不尋常」之譽。老黑格爾曾經說過：同一句話，從未經世事的年輕人口中說出和飽經風霜的老人口中說出，涵意大不一樣。那麼，對更加豐富萬端的人類歷史，不同人、不同經歷者的敘事，涵意則更不一樣。長期艱難的獄中生活磨練，使他對歷史上各種制度的優劣、政策的得失、社會的興衰、人心的向背、人性的善惡有著超出常人的洞察力。

而這部血淚之作的歷史洞見，恰是許多高頭講章式的歷史教科書所缺乏的。

與大多數「中國通史」一樣，《中國人史綱》不能不從沒有信史的遠古的神話、傳說開始，然後是半信史時代，最後從西元前九世紀的信史時代詳細說起。「信史時代」以百年為一章，一直寫到二十世紀初年，清王朝崩潰前夕。不以「王朝」或重大事件而以「世紀」為單元，表明作者有心將中國放在世界的大脈絡中研究、論述。而且，作者在每章都以「東、西方世界」結尾，使讀者對中外歷史的對比更加直觀，更易看清什麼時候、什麼方面中國或曰中華文化燦爛於世，什麼時候、什麼方面大不如人。不僅顯示了柏楊視野的開闊，更開闊了讀者的視野。

這部通史不叫「中國通史」或「中國史綱」之類，而名之曰《中國人史綱》，表明其重心是「人」，是對歷史發展產生過相當影響的重要人物。此書對重要的文化、藝術、學術、科學、技術成就都有精彩的敘述評論，但其重點無疑是政治史，是國家、朝代興亡的緣由；是制度、政策對百姓生活的種種影響。

中國歷史上政權更迭、王朝更替屢見不鮮，但有的政權能長治久安，而更多的王朝或政權卻「稍縱即逝」，剛剛奪到的「江山」就得而復失，十分短暫。透過對這些長短不一的王朝、政權的考察，本書提出了「瓶頸危機」這一值得重視的重要概念。柏楊認為，中國歷史上每一個王朝政權都要經歷這種類似的場面。「這使我們發現一項歷史定律，即任何王朝政權，當它建立後四、五十年左右，或當它傳位到第二、第三代時，就到了瓶頸時期。」「在進入瓶頸的狹道時，除非統治階層有高度的智慧和能國，他們無法避免遭受到足以使他們前功盡棄，也就是足以使他們國破家亡的瓶頸危機。歷史

顯示，不能夠通過或膠著在這個瓶頸之中，它必然瓦解。」而發生瓶頸危機的原因很多，各種偶然因素都可能使新政權轟然坍塌，因為「新政權就好像一個剛剛砌好的新磚牆，水泥還沒有凝固，任何稍大的震動都會使它倒塌。一旦統治者不負眾望，或貪污腐敗，或發生其他事故，如外患內鬨之類，都是引發震動的炸藥。不孚眾望，往往促使掌握軍權的將領們興起取而代之的欲望。貪污腐敗則完全背叛了建國時的政治號召，和當初賴以成功的群眾脫節。外患內鬨之類的傷害，更為明顯。」

由於曾經身陷囹圄，柏楊自然對中國傳統的法制、人權狀況格外注意。透過對司馬遷遭受腐刑的分析，作者提出：「司馬遷所遭遇的酷刑，不是孤立事件或偶發事件，它普遍的存在，而且已長久存在。中國司法制度，很早就分為兩個系統，一個普通法庭──司法系統，另一個即司馬遷所碰到的詔獄法庭──軍法系統。」他認為，詔獄法庭的特徵是犯法與犯罪無關，審判者的唯一任務，就是運用法律條文編撰一件符合上級頭目旨意的判決書。無論何人，無論其職務、級別再高，只要陷進詔獄系統，就不能自保。周亞夫是削平七國叛亂的功臣，於挽救西漢王朝功莫大焉，官至宰相。但位高權重，必為皇帝猜忌。於是有人告發他私藏兵器，準備叛亂。其實，是他兒子購買了一些紙製刀槍，準備老父去世時作冥器用。但無論周亞夫如何解釋，毫無作用。因為判案的「法官」並非不知事情真相，但他的任務並非追尋真相，而是執行最高層的政治任務、命令。因此，他的使命就是羅織罪名。中國歷史上冤獄遍地、酷吏橫行，說明法律的好壞不在「法條」本身，而在「訴訟法」的執行；不在如何處罰犯罪，而在如何確定犯罪。例如「唐王朝的法律，是中國各王朝法律中最完善的一種，但因中國古政治思想缺乏人權觀念，

所以中國始終不能產生證據主義的訴訟法，《唐律》自不例外。」每一次，只要當權者決定消滅某人時，就會有人告發其種種「罪行」。作者認為，摧殘人權的制度性建設在明王朝達到頂峰，特務機構廠、衛可以任意捕人，濫用酷刑，刑事訴訟法中的「瓜蔓抄」被用到極致。「那就是，逮捕行動像瓜藤鬚蔓一樣，向四面八方伸展，凡是能攀得到的，就攀住不放，輾轉牽引，除非當權人物主動停止，否則能把天下人都網羅俱盡。」清王朝建立後，許多方面都振衰起弊，煥然一新，但「文字獄」卻依然盛行。幾千年歷史說明：「酷吏酷刑不是偶發事件，而是一種常態。」「冤獄與酷刑，是無限權力政治制度下的產物，此種制度存在一日，冤獄與酷刑存在一日。」

「文化醬缸」是柏楊對中國傳統文化的著名比喻，人們往往因此將他作為「全盤」、「激烈」反傳統的代表人物之一。但《中國人史綱》表明，他的觀點並非如此簡單。他認為，所謂的「文化醬缸」是因為任何一個民族的文化，都像長江大河，滔滔不絕。但因為時間久了，長江大河裏的許多污穢骯髒的東西開始沉澱，使水不能流，變成一潭死水，愈沉愈多，愈久愈腐，就成了一個醬缸、一個污泥坑，發酸發臭。本書對中國傳統典章制度、文化藝術的許多創造與輝煌都有客觀的分析、評價和肯定，認為「中國悠久而光輝的文化發展，像一條壯觀偉大的河流。紀元前二世紀西漢政府罷黜百家，獨尊儒家時，開始由燦爛而平靜。十二、十三世紀宋王朝理學道學興起時，開始沉澱」；到明代，「這河流終於淤塞成為一個醬缸，構成一個最龐大、最可哀的時代」。也就是說，他認為在明代以前，中國文化並非「醬缸文化」。他指出，文字獄與八股文是明王朝使中國文化淤塞成為「醬缸」的兩個工具。文字獄是外在的威嚇，而八股文是內在的引誘，將讀書人拖拉進官場，並且做官成為人生成功與

否的唯一標準。而讀書人進入官場之後，就與民間成為對立狀態。人性尊嚴在封建官場中被嚴重歪曲，這正是醬缸文化的特徵之一。

中國傳統史學格外側重政治史，以至梁啟超曾說，中國傳統史書只是一部「帝王家譜」。如前所述，本書的重點也是政治史，尤其側重於「帝王將相」。但他的側重於「帝王將相」，與中國傳統史學則有本質上的不同。傳統史學是以帝王為主體，而柏楊此書則是將帝王作為一個客觀的研究對象，以社會進步、人民幸福而不是帝王們的宏大功業作為衡量帝王的標準。例如，他認為中國歷史上有三個「黃金時代」。從春秋末期到西漢這四百年間是中國第一個「黃金時代」，值得稱頌的是各種思想學說的百家爭鳴，光芒四射，是權力地位世襲制的破壞，平民可以憑自己的能力爬到貴族地位，榮任高官。唐太宗李世民開創了中國歷史上一百三十年之久的第二個「黃金時代」，值得稱頌的是人民的安居樂業、社會的富庶繁華。清王朝定鼎中原後的一百餘年，是作者所稱的第三個「黃金時代」。但他對這第三個「黃金時代」的評價遠不如前兩個：「第三個黃金時代主要是指對外的開疆拓土，它對國內的貢獻，僅只限於維持了社會的秩序」；中國起自明代的「大黑暗並沒有衰退，它只是被清政府萬丈光芒的武功逼到一旁」。在他的史觀中，人民才是歷史的主體。

在上世紀八十年代中期，包括此書在內的柏楊的一系列著作都曾在大陸出版，風行一時，引起思想、文化界的震撼，對當時的思想啟蒙、「文化熱」和對傳統的反思起了重要的推動作用。二十年後，在種種因素的作用下，以祭孔為代表的「復古」、強調中國本位文化，卻儼然成為思想、文化界的主流。此時重新出版《中國人史綱》可能是「不合時宜」，但更可能是「恰到好處」。承繼傳統確乎重要，但承繼什麼傳統、如何承繼傳統則更加重要。因此，我們不能不面

對本書列舉的史實，不能不回答本書提出的問題，不能不深思本書的思考。

　　近人龔自珍認為史學的作用是「憂天下」、「探世變」，「智者受三千年史氏之書，則能以良史之憂憂天下」，而「探世變」則更是「聖之至也」。這部上下五千年、縱橫萬千里，感時憂國、洞燭幽微的《中國人史綱》，無疑是使人「憂天下」、「探世變」的巨著。

複雜曖昧：《走向共和》的價值取向

隨著電視劇《走向共和》的播出，在近代中國從封建專制「走向共和」的艱難歷程中的一些歷史人物，自然也引起了人們的關注。這部電視劇在不少方面明顯汲取了歷史學界的研究成果，對某些歷史人物作了不同以往的詮釋，這種新詮釋或許會引起觀眾的爭論；同時，這部電視劇對某些歷史人物則作了與史實相差極大、甚至完全相反的演繹，則極可能誤導觀眾。這種對人物詮釋的混亂，來源於該劇價值取向的複雜曖昧。

這部作品最有意義的突破，在於對洋務運動的肯定，進而把洋務重臣李鴻章放在近代非常複雜的歷史脈絡中進行歷史的闡釋，而不是簡單作道德的、充滿義憤且帶有臉譜化的評判。洋務運動是近代中國第一次追求近代化的運動，雖然它只是引進西方大機器生產，但他遇到的阻力超出現代人的想像。如要不要修鐵路、造輪船、架電線、用大機器生產、辦新式學校、學習數理化、派留學生等等，都遇到頑固派和社會守舊勢力的激烈反對，使洋務運動進行得很不順利。從參與鎮壓太平天國、而後興辦洋務，到 1901 年去世，李鴻章成為晚清重臣四十餘年。可以說，晚清的種種矛盾，如變革與守舊、中外關係、面對列強一次次侵略是戰是和的艱難選擇、朝廷與外臣的關係、朝廷內部帝後兩黨的爭鬥、洋務各派系間的明爭暗鬥……全都集於李氏一身。在這千頭萬緒之中，他認識到中國面臨的是「數千年來未有之變局」，遇到的是「數千年來未有

之強敵」，提出「外須和戎，內須變法」作為中國近代化綱領，識見超出當時一般官僚。或許，人們會認為李鴻章最大的污點是簽訂了《馬關條約》和《辛丑合約》。的確，這兩個條約確實是喪權辱國，但問題是簽訂這兩個條約並不是李鴻章的個人行為，而是代表當時中國政府的政府行為，最後的批准權實際在於朝廷。但在皇權至上的中國，輿情洶洶，卻不敢指謫朝廷，而是將政府行為變成談判、簽約者的個人行為，對簽約者可盡情痛斥。其實，此正合朝廷之意，因為朝廷要藉此「開脫」，維持自己的尊嚴。例如，在李鴻章簽訂經朝廷批准的《馬關條約》之後，光緒皇帝就嚴責他「身為重臣，兩萬萬之款從何籌措：臺灣一省送予外人，失民心，傷國體」。而與光緒相對的後黨也急於和他「劃清界限」，后黨要員榮祿也指責他「誤國」、「甘為小人」，他的直隸總督、北洋大臣的職務都被免去。

其實，學術界在上個世紀七十年代末就開始了對洋務運動、洋務重臣李鴻章等人的重新研究和評定，雖然仍有種種不同的看法，但二十多年來這種觀點已為越來越多的學者所接受，「至今已覺不新鮮」。不過，由於種種原因，這種在學界早已蔚為「大觀」的觀點卻一直局限在學術領域，對非學術領域的影響甚微。這次《走向共和》有意識汲取了學術界的研究成果，標誌著新的學術觀點在二十年之後終於對學術圈外產生影響，可說是艱難的突破，意義不菲。記得二十年前這種新的學術觀點剛剛產生時，學術界在相當長的一段時間內曾為之激烈爭論。而《走向共和》此次在「大眾傳媒」的播出，很可能會產生更加熱烈的討論。

但必須指出的是，或許是這部電視劇的容量有限，在對洋務運動、李鴻章等洋務人物作了新詮釋的同時，卻又有「矯枉過正」、過

於簡單化之嫌。洋務運動是一場「官辦」的辦實業之路，因此有著天生的貪污腐敗的缺欠。一些興辦洋務的人員在衝破重重阻力創辦各種近代化企業時，也撈了不少私利，許多人就此成為中國的巨富。如盛宣懷為人幹練，是李鴻章的得力助手，創辦洋務企業可謂功勳卓著，但個人也是貪賄無藝。而且，洋務各派系間的明爭暗鬥非常激烈，李鴻章與張之洞的矛盾就很深，這點在這部電視劇中完全沒有反映出來。其實，如實地表現這些，更能使人感到歷史的複雜與豐富。進步事業、進步人物，往往也會有濃重的陰影、會有嚴重的缺欠，對此大可不必修飾、掩蓋。這種粉飾的結果，是把複雜的歷史簡單化了，變成一種黑白分明的類型片，陷入了另一種「臉譜化」，即使從藝術的觀點來看，也減弱了藝術感染力。

在這一段時間內，慈禧太后掌權長達四十年之久。大體而言，她精通統治之術，關心的主要是自己的權力。對洋務派，她當然容忍。但同時，她又嚴防任何個人、政治派別的勢力過大。所以她又是反對洋務運動的頑固派的後臺，支持他們對洋務運動進行嚴重的掣肘。精於治術而昧於世界大勢，必然給中國帶來一系列災難。或許是為了擺脫「負面人物」的臉譜化，《走向共和》力圖對慈禧進行某種修飾，但總使人感到過於牽強。

與對反對政治體制改革的洋務派和更加頑固保守的慈禧的美化相反，該劇對主張政治體制改革的維新派卻有意作了醜化。如光緒皇帝的師傅、協辦大學士、戶部尚書翁同龢幾乎是全力支持康有為，可以說，如果沒有翁同龢的鼎力推薦，光緒皇帝是很難那樣器重康有為的。然而這部電劇卻把翁塑造成一個「兩面派」，表面上支持康，背後卻封了維新派的強學會。實際上，翁同龢一直都支持康有為，而封強學會的恰恰是李鴻章的親家、後黨官僚楊崇伊。而正是在翁

同龢的努力之下，才在被封的北京強學會的舊址設立官書局，翻譯外國新書和報刊，繼續宣傳維新事業。《走向共和》「楊冠翁戴」，不知是出於何種考慮。由於在主張維新的人中翁同龢權力最大，所以慈禧才要在新政實行的第四天，一天之內發三道打擊光緒皇帝和維新派的諭旨，其中第一道就是免去翁同龢的職務，驅逐回籍。對此，光緒帝萬分悲痛卻又沒有辦法。但此劇中，卻表現光緒對翁的人品有所認識而將其免職。康有為是最重要的維新派人物，也是中國近代思上最重要的思想家之一。但此劇對康的個性張揚和愛財等等作了漫畫式的表現，但對他許多精彩之處卻故意迴避。如光緒皇帝早就想見康有為，但因為康的官品太低而只能讓翁同龢、李鴻章、榮祿等代為「召見」。他們問了許多尖銳的軍國大事，康都有獨特的見解，可說是「舌戰群儒」。此事不需任何藝術加工，本身即是非常出彩的一段戲，但本劇對此卻毫無表現，或許是唯恐康有為因此太「出彩」。相反的，此劇著意表現康要殺一、二個高官的簡單激烈和在朝廷上力爭「變服制」這類小事，使人感到康等維新派的可笑。梁啟超是近代中國一個「百科全書」式的人物，那一枝「筆鋒常帶感情」的如椽巨筆使全國輿情為之一變，甚至影響了從魯迅、胡適直到毛澤東等一代人物。在此劇中梁氏的光芒和英姿全無，反倒像是個唯唯諾諾的「小學生」，完全被「矮化」，甚至在孫中山面前仍如小學生一般。其實，如果正面表現改良與革命的思想爭論，將使該劇更有思想深度。對維新派的漫畫化，實際上是把悲壯的維新運動，處理成幾個有些荒唐可笑的書生搞的一齣鬧劇。

但是，該劇又熱情謳歌、高度讚揚了主張進行激烈政治革命、從根本上推翻清王朝的孫中山和辛亥革命，藉孫氏之口宣揚自由、民主、平等博愛和對權力的分割、制衡理論。

　　如此一來，《走向共和》的歷史觀就出現了明顯、尖銳的自相矛盾。洋務運動、維新運動和辛亥革命是近代中國近代化道路的三個階段，在這個歷程中，前一階段為下一階段打下基礎，使後一階段在此基礎上對前一階段進行更高一級的否定。所以，維新運動是極其重要的一個階段，在近代中國「走向共和」的歷程中，洋務運動、維新運動和辛亥革命是中國近代史上的重要環節。使人難以理解的是，這部電視劇在肯定了洋務、主張共和的革命黨，卻醜化、矮化維新派和支持維新的人物，實際上否定了維新運動。如果否定主張政治體制變革的維新派，完全贊同洋務派的主張，那就更應該否定進行暴力革命的革命派；如果讚揚暴力革命，否定對政治體制進行溫和改良的維新派，那就更應該否定不贊成任何政治變革的洋務派。這種內在矛盾，表明作者或是對近代中國發展的基本線索缺乏應有的瞭解，或是不顧自相矛盾而別有用心地歌頌「垂簾聽政」。可以說，這是這部電視劇最大的敗筆。

　　這部價值取向極其複雜曖昧的電視劇，自然也使觀眾得出非常不同、甚至完全相反的結論。如有人認為它的主旨是要人反思中國近代歷史，為政治體制改革「鳴鑼開道」；有人卻認為它的目的是反對政治體制改革，為專制者和專制制度辯護。有意思的是，這兩種截然相反的觀點確實各有道理，因為這部電視劇的價值取向確實複雜曖昧、自相矛盾。

「歷史」的螢屏書寫

「孔子作春秋而亂臣賊子懼」，「史之外無有語言焉；史之外無有文字焉；史之外無有人倫品目焉。」由此可見，在中國的主流觀念中，歷史一直有著崇高甚至近於神聖的位置。「春秋筆法」也是中國文人在政治高壓下指陳時弊的慣常手法，因此歷代統治者對歷史的寫法也就極其敏感。另一方面，由於中國歷史悠久豐富，充滿驚心動魄的故事，因此連村夫野老閒下來都喜歡談古論今，種種稗官野史又成為茶餘飯後的談資，傳統戲劇很少與現實生活有關，幾乎都是「歷史劇」，所以老老少少對歷史又都有著濃厚的興趣，「歷史」成為重要的休閒物。顯然，「歷史」在中國向有「精英」與「大眾」兩個傳統，這也說明「歷史」在中國人的思想觀念和日常生活中的重要性。因此，時下「歷史劇」在中國螢屏的熱播、吸引大量觀眾，確非偶然。

從傳統的精英或國家的角度出發，歷史劇無疑要承擔某種教化、貫徹國家意識形態、國家意志的功能。例如，在四十年代抗日戰爭時，郭沫若在重慶就寫了《棠棣之花》、《屈原》、《虎符》、《高漸離》等多部歷史劇，他明確地表示，是為了批判國民黨的專制獨裁和對日「妥協投降」。五十年代後期，他又寫了歷史劇《蔡文姬》，回應毛澤東要為曹操翻案的指示和歌頌「大躍進」。曹禺在六十年代也寫了《膽劍篇》，編寫了歌頌春秋時越國軍民在越王的英明領導下「自力更生」與強大的吳國作鬥爭的故事，呼應當時中國反對蘇聯

的「反修鬥爭」。曹禺還「奉命」寫了《王昭君》，為現實的民族政策服務。當時的北京市副市長、明史專家吳晗聽到毛澤東「要發揚海瑞精神」的講話，興奮地寫了歷史劇《海瑞罷官》響應號召。沒想到毛澤東卻認為此劇的真實目的是為彭德懷翻案，並以批判此劇拉開了「文化革命」的序幕。在「以階級鬥爭為綱」的年代，與意識形態其他領域一樣，歷史劇必須完全服從現實的需要。

改革開放後，雖然國家對意識形態的控制較前大為放鬆，但並沒有根本性變化，宣傳、倡導「主旋律」，配合現實的「中心工作」仍是各種媒體的基本職責和任務。隨著電視的普及，「歷史劇」從話劇舞臺走上螢屏，影響不可同日而語，喜歡話劇的只是少數讀書人，而中國的電視觀眾所以億計。因此，有關方面成立了專門的負責機構──「中央重大革命歷史題材影視領導小組」。對「歷史」的重視程度，由此可見一斑。

如歷史劇《太平天國》，在「史觀」上可謂「謹慎」有餘而創新不足，對近二十年來學術界的研究成果，如太平天國的大量陰暗面、負面作用表現得很少，仍是將其作為「偉大的農民戰爭」加以歌頌。但即便如此，這部電視劇在播映前還是不得不按要求把太平天國的宗教色彩刪至最低。眾所周知，太平天國的成功和失敗都與它的宗教「拜上帝會」有密切關係，宗教是太平天國精神支柱，所以經常舉行宗教儀式。由於擔心這些內容會使觀眾產生其他敏感的聯想，所以對這些內容作了大量刪節，但許多重要情節都與宗教有關，刪節的結果是一些對太平天國歷史瞭解不多的觀眾總有「莫名其妙」之感。

雍正皇帝是歷史上有名的暴君，但央視播出的《雍正王朝》卻一反常說，調動種種藝術手段以歌頌他的文治武功。由於這部電視

劇的價值傾向簡單明確，所以對它的評價也涇渭分明。知識界總體而言，對此持激烈批評的態度，歷史學家秦暉認為「該劇不僅遠離歷史的真實，而且這一遠離所體現的取向更屬落伍」，把一個極其殘暴的皇帝塑造成「愛民第一，勤政第一」的仁德天子。這部電視劇「不僅把知識份子勇於講真話的一面視為大惡之尤，而且對連在傳統文化中也作為正面價值的士大夫清操自守、犯顏直諫的精神都加以嘲弄與攻擊，而把目不識丁的皇家奴才塑造為蓋世英雄。這樣的價值觀真叫人目瞪口呆！」青年評論家余杰則激烈地指責這部電視劇「以『正劇』的形式肆無忌憚地改寫和歪曲歷史，並公然為封建專制主義張目和招魂。在人類普遍追求民主、自由和人權的今天，我不禁要問：胡玫（該片導演）女士的心中究竟是一把什麼樣的尺規？如果是《笑傲江湖》還僅僅是『笑料』而已，那麼《雍正王朝》就是毒藥了。」與知識界的嚴厲批評相反，該劇卻得到來自權威部門的高度讚揚，在代表「國家」的中央電視臺反覆播映。某市市委宣傳部領導在接見胡玫時，甚至建議她在該市註冊名為「王朝」的文化公司。而這部電視劇的收視率極高，說明對大眾確有強烈的吸引力。這一方面是因為劇中的宮廷鬥爭的確驚心動魄，故事本身就引人入勝；另一方面，該劇塑造的雍正是一個鐵面無私、清除貪官污吏毫不手軟的聖君，使得對貪污腐敗嚴重的現實強烈不滿卻又有無可奈何之感的大眾，產生某種期待和共鳴。

在這個視域，「劇以載道」是「歷史劇」的沉重使命，「歷史」的確不是一個輕鬆的話題。

在民間話語中，「歷史劇」隨著社會巨變，經歷了從消失、復活到現在火爆異常的幾個階段。

　　「歷史」從來是中國大眾日常生活中娛樂消閒的重要部分，從曲藝說書到戲劇小說，幾乎都是「歷史劇」。但經過「天翻地覆」的蒼黃巨變後，民間的「消閒」，與決意破除一切「舊思想、舊文化、舊風俗、舊習慣」的「革命化」自然是格格不入，不能不屬「大破」之列。因為在「以階級鬥爭為綱」的年代，個人生活方式被認為是「階級鬥爭的重要方面」，所以時時刻刻警惕「封建腐朽」或「資產階級」生活方式。「消閒」也被認為有階級性，這個領域也是「階級鬥爭的重要工具」，是「教育人民、打擊敵人的主要戰場」，是如果「無產階級不去佔領，資產階級就會佔領的陣地」。因此，要用新編的「革命故事」和「革命樣板戲」取代民間傳統的「歷史話語」，在「文革」中可說只有「八個樣板戲」，民間傳統休閒的「歷史話語」幾乎完全消失。

　　二十餘年的改革開放使中國社會發生了深刻的變化，「國家」對「個人」控制放鬆，承認、允許「私人生活」的存在，對個人生活的干預越來越少，不再把「生活方式」與「政治」完全等同。因此如前所述，國家對意識形態的控制較前大為放鬆，主要是在主導、灌輸「主旋律」的同時，允許一種精神「消閒品」的存在，市民文化、消閒文化由此迅速興起。對於高頭講章式的「主流話語」說教，人們終有躲避的權利。而且，中國大陸的社會變化與電視這種最強而有力的大眾傳媒在中國的普及幾乎同步，「看電視」成為最普遍的消閒方式。

　　但三十年的「革命文化」一統天下，使那種充滿市民氣息、商業化的消閒文化在中國大陸斷層已久，因此要接上斷層、要「再生產」這類作品確實非常困難，心有餘而力不足。在九十年代以前，大陸也拍了一些力圖「消閒」的歷史劇，但都不成功，收視率平平，

這類「歷史劇」對大眾明顯缺乏吸引力。九十年代初引進的香港電視劇《戲說乾隆》一炮而紅，風靡大江南北，舉國上下趨之若鶩，轟動異常，全國數十的電視臺同時播映此片，一時蔚為大觀。內地觀眾和影視從業者均大長見識，第一次知道「歷史」竟能如此書寫或曰如此編造！《戲說乾隆》無疑是大陸這類「消閒歷史劇」的「教科書」，具有極強的典型示範效應，也是大陸大眾文化史上的標誌性事件。可以說，現在螢屏熱播的《康熙微服私訪記》、《宰相劉羅鍋》、《鐵齒銅牙紀曉嵐》等大陸自己拍攝的「戲說」，實際都以《戲說乾隆》為師。如果說瓊瑤的「言情劇」是八十年代大陸「言情劇」的發蒙老師，那《戲說乾隆》則可說是大陸從上世紀九十年代一直到現在仍樂此不疲的「歷史戲說」的發蒙老師。在這十年之中，大陸的「戲說歷史」雖不能說已經「青出於藍」，卻也取得了長足的進步。中國民間「休閒」歷史的傳統，在新時代終於找到了「電視」這個最佳載體。

　　螢屏戲說歷史的勃興，除了傳統文化的因素，還有現實的原因。在中國語境中，拍攝現實題材的外在限制相對仍多，完全不像這種戲說「歷史」，對皇上、太后、文武百官都可任意調侃，對「古代社會」可以任意嬉笑怒罵。相對於現實的題材，拍攝歷史題材時影視人員發揮自己才華的空間要大得多，因此「歷史劇」往往要比「現實劇」的可看性要高得多，自然更吸引觀眾。反過來說，歷史劇的觀眾越多，製作人的利潤也更多，對歷史劇的投入則更多，越要千方百計地適應觀眾的口味，拍出的片子當然更好看，無形中又進一步影響、強化了觀眾對歷史劇的興趣，塑造了觀眾的品味……如此，生產者與消費者之間便形成了一種彼此促進的互動，二者的「共謀」形成了螢屏「戲說歷史」的繁榮局面。

　　總之，當前影視界的「歷史熱」有著深刻且獨特的歷史、文化、社會原因和背景。在螢屏熱播歷史劇這道引人注目的「風景線」之下，其實潛藏著國家意志、資本力量、商業運作、知識份子話語和大眾趣味之間的複雜關係。

　　但無論如何，不管是贊同還是反對，對中國以往一代又一代絕大多數的受眾來說，「歷史」過去是由《三國演義》、《說唐》、《水滸》這類「小說家言」書寫；現在，在這個所謂資訊社會的新時代，「歷史」則開始由弗遠無屆的螢屏書寫！鑲嵌在這個情境中以尋求歷史真相為使命的歷史學家，將如希臘神話中的悲劇人物薛西弗斯那樣，雖然無望，仍要一次次將巨石推上山去。或許，這便是宿命。

不該遺忘的傷痛

歷史的「傷疤」

1932 年，大批美國退伍軍人湧向華盛頓的「歷史性進軍」以及最後的被鎮壓事件，是美國歷史上的一道「傷疤」。或許是為了「後事之師」，這道傷疤仍時時被美國歷史學家揭開，他們的研究、敘述，「拼貼」出這次事件的全景——

1932 年 5 月 21 日晚上，時任華盛頓警察局局長的格拉斯福特，正驅車經過新澤西向南開去。突然，車燈照出一片人影，後來他把當時的場景形容為「一群七十多或一百個衣衫襤褸的男男女女正在遊行，他們情緒高昂地邊走邊唱，不時向從旁經過的車輛揮手」。只見一個男子扛著一面美國國旗，另一個男子則高舉一面寫著「退伍補償金或工作」的旗幟。格拉斯福特把車開過去停下，想和他們搭話。首先映入他眼簾的是一個在遊行者的手推車上安睡的小女孩，她依偎在全家的衣服堆裏，與四周的嘈雜不堪形成鮮明對照。此時他想不到的是，以後歷史將其稱之為「歷史性進軍」。

第一次世界大戰時，格拉斯福特是最年輕的準將，此刻他立即就明白路旁的遊行者是何許人也。大約兩星期前，全國的報紙都報導遊行者向國家首都進軍的消息。這些示威者是退伍軍人和他們家屬的代表，到華盛頓去要他們的退伍補償金，這筆補償金是八年前，即 1924 年許諾給這些參加過第一次世界大戰的戰士的。但那一年經過激烈的爭吵，聯邦政府又決定要到 1945 年才支付。現在（1932年），這些自稱「退伍補償金大軍」的人，把這筆要推遲支付的補償

金戲稱為「墓碑補償金」，他們說因為到政府支付這筆補償金的時候，其中許多人早就死了。格拉斯福特立即向華盛頓駛去。

當他趕到那兒時，晨報已登出關於「退伍補償金大軍」的最新進展。《華盛頓星報》報導說：「一百名第一次世界大戰的失業老兵將在明天早晨乘貨運列車從費城前往華盛頓」，來自波特蘭大、俄勒岡和中西部的其他退伍兵也都將在那兒會合。這位警察局的頭兒馬上就想像出自己將面臨可怕的局面。但他不可能看到的是，這支「退伍補償金大軍」將影響到一些不久後就在世界舞臺上起重要作用的大人物——這些人物包括道格拉斯·麥克亞瑟，喬治·巴頓，杜威·艾森豪和愛德加·胡佛。這支「退伍補償金大軍」還將影響到1932年的總統大選，這時參加總統競選的紐約州州長佛蘭克林·羅斯福總統，已向現任總統赫伯特·胡佛發出挑戰，激烈地指責他應對搞得全國動盪不安的大蕭條負責。

1932年，全國將近一萬二千家企業倒閉，失業率飆升至25%，全國大約四分之一的家庭無人養家餬口。許多無家可歸者只能聚在一起，搭起簡陋至極的棲身小棚，這種貧民窟被稱為「胡佛村」，他們指責總統應為他們的不幸負責。格拉斯福特知道，他現在必須為這支「退伍補償金大軍」建立一所「胡佛村」來安頓他們。但建在何處？最終他選定一塊叫做安那科斯蒂亞平地的地方，從國會山經過一個跨越安那科斯蒂亞河的木頭吊橋，就可到達此處。

格拉斯福特盡其可能的估算所需物資，購買大量木材、鐵釘之類的東西，同時他向當地商人要了一些食品，後來他還從自己的錢包中拿出七百七十三美元買來食品，以防食物不足。第一支「退伍補償金大軍」在5月23日到達，隨後的兩個月中，到達的人數估計超過兩萬五千人，不少人攜妻帶子，要求得到他們認為自己應得的東西。

　　事情還要從第一次大戰結束後的第六年說起，那時面對這些退伍老兵的賠償要求，柯立芝總統堅決反對，聲稱「能夠買賣的愛國主義不是愛國主義」。但國會不顧柯立芝總統的否決，還是通過了一項補償法，規定在第一次世界大戰在國內服役者每天補償一美元，在海外服役者每天補償一點二五美元。其中五十美元當時就支付，剩餘的到 1945 年憑證兌付。

　　直到 1929 年 5 月，即「華爾街黑色星期五」的五個月之前，一直都平安無事。這時，來自德克薩斯的議員懷特・波特曼，由於他本人是退伍兵，提出了立即兌現補償金的提案，但這一議案連付諸表決的機會都沒有。1932 年初，波特曼採取了一系列步驟，想使此議案再度引人注目。1932 年 3 月 15 日，一個此時已經失業、名叫瓦爾特・沃特斯的低級退伍軍官，在波特蘭大、俄勒岡的退伍軍人大會上發出號召，要每個人都不付錢乘貨車到華盛頓，去要回自己有權得到的錢。但他的號召當時並無人響應，不過到 5 月 11 日，當波特曼的議案再次被國會擱置時，沃特斯贏得了大量追隨者，大批退伍軍人開始跟他一起向華盛頓進軍。他們的「進軍」得到鐵路工人的同情，因為不少鐵路工人也是退伍軍人，他們通過了一個城市又一個城市，向華盛頓前進。他們在全國各地得到廣泛的同情和支持，許多人為他們捐送食品、金錢，給他們巨大的道德支持。這時，各地退伍軍人都組織起來，全國媒體也紛紛報導此事。

　　當他們向華盛頓進軍的時候，美國軍方情報部門向白宮報告說共產黨已經滲透進這些退伍兵中，逆謀推翻政府。但總統認為事情並沒有這麼嚴重，他說這些抗議者只是「只是暫時生病」。

　　但從 5 月 21 日起，鐵路員警開始把這些人趕下火車，他們被趕下車後則開始阻攔火車，不許火車出站，形勢驟然緊張起來。面對

這種情況，軍方有人提出派軍隊前去干預。但此時的陸軍參謀長，是一位西點軍校的畢業生，曾在第一次世界大戰中曾擔任參加戰鬥的第 42 師師長，斷然否決了這個決定，他的理由是，這是政治事件而不是軍事事件。他的名字就是道格拉斯・麥克亞瑟。

這時，一些州採取了妥協作法，用汽車把他們運送到本州邊界，讓他們進入下一個州，繼續向華盛頓進軍，這樣形勢有所緩解。5 月 29 日，包括瓦爾特・沃特斯在內的俄勒岡大軍到達華盛頓，與先到達的其他幾百名退伍軍人會合。除了安那科斯蒂亞主營地外，陸續又建了二十六個較小的營地，雖然分散於各處，但還是集中在華盛頓的東北部。不久，這些營地就聚居了二萬多人，他們的「總司令」沃爾特宣佈了「軍事紀律」：「不許乞討、不許酗酒、不許言詞激烈。」在這兩萬人中，有一千名婦女和兒童，這是全國最大的「胡佛村」。「補償金大軍」把他們的聚居地起名為「麥克思營地」，他們之所以要用警官 S・J・麥克思的名字命名自己的營地，乃是因為他們的營地建在麥克思的轄區範圍內，但為人寬和的麥克思並不為難他們。他們甚至還出版了自己的報紙、設立了小圖書室、理髮室，高唱自己創作的歌曲。他們還設立了自己的糾察人員維持秩序，一些家長還給孩子上課。警察局長格拉斯福特幾乎每天都騎著一輛藍色的摩托車在營地上巡察，他還安排了一些醫務人員每天兩次為患者看病。

雖然報紙幾乎每天都詳細報導了營地的生活，但它們大都忽略了營地生活中最重要的一方面：在這個學校、公共汽車和電影院仍實行種族隔離的城市，營地中的退伍兵卻不分白人和黑人一同生活、一同工作、一同吃飯、一同娛樂。吉姆・班克思是一個老黑奴的孫子，他回憶說：「這是我所記得的第一次大規模種族混同的努力。」

　　報刊忽略了這種混同現象，卻對少數共產黨人在這些退伍軍人中的活動報導頗為詳細。這些報導，似乎證實了諸如胡佛總統的新聞秘書西德羅・朱斯林這樣的官員的說法，他曾聲稱：「這些遊行者已經從補償金的要求者迅速成為共產主義者或者遊民。」與此同時，在司法部，調查局（聯邦調查局的前身）主任愛德加・胡佛正在極力尋找「補償金大軍」起源於共產黨的證據——歷史證明這是一項莫須有的指控。

　　這時，國會開始討論是否立即兌付退伍補償金的問題。6 月 13 日，波特曼議員立即支付現金的提案獲准交付表決，估計要支付二十四億美元。6 月 14 日，國會就此提案展開激烈辯論，忠於胡佛總統的共和黨議員從平衡財政的角度考慮，強烈反對這一提案。但支持這一提案的愛德華・艾思力克眾議員在發言為其辯護時心臟病突然發作，當場身亡。數以千計的退伍軍人排成長長的隊伍，參加了他的葬禮。6 月 15 日，眾議院以兩百一十一張贊成票、一百七十六張反對票通過了這個提案。

　　6 月 17 日，參議院開始對這一提案進行表決。當天，有八千多名退伍軍人聚集在國會大廈前面，另有一萬多人則分佈在安那科斯蒂亞河對岸，河上的木頭吊橋早就被員警吊起，以防不測。辯論進行了一整天，直到晚上還在激辯。最後，大約在晚 9 點半的時候，參議院派人通知沃特斯進去。但片刻之後他就從裏面出來，對人群宣佈：這一提案未獲通過。

　　一時氣氛驟緊，這些退伍軍人似乎要攻擊國會大廈。此時，一位赫斯特報系的女記者對沃特斯悄聲耳語。明顯是聽了她的勸告，沃特斯對人群喊道：「唱『美麗的阿美利加』。」唱完歌後，大多數人就返回營地。隨後幾天，有許多進軍者回到家鄉。但鬥爭並未結

束。沃特斯宣佈：「為了得到補償金，如有必要，他和其他人將一直待到 1945 年。」確實有兩萬多人和他一起堅持下來。此時已漸入炎炎夏季，從 6 月進入 7 月，天氣更是越來越熱，營地的衛生狀況迅速惡化，食品供應也日益短缺，對此，格拉斯福特和沃特斯二人都焦慮不已。

但此時，胡佛總統和麥克亞瑟、陸軍部長赫爾利，比以前更擔心「退伍補償金大軍」會在華盛頓和其他地方引發暴力活動。最終，決策者決定在 7 月 22 日清除仍「駐紮」在市中心的退伍軍人。但警察局長格拉斯福特設法把這一日期往後拖了六天，希望這些退伍兵能自動離開。

7 月 28 日一大早，格拉斯福特和一百名員警來到退伍大軍的營地，但退伍兵領導人沃特斯卻告訴他，經過投票，他們仍將堅持留在原地。大約上午 10 點左右，員警把棲居退伍兵最多的一所廢棄軍械庫用繩子圍起來，裏面的退伍兵開始撤離。同時，為了顯示團結，數以千計的退伍兵在附近聚集。就在剛過中午時分，一小群退伍兵又向廢軍械庫前進，試圖重新佔據它，但被一隊員警阻止。這時突然有人向員警扔磚頭，員警也開始揮舞手中的警棍。雖然有幾名員警受傷，但員警並未開槍，連手槍都無人從槍套中拔出。在混戰中，格拉斯福特警服上的警徽都被一名退伍兵撕了下來。但幾分鐘之後，衝突就停止了。直到 1 點 45 分之前，局勢基本平靜。這時，格拉斯福特看到在軍械庫附近的一座建築物中，有一些退伍兵在互相鬥毆，有幾名員警趕忙過去制止。對以後發生的事件有幾種不同的說法，人們無法確定哪種說法準確，反正不久就傳來幾聲槍響。當混戰結束時，一名退伍軍人被打死，一名受重傷，有三名員警也受傷。

　　近兩個月來，麥克亞瑟將軍預見到很有可能會發生暴力事件，所以一直在對部隊進行防暴訓練。當流血衝突發生時，他根據總統的命令，迅速從附近調來部隊在白宮前集合。這時，他的主要助手艾森豪強烈建議他離開街道，命令低級軍官來執行這一任務。但麥克亞瑟不聽勸阻，一定要親自組織指揮軍事行動，並要求艾森豪與他待在一起。

　　隨後發生的事情，永遠銘刻在美國人的記憶中：在這個國家的歷史上，坦克第一次在首都的大街上隆隆駛過。麥克亞瑟命令他的部隊從市中心把退伍兵趕走，估計有八千多人，為數不少的旁觀者也必須趕走。下午 4 點 30 分，大約兩百名騎兵騎在馬上、揮舞著馬刀和戰旗，從白宮附近的草坪呼嘯而出。在這支隊伍的前面，是這次行動的執行官喬治・巴頓，隨後是五輛坦克和大約三千名的陸軍士兵。這些陸軍士兵頭戴鋼盔，端著裝滿彈藥、上好刺刀的步槍。街上到處是人群，有好奇的圍觀者、公務員，還有「退伍補償金大軍」成員，許多人帶著妻小，但大都被騎兵驅離大街，一些戴著防毒面具的士兵向人群投擲催淚彈。催淚彈的爆炸引起多處著火：軍械庫附近這些退伍兵塔起的臨時窩棚開始燃燒。濃煙與催淚瓦斯融為一體，向四周散去。從晚 7 點開始，士兵開始全面清除市中心的「營地」，裏面共有男女老少約兩千人，還有數不清的旁觀者。到了 9 點，部隊開始越過吊橋進入安那科斯蒂亞平地。

　　在這裏，「退伍補償金大軍」的領導人被告知，有一個小時的時間撤離婦女和兒童。然後軍隊向「麥克思營地」猛撲過去，用催淚彈驅散了約兩千名退伍兵，並將這一營地付之一炬。幾千人開始緩慢地向四英哩外的馬里蘭州撤去，在那裏停有國民衛隊的一些卡車，準備把他們送到賓夕法尼亞州的邊界。

　　包括艾森豪在內的許多人都可親眼證實，陸軍部長赫爾利早就代表總統下令，禁止軍隊越過吊橋、衝向安那科斯蒂亞，並且至少派過兩名高官向麥克亞瑟傳達赫爾利的命令。艾森豪後來寫道，但麥克亞瑟將軍說：「他太忙，同時不想讓自己和自己的下屬被這些從上面下來假傳聖旨的人打擾。」這不是麥克亞瑟最後一次無視總統的指令──二十年後，他在朝鮮戰爭中因無視總統的命令，而被杜魯門總統解除聯合國軍總司令之職。（杜魯門總統曾明確命令，不得轟炸朝鮮靠近中國東北邊境的軍事基地，因為這種行動將使中國更深地介入朝鮮戰爭。但麥克亞瑟無視杜魯門總統的命令，從軍事的觀點堅持轟炸這些基地，並一直在努力說服國會同意採取這一行動。）

　　在整個事件中，共有兩名退伍軍人死亡，一些人受傷，成為美國歷史上的一個創傷。

　　大約在晚上 11 點鐘，麥克亞瑟召開新聞發佈會，為他的行動辯護。他對記者們說：「如果總統今天不採取行動，允許這種情況持續二十四小時以上，他將會面臨一場真正的戰鬥的嚴峻局面。如果他允許這種情況持續一星期，我相信，我們的政府管理體制將受到嚴重威脅。」

　　在隨後的幾天，報紙和新聞紀錄片幾乎全是這些退伍兵及其家人四處逃散、燃燒的棚戶、催淚彈濃煙、步兵刺刀寒光閃閃、騎兵揮舞馬刀這些令人心悸的照片和鏡頭。在全美國的舞臺上和影院裏，軍隊被人嘲笑，麥克亞瑟被人嗤之以鼻。

　　民主黨總統提名人羅斯福也反對立即支付這筆補償金，他認為如果支付，則實際上是在大家都在遭受大蕭條的災難時，獨獨照顧公民中的某一特別階層。但在讀到有關麥克亞瑟清場的報導後，他

對一位助手說：「這將使我贏得選舉。」的確，三個月後羅斯福便以七百萬選票當選。喬治‧巴頓後來認為「大蕭條」對選舉結果的影響有限，而是軍隊「這種反對群眾而不是烏合之眾的行動，使民主黨贏得選舉」。為胡佛總統寫傳的大衛‧伯納爾也同意這種觀點，他認為這一事件給在任的胡佛總統致命一擊。「在絕大多數分析家的頭腦中，對於即將到來的總統競選輸贏結果的疑慮此時全然消失。胡佛總統肯定要輸。『退伍補償金大軍』是他的最後失敗，他的結束象徵。」

作為一個老練的政治家，羅斯福雖然也不贊同支付「退伍補償金」，卻成功、精明地利用了政敵的這次巨大失誤，為自己贏得了更多的支持。

1933 年 3 月，即羅斯福總統剛剛上臺執政的前幾個月，退伍補償金大軍又開始向華盛頓匯集。到了 5 月，就有大約三千人住進一座「帳篷城」，這是羅斯福總統命令軍隊，在華盛頓郊區一處廢棄的要塞專門為他們搭建的。在白宮的安排下，國家新的第一夫人愛蓮那‧羅斯福冒著風雨、踏著泥濘來到這些退伍軍人之間，參加他們的歌詠會。這一招果然見效，一位退伍兵這樣說：「胡佛派來軍隊，羅斯福派來他的妻子。」到 1933 年 6 月，約兩千六百名退伍兵接受了羅斯福總統「新政」提供的工作，雖然還有許多其他人認為，每天一美元工資太低、近於奴隸而拒絕接受。從 1934 年 10 月起，羅斯福便在南卡羅來納和佛羅里達建立了「退伍軍人培訓營」，試圖解決「退伍補償金大軍」中其餘失業者的就業問題，如佛羅里達營區的七百多人就參加了當地一條高速公路的修建。1936 年，懷特‧波特曼重提立即支付退伍補償金提案，此次提案在國會獲得通過。來自密蘇里的參議員哈理‧杜魯門是位堅定的民主黨人、羅斯福總統

「新政」堅定的支持者，也是位參加過第一次世界大戰的老兵，這次卻公然反對總統，支持這一提案。1936 年 6 月，開始支付第一筆補償金，每人大約得到五百八十美元。最終，支付給三百多萬參加過第一次世界大戰的退伍兵近二十億美元。

1942 年初，珍珠港事件發生不久，國會開始審議一項保障參加第二次世界大戰軍人權益的法案。這條法律後來被稱為「軍人權利法案」，是美國歷史上有關社會保障最重要的立法之一。據此法案，大約七百八十萬參加第二次世界大戰的軍人，退伍後在入學深造和參加職業培訓方面可以得到照顧，同時保證他們在買房、買農莊或自己經商創業時得到貸款。後來的事實證明，「軍人權利法案」幫助製造了一個教育良好、住房良好的新的美國中產階級，他們的消費模式為戰後美國經濟提供了活力。

羅斯福總統最終改變了他長期反對給退伍軍人「特權」的立場，於 1944 年 6 月 22 日簽署了這一法令。此時，盟軍正在艾森豪將軍的指揮下解放歐洲，他手下的將軍喬治‧巴頓正在率部向塞納河挺進，而麥克亞瑟將軍正為光復菲律賓與日軍激戰。對這三位此時已被傳奇化、成為萬眾景仰的英雄人物來說，十餘年前的「退伍補償金大軍」事件已成為遙遠的過去，這件令他們極其尷尬的事件似已被忘卻。他們或許沒有想到，歷史在銘記他們在反法西斯戰爭中的豐功偉績的同時，並不會忘記他們留下的那道小小的「傷疤」。其實，個人的功過毀譽確在其次，重要的是其能否成為民族、國家的「後事之師」。

用罪惡證明「存在」

　　西元 2002 年 3 月 27 日凌晨 1 點，巴黎郊區楠泰爾（Nanterre）市議會審議市政府預算的會議剛剛結束，一名男子突然從聽眾席上站起來，拔槍向大廳裏的人群瘋狂掃射，造成八人死亡，另有十幾人受傷的血腥慘案。兇手當場被抓，但第二天在接受員警審訊時他卻趁人不備，從巴黎刑警隊四樓的辦公室跳下，自殺身亡。

　　兇手是三十三歲的里夏爾‧杜恩（Richard.Tourn）。他還是嬰兒時，舉家遷居法國，與一個姐姐都是靠當清潔工的母親獨自將他們撫養成人。大學畢業後，他夢想成為一名教師，但一直未能通過教師資格考試，只得在一所不知名的大學找到一個學監的工作。他性格內向，雖然出身底層，但自視甚高，雄心勃勃，一心想在政治上有所作為。熟人對他的形容是保守、羞怯，有抱負，一直渴望找到一個值得他奉獻一切的目標。二十世紀九十年代，他積極參加一些左翼政治團體的活動，成為當地社會黨活動中的積極份子，經常旁聽市政廳的辯論。但這些政治活動並未給他帶來他所希望的「成就」，依然有強烈的挫敗感，覺得自己只是盤又髒又爛的剩菜。他曾非常沮喪地對母親說：「我是個混混兒，而我還跟你住在一起。」對於他的殺人，他母親並不完全出乎意外：「我的兒子經常談到殺人。死亡是他唯一的出路，但他不希望一個人死，他想盡可能多殺死一些人。為了造成一次示威性或遊行式的事件，他會不惜一切代價。」在給母親的遺書中，杜恩寫道：「我必須為我的生命留下一些印記。

我要結束自己毫無價值的生命，同時讓其他人為我的失敗付出代價。」（《三聯生活週刊》2002 年第 14 期）據審訊者說，他對人生、社會感到絕望和被排斥，決定留下一個血腥的記錄來證實自己的存在。

這樁舉世震驚的血案兇手的作案動機，與俄國作家杜思妥耶夫斯基一百三十多年前寫的《罪與罰》中的兇手的犯罪動機幾乎如出一轍！因此，杜氏對人性幽暗面的洞察之深，不能不使人深感震撼。

《罪與罰》的主人公是大學生拉斯柯尼柯夫，因家境貧寒，不得不中途輟學，蟄居在租來的破屋中，經常三餐不濟，更要為付不起房租發愁，整天想法設法躲避房東。雖然如此，但他並不甘於平庸，而是想有一番作為，成為「偉人」。他認為，人實際被分為「一般的材料」和「特殊的人」這兩類，芸芸眾生甚至不配稱作「人」，只是「一般的材料」，是一堆「拉圾」，是一群「蝨子」；只有少數偉人才是「人」，是「特殊的人」。這種「特殊的人」不僅不受任何法律、道德規範的限制，可以為所欲為，甚至有任意殺人的自由，而且反過來還要由他們來為「一般的材料」制定法律和規則。他堅信對庸眾而言，「誰的頭腦和精神堅強，誰就是他們的主宰。誰膽大妄為，誰在他們心目中就是對的。誰藐視的東西越多，誰就是他們的立法者，誰膽大包天，誰就最正確。從來如此，將來也永遠如此。」但偉人並不是天生的，其實任何人都可以成為偉人，因為「權力只給於那種敢於彎下腰去把它拾起來的人。這裏只需要一點，就這一點；只消有膽量！」（《罪與罰》，人民文學出版社，1982 年版，第517 頁）

但無情的現實是，他也只是一隻「蝨子」。為此，他長期陷入深深的痛苦之中，他給自己提出一個問題：人是不是蝨子？經過一番沉思之後，他的答案是：「人當然不是蝨子，然而對於一個從來沒有

想過這個問題，而且乾脆什麼問題也不想的人，人就是蝨子……」
（第 518 頁）於是，他進一步「想弄清楚，快些弄清楚，我跟大家
一樣是蝨子呢，還是人？我能不能跨過障礙？我敢不敢彎下腰去拾
取權力，我是個發抖的畜生呢？還是我有權……」（第 519 頁）他意
識到，自己雖然現在也只是一隻「蝨子」，但只要有勇氣「彎下腰去
拾取權力」，就可以擺脫「蝨子」的命運，證明自己作為真正的人的
存在。經過激烈的思想鬥爭，他想試一試自己究竟有沒有這種勇氣，
決定製造血案，用殺死一隻「蝨子」的方法來證明自己不是「蝨子」。
但他還是想把這件事做得盡可能「公正」，證明動手的目的並不是為
了一己的私欲，而是還有一個崇高美好的目的，經過反覆權衡、估
量，他決定從所有的「蝨子」中找最最無用、甚至有害的一隻。終
於，他舉起斧頭砍死了一個放高利貸的老太婆，為了滅口又殺死了
這個老太婆的妹妹。雖然種種偶然的原因使他得以安全逃離現場，
逃脫了法律的制裁，但他立即又陷入良心的「懲罰」之中。畢竟，
對於自己行兇的「合理性」，他不能沒有絲毫懷疑，當他愛上了篤信
宗教、為生活所迫淪為妓女的索尼婭後，這種懷疑就越來越強烈，
內心善惡這兩種力量的鬥爭越來越激烈。杜氏以「心靈雕刻大師」
的筆法，在這種心靈衝突的展開中，揭示了人性的複雜性。

　　索尼婭從宗教出發，認為無論什麼原因，殺人都是不對的，任
何殺人的理由都是不能成立的。但拉斯柯尼科夫卻認為「我不過殺
死了一隻蝨子」，而且是「一隻毫無用處的、可惡的、有害的蝨子」。
（第 515 頁）他認為，像拿破崙這樣的人殺人無數，卻被當作偉人
貢奉起來，人們還給他樹碑立傳，由此可見這種人實際可以為所欲
為而不受懲罰。他總是設想，如果拿破崙處在他的情況下會怎麼辦，
如果在拿破崙面前的只是這個放高利貸的老太婆，他一定也會殺死

她。他進一步認為,那個老太婆是吸窮人血的吸血鬼,殺了它,就是有四十樁罪孽也應該被赦免。對拉斯柯尼科夫這種類型,杜氏作了鞭辟入裏的「病理」分析:「他以前曾有無數次準備為一個理想、一個希望,甚至為一個幻想而獻出自己的生命。對於他來說,僅僅活下去永遠是不夠的;他總希望有更大的生活目的。也許正是由於這種願望而產生的力量,才使他認為他與別人不同,他應該享有更多的權利。」(第671頁)如前所述,里夏爾·杜恩也一直渴望找到一個值得他奉獻一切的目標。為了這個目標,他不惜毀滅自己,更不惜毀滅別人;一旦目標破滅或根本尋找不到目標時,他亦不惜訴諸種種極端的手段,即向公認的是非標準、公認的禁忌挑戰,用罪惡來證明自己的「存在」。當索尼婭向拉斯柯尼科夫指出殺人有罪時,他激烈地為自己辯護:「在世界上,現在殺人,過去也殺人,血像瀑布一樣的流,像香檳一樣的流,為了這,有人在神殿裏被戴上桂冠,以後又被稱做人類的恩主。」(第641頁)他的論點,與中國傳統所謂的「成則為王,敗則為寇」頗為類似。甚至當他已被宗教感化,到警察局投案自首、被判流放服苦役後,仍不能完全心服口服,依然以這種「成王敗寇」的理論在內心為自己辯解:「為什麼他們覺得我是胡作非為呢?」「因為它是暴行嗎?暴行這詞是什麼意思呢?我問心無愧。當然,犯了刑事罪;當然,犯了法,殺了人,那你們就依法砍掉我的腦袋……不就得了!當然,在這種情況下,甚至許多不是繼承政權而是自己奪取政權的人類的恩主們,在他們事業的開端就應該被處死了。但是那些人成功了,因此他們是對的;而我呢,失敗了,所以我沒有權利邁出這一步。」杜氏接著一針見血地評論說:「只有在這一點上,他才承認他有罪:他失敗了,並且去自首了。」(第672頁)

平心而論，他的理論並非全無根據，而「成王敗寇」事實上也確實是根深蒂固的主流史觀，這使他的理論似乎更有力量。對此，杜氏只能藉宗教來消解。小說的最後，拉斯柯尼科夫在索尼婭愛的感召下突然頓悟：好像有什麼東西把他拋到她的腳下，抱著她的膝頭失聲痛哭，「這是怎麼發生的，連他自己也不知道」。他的臉上泛出新生的曙光，「愛，使他們復活了，一個人的心裏裝著滋潤另一個人的心田的取之不盡的生命的源泉。」（第 678 頁）此刻，他手捧索尼婭早就送給他、但他一直未讀的福音書，向自己問道：「難道她的信仰，現在不應當成為我的信仰嗎？至少她的感情、她的追求……」（第 679 頁）愛與宗教，使他徹底認識到自己的罪惡，人性開始在他身上回歸，他決心透過受難，使自己獲得新生。

當然，宗教是有力的；但同時又是無力的，一百三十餘年後的這樁巴黎血案就是證明。

淚爲誰流：海涅的一次心靈震盪

　　1830 年法國「七月革命」爆發，經過三天巷戰後，工人、學生和市民推翻了查理十世的專制統治。消息傳來，德國詩人海涅（Heinrich Heine）興奮不已，寫下了「我是劍，我是火焰」這樣激情洋溢、歌頌革命的詩句，在沉悶已久的德國突然點起一朵眩目的小小火花。他的思想當然為普魯士德國的專制統治者所不容，於是被迫流亡法國，開始了長期的流亡生涯。

　　流亡生活是痛苦的，對於一個詩人來說，不得不離開自己的母語「語境」當然更加痛苦，對祖國的思念也更強烈。

　　一天天色已近黃昏，他在法國西北一座小城的海濱大路上，看到許多農家的大車緩緩挪動，車上坐著婦幼老人，男人在下面跟車慢慢地走著。突然，他像受到電擊一般：這些人在說德語！「就在這時候我感到一陣急劇的痙攣，這種感覺是我一生中從來不曾有過的。全身的血液突然升向心室，衝擊著肋骨，像是血液要從胸膛裏衝出來，像是血液不得不趕快衝出來。呼吸抑止在我的喉頭。不錯，我所遇到的就是祖國本身。」（海涅，〈論「愛祖國」〉，中譯本，《外國散文名篇選讀》，作家出版社，1988 年版，第 210 頁）聽到久違的母語，見到這麼多同胞，多愁善感的詩人不禁潸然淚下，急忙走過去與他們用德語──自己的母語交談，此時此刻，他感到這些金髮碧眼的男男女女、老老少少就是德國、就是祖國本身。他曾深責德國人的平庸，為之氣惱，此時，在異國他鄉遇到自己的同胞，「卻

使我痛心地感動了」，現在「流落國外，嘗盡艱苦，看到祖國處於困苦的境地，所有這一類記憶全從我的心靈中消失了。連它的缺點都突然使我感到可敬可愛。我甚至對它那淺薄偏窄的政見表示和解。我跟它握手，跟每一個移居人握手，好像我是在和祖國本身握手，表示重新言歸於好。」（第210頁）

　　「你們為什麼要離開德國呢？」淚流滿面的海涅，問這些拉家帶口地走向異邦的德國人。「土地是好的，我們很想留在那裏」，「但是我們待不下去了。」他們如此回答。他們向海涅訴說生活在德國的苦難，訴說德國統治者的種種不法勾當。一位八十歲的老人向海涅解釋說，他們之所以不得不背井離鄉是為了孩子，因為孩子現在還小，更容易適應國外的生活，以後可能在國外得到幸福。這些人都不是一心造反的革命者，只是些想平平安安過日子的平民百姓，所以他們訴說時，常常這樣感歎：「叫我們怎麼辦呢？叫我們來一次革命嗎？」他們的訴說與悲歎，在海涅心中又引起另外一種強烈的震撼：「我在天地間全部神靈面前賭咒說：這些人在德國所忍受的十分之一痛苦就足以在法國引起三十六次革命，使得三十六位國君失去王位和頭顱。」（第211頁）──此時德國尚處於封建割據的狀態，有三十六個「國家」，自然就有三十六個「國君」。這些流浪者立即得到了法國人的同情，不少法國人給他們各種幫助，海涅親眼看到一個法國女乞丐把自己要來的麵包撕下一塊，遞給一個可憐的德國小女孩。但海涅認為，雖然法國人極具同情心，不過他們也只能知道這些人物質上的痛苦，而不可能從精神上理解這些流亡者，他們根本不可能理解，這些德國人為什麼要離開自己的祖國。「因為統治者的壓迫一旦使法國人感到不能忍受的時候，或者使他們感到過分不便的時候，他們絕不會想到逃走，而會給他們的壓迫者一張出境

證書，把那些壓迫者趕出境去，自己卻快活地留在國內。總而言之，他們會來一場革命。」（第212頁）深深地哀其不幸，又強烈地怒其不爭，這也是海涅對「德國庸人」的矛盾態度。

這次短暫的相遇，在海涅心靈深處卻引起了理智與情感矛盾的強烈衝突，激起長久的劇烈震盪。祖國的土地、村莊、河流、樹林、宮殿、犁與劍、血與火、勤勞淳樸的人民、專制腐朽的統治者、故國家園之思、對統治者的憎恨憤怒……以往許許多多的是是非非、種種愛恨情仇，一齊湧上心頭，互相激蕩，久久不能平息，他甚至像突得重病般虛弱不堪、喪魂失魄。他坦承，縱是筆能生花的詩人，這種矛盾、複雜的心情也「不是筆墨所能形容的」。（第212頁）但理智使他終不願承認那突然襲來、急叩心扉的情感是「愛國主義」。他這樣寫道：「說實在話，這並不是一種突如其來的愛國主義所起的作用。我感到那是一種更高貴、更善良的東西。」因為「長久以來，凡是帶有愛國主義字樣的一切東西都使我感到厭惡。那些討厭的蠢才，出於愛國主義而賣命地工作著。他們穿著合身的工裝，當真地分成師傅、夥計和學徒的等級，行施著同業的禮節，並且就這樣在國內進行『爭鬥』。是的，我看到這副化了裝的嘴臉時，的確有些氣惱。」（第212、213頁）他抨擊所謂德國的愛國主義是粗野、狹隘的，這種愛國主義仇視文明、進步和人道主義。與此相反的是，「法國的愛國主義也在於熱愛自己的家邦，而法國也同時是個文明之邦，是個人道的、進步之邦。上面提到的德國的愛國主義卻相反地仇恨法國人，仇恨文明和自由。我不是個愛國者，因為我讚揚了法國，對嗎？」（第213頁）此時距拿破崙的法國入侵德國還不到三十年，歷史的創傷遠未痊癒，海涅逃往自己祖國不久前的敵國，並且公開讚揚敵國的制度和文化，不怕犯眾怒，甘冒被斥為「賣國賊」

的風險，的確需要非凡的識見與勇氣。因為他堅信人道、進步、文明和自由，是比所謂「愛國主義」「更高貴、更善良」的東西。

對自己生於斯、長於斯的地方，人們自然會有一種深深的眷戀，那種揮之不去、不招即來、刻骨銘心的鄉愁，恐非「非流亡者」所能體味。誠如海涅所說：「愛自由是一種監獄花，只有在監獄裏才會感到自由的可貴。因此，只有到了德國邊境，才會產生對德意志祖國的熱愛，特別是在國外看到德國的不幸時才感到。」（第 213 頁）祖國越是不幸，流亡在外時對祖國的熱愛卻越強烈。在這種強烈的感情驅使下，人們極易產生海涅在乍遇同胞時沛然而出的那種感懷：祖國的缺點都「可敬可愛」，把統治者和祖國渾為一體，所以想對「淺薄偏窄的政見表示和解」，要「和祖國本身握手」以「表示重新言歸於好」。其實，重要的是要將祖國、人民與統治者作出區分。冷靜下來的海涅寫道：「德國，這就是我們自己。那些移居人就是血液的洪流，從祖國的傷口滾滾地向外流……」（第 214 頁）的確，祖國「就是我們自己」；因此要深思的是，究竟是誰給祖國造成深創巨痛，使祖國留下難癒的「傷口」。畢竟，海涅受過現代國家觀念的深刻洗禮。

中世紀時，在西歐佔主導地位的是神權國家觀念。奧古斯丁（St.Augustine）提出了影響極大的「上帝之國」和「人間之國」這種「雙國」理論。「上帝之國」即基督教所說的天堂或天國，是上帝建立的光明的「神之都」；「人間之國」是魔鬼建立的世俗國家，是黑暗的「地之都」。所以「上帝之國」高於「地上之國」，教權高於王權，世俗政權必須服從以教會為代表的神權。在奧古斯丁之後，湯瑪斯‧阿奎那（Thomas Aquinas）則從國家起源和國家目的這兩方面把國家「神話」。他認為人是社會的和政治的動物，社會和國家

正是適應人天性需要的產物。但上帝是人和人的天性的創造者，所以從根本上說，只有上帝才是國家和政治權威的創造者和最高主宰。另一方面，他認為國家的目的是使人類過一種快樂而有德行的生活，透過有德行的生活達到升入天國、享受上帝的快樂，因此從最終目的來說，世俗國家也應服從教權。

但從十三世紀下半葉起，現代國家觀念開始出現，到十六世紀末已基本完成。現代國家觀念以理性和經驗論為基礎，其主要內容是使「國家」擺脫中世紀的神權，反對君權神授的觀念，認為國家是人們根據自己的需要創立的，強力才是國家和法律的基礎。這種觀念在馬基雅維里（N.Machiavelli）的《君主論》中表現得非常明顯，而集大成者，則是十六世紀法國思想家布丹（Jean Bodin）。布丹在《國家六論》中從人類歷史經驗出發，全面闡述了世俗化的國家起源論，認為國家起源於家庭，是許多家庭聯合而成的集合體，所以家庭是國家的基礎。而把家庭團體聯合起來有兩個重要的因素：一是暴力，戰勝者透過戰爭成為君主，把各小團體聯合起來，形成擁有主權的國家。另一重要因素是契約，他認為僅有暴力遠遠不夠，還不足以建立國家。國家的建立，還要有各家庭為了共同利益的相互契約、共同承認一個主權才能建立。這種暴力論和契約論混合的國家起源論，否定了國家神創論，並為契約論的發展埋下伏筆。而布丹最重要的貢獻，是對國家「主權」（sovereignty）理論的闡發。他提出，國家主權是在一個國家超乎公民和居民、不受法律限制的最高權利，主權是絕對的和永久的，具有統一性和不可分割性，是國家的最高權利，也是國家的本質特徵，而掌握國家主權的人就是主權者。他進而提出了三種政體，即主權掌握在多數人手中的民主政體，在少數人手中的貴族政體，和在一個人手中的君主政

體。他認為君主政體是最好的政體形式，因此主張君主集權制，為「絕對王權」辯護，並以此反對教會特權和貴族的封建割據。同時，他認為公民的權利也應該得到尊重，其中最重要的是自由和私有財產權，二者是先於國家的自然權利，而不遵守自然法的君主則是可以被推翻的暴君。在布丹之後，英國思想家霍布斯（Thomas Hobbes）也從人性論和自然法的角度，提出了較為完整的社會契約論，論證了國家主權的統一性、不可轉移性和不可分割性。

雖然布丹和霍布斯都主張絕對君主專制，主張「朕即國家」，但他們理論的意義在於，從人的眼光而不是從神的眼光看待國家，把國家看作是實現純粹世俗目的純粹世俗的政權，重要的是消除了國家的神聖性。主權論和契約論的提出，為以後「主權在民」理論提供了基礎。此後的幾百年間，西方許多思想家以此為平臺，論證了「主權在民」，才是國家合法性的來源。

洛克（John Locke）與霍布斯一樣用自然法理論說明國家起源，卻認為自然法的主要內容是人們有保護自己生命、自由和財產不受侵犯的權利，人們訂契約形成國家的根本目的，是為了保護自己的自然權利。同時，被授予權力的統治者也是契約的參加者，也要受契約束縛，如其違約，也要受懲罰，人們有權反抗，甚至重新訂約，另立新的統治者。依據自然法則，伏爾泰（Voltaire）提出「人人自由，人人平等」的理論。盧梭（J.Rousseau）的社會契約論，明確提出國家主權應該永遠屬於人民。甚至政治觀點一向謹慎的德國思想家康德（Immanuel Kant），也提出國家應建立在三個理性原則之上，即每個社會成員作為人都是自由的，作為臣民彼此是平等的，作為公民是獨立的。因此有關個人與國家之間的自由、平等、獨立三原則，也是公民承擔國家政治義務的根本依據。

　　當然，這些思想家的思想、觀點有許多重大不同和差異，但卻有一最基本的共同點，就是主張國家的「主權在民」，從主權在民論證國家的合法性，這也是現代國家觀念的主導思想。也就是說，如果一個國家的主權不在人民手中，也就喪失了合法性。在這種情況下，值得深思的是什麼是「愛國」，愛什麼「國」，怎樣才是「愛國」，如何才能「愛國」……「愛國」其實是一個極其複雜的問題。

　　海涅雖然深受現代國家觀念的影響，然而那種幾乎是與生俱來的故國情懷卻無法拋去，因此才愴然涕下。但在理智上，他不願承認自己是因思念祖國而哭泣。他痛苦卻冷靜地寫道：「我向你保證：我不是個愛國者。假如我那天哭了的話，那只是為了那個小女孩。那時天色已近黃昏。一個德國的小女孩，就是先前我在德國移居人群中注意到的那個，她獨自站在海濱，像是在沉思，並且眺望著浩瀚無垠的大海……」（第215頁）

托斯卡尼尼的洞見和良知

　　阿爾圖羅・托斯卡尼尼無疑是二十世紀最偉大的指揮家之一。這位義大利指揮大師生於 1867 年，去世於 1957 年，在他九十年的人生旅程中歷經兩次世界大戰，和法西斯主義在他的祖國的興起與破產，雖然作為一個真正的音樂家，他對政治本來興趣不大，但歷史卻使他與同時代人一樣不得不面對政治。在錯綜複雜、紛繁險惡的政治風雲面前，許多人由於種種原因作出了鑄成「千古恨」的錯誤選擇，不諳政治的托斯卡尼尼卻能明辨是非、嫉惡如仇、不畏強暴，洵屬可貴。

　　托斯卡尼尼出生在義大利帕爾馬市一個貧窮的裁縫家中，他的父親年輕時曾參加過加里波組織的千人紅衫志願軍，但後來一直鬱鬱不得志，終身窮困潦倒。托斯卡尼尼從小就顯示出在音樂方面有特殊天賦，九歲半時，就被位於帕爾馬市著名的「皇家音樂學院」錄取。父母之所以把他送去學音樂，倒不是考慮到他的興趣愛好，而是音樂學院實行寄宿制，只要品學兼優，就可免費食宿，大大減輕了家庭負擔。經過九年苦讀，年輕的托斯卡尼尼以最優秀的成績，於 1885 年夏天從皇家音樂學院畢業。畢業後他的事業一帆風順，不到三十歲就被公認為義大利最優秀的指揮家，歐美各大劇院競相請他去演出、指揮。就在他名聲日隆，忙於在世界各大劇院間穿梭往返、沉溺在音樂世界的時候，現實世界卻風雲突變，第一次世界大戰如晴空霹靂般突然爆發。

　　戰爭使全歐洲都陷入民族主義的狂熱之中，托斯卡尼尼也不例外，為愛國主義激情所裹挾。在子女們面前，他最愛說的一句話是：「人只能有一個妻子，一個祖國和一個家庭。」（〔義〕朱塞特・塔羅齊，《音樂是不會死亡的──托斯卡尼尼的生平和指揮活動》，人民音樂出版社，1985 年出版，第 95 頁。）他每天都急切地打聽前線的任何消息，還買來一張詳細的地圖，插上許多紅旗，以標明戰況進展和部隊調動的情況。他堅決支持自己的大兒子參軍上前線，同時還考慮自己如何報國。此時他已四十七歲，由於年近半百卻只拿過指揮棒，從未握過槍桿子，於是他決定用指揮棒來為祖國服務，組織了對前線將士的募捐義演，在他的說服動員下，不少名演員參加演出，聽眾成千上萬，票房收入創造紀錄。義演的大獲成功，使他深受鼓舞同時又不足於此，乾脆組織了一支精幹的樂隊深入前線部隊巡迴演出。在愛國精神的鼓舞下，他多次冒著槍林彈雨到前沿陣地勞軍。有次義軍強攻奧軍防守嚴密的一座山嶺，托斯卡尼尼得到消息後立即驅車直奔戰場。這時戰鬥還在進行，壕溝裏躺著戰鬥雙方的幾百具屍體，還有更多的傷員在呻吟，「眼前的場面令人觸目驚心：硝煙彌漫，彈坑累累，鐵絲網被剪斷，槍炮聲中夾雜著士兵們的咒罵聲和哭叫聲。托斯卡尼尼毫不畏懼，示意樂隊起奏，在炮火聲中指揮了一首又一首軍樂曲。戰鬥結束後，托斯卡尼尼獲得一枚勳章。」（《音樂不是會死亡的》，第 91 頁）此戰之後，他一直待在前線，直到義軍在卡普雷托之役大敗，他才隨亂軍逃回。

　　慘絕人寰的第一次世界大戰使歐洲滿目瘡痍，面臨嚴重的社會和精神危機。各種極端思潮和社會力量開始登上歷史舞臺，其中法西斯主義成為一股不可忽視的力量，而義大利的墨索里尼正是法西斯的鼻祖，1919 年 3 月，他在米蘭召開了「戰鬥的義大利法西斯」

成立大會。但第一次世界大戰前，他卻是個「極左派」的社會黨人、堅定的國際主義者和革命者，激烈反對議會政治，尤其反對黨內「溫和派」參與議會政治和支持政府侵略利比亞的主張，堅決反對黨內溫和的知識份子領導人，鼓吹「街壘好漢」，相信在「資產階級和無產階級的持久戰中」，「將產生新的活力、新的道德價值，以及接近古代英雄的新人」。但第一次世界大戰爆發後他卻轉向極端民族主義，積極主張參戰，反對義大利社會黨的中立政策，表示「要提高嗓門，用洪亮的聲音高呼這個可怕而又令人神往的詞：戰爭！」結果，他被社會黨開除，成立了法西斯組織，憎恨自由精神、反對民主制度和議會政治、宣揚堅決排外的極端民族主義、推崇強權和暴力、主張專制統治、無情鎮壓反對派。法西斯主義認識到，若想取得政權，除了以民族主義、愛國主義為號召外，一定還要爭取工人群眾，所以對商人、金融家、資本家、地主等都進行了猛烈的抨擊。如墨索里尼就常常大談特談八小時工作制，給勞動者養老金和種種福利待遇等。在整個二十年代，法西斯內絕大多數都是下層民眾。蘇聯著名作家愛倫堡當時常駐西歐，親眼看到法西斯主義興起的整個過程。在義大利，他一次次看到法西斯黨徒的暴行和規模越來越大的遊行，他寫道，那些法西斯黨徒相信「他們的領袖正在引導義大利走向繁榮、社會正義並擺脫國際資本」。（〔蘇〕愛倫堡，《人‧歲月‧生活》，海南出版社，1999年版，中卷，第83頁）他還親耳聽到墨索里尼在一次閱兵式上的演說：「法西斯主義的和無產階級的義大利，前進！……」（《人‧歲月‧生活》，中卷，第257頁）

托斯卡尼尼此時已是名滿天下的指揮家，屬於生活富裕的中產階級。但對祖國強烈的愛和對下層人民的深刻同情，使他與當時不少人一樣，對法西斯主義頗有好感，表示支持。因為「法西斯可說

是一場『反革命』的『革命』：它的革命性質，在於其詞彙，那些自以為是社會受害人提出的動聽請求，也在其主張全面改變社會形態的呼籲之中。此外，它還刻意借用改造社會革命主義者的符號，越發體現其革命氣質」。（〔英〕霍布斯鮑姆，《極端的年代》，江蘇人民出版社，1998 年版，第 170 頁）1919 年秋，他甚至同意作為法西斯組織米蘭選區的競選人之一，在該組織的一次集會上宣讀參加競選的候選人名單時，他的名字緊隨墨索里尼之後，大廳中爆發出熱烈的掌聲，許多人向他祝賀。但在 1919 年 11 月 18 日舉行的大選中，法西斯運動的候選人無一人當選，托斯卡尼尼也只得了四千五百多票。

以音樂為「天職」的托斯卡尼尼對這次競選失敗毫不介意，重新專注於音樂世界，又回到戰前曾擔任指揮的斯卡拉歌劇院，並組建了一支自己的樂隊，多年夢寐以求的願望終於遂願。也就是在這短短的兩、三年間，法西斯勢力在義大利迅速壯大，在議會中有不少席位，黑衫黨的暴力活動越來越猖獗，打砸反對派機構、暗殺反對派領導人。1922 年 10 月 28 日，墨索里尼發動著名的「向羅馬進軍」，義大利國王授權他組閣，法西斯在義大利奪得大權；在兩個月後的選舉中，法西斯分子也透過選舉得到了米蘭市的領導權。與他人的預料相反，當托斯卡尼尼聽說墨索里尼受命組閣、法西斯開始掌權時，竟氣得破口大罵：「墨索里尼該槍斃！他肯定會使咱們遭殃的！」（《音樂是不會死亡的》，第 111 頁）因為在這短短的兩、三年中，他看到了法西斯暗殺、毆打、迫害反對者，看到了法西斯襲擊、封閉反對自己的媒體，看到了法西斯一堆堆焚書的場景，正是耳聞目睹了法西斯的種種暴行，使他對法西斯的態度發生了一百八十度的大變化。雖然法西斯的民族主義、愛國主義和「支持下層」的政綱依舊，托斯卡尼尼的愛國熱情和對下層民眾的同情

也依然如舊，但良知使他在暴力面前突然醒悟，當不少人人把墨索里尼看作是民族的救星時，托氏卻看到了他會給民族帶來巨大災難，確有先見之明。

墨索里尼上臺後，立即開始全國法西斯化，把銀行、學校、機關、報紙和議會等控制在自己手中，其他政黨和工會組織都被取締，共產黨和社會黨領導人不是被抓就是流亡國外，一批批反對者被投入監獄。法西斯化中的重要一點，是對國民的精神控制，灌輸法西斯主義的意識形態，開始了全國性的對法西斯主義頌揚和對「領袖」墨索里尼狂熱的個人崇拜，機關、學校、劇院等各種公共場所都按要求掛上了墨索里尼的肖像。但由於托斯卡尼尼的堅決反對，斯卡拉歌劇院頂住巨大的壓力，堅持不掛墨氏肖像，他和墨索里尼的關係越來越緊張。1926 年春，斯卡拉劇院上演由托斯卡尼尼指揮的名劇《圖蘭朵》，墨索里尼提出要觀看演出，並要求在他入場時樂隊要高奏法西斯頌歌《青年進行曲》。對此，托斯卡尼尼的回答是：「可以，但要另請一位指揮。」墨索里尼聽說後極為氣憤，劇院經理和托斯卡尼尼的幾個朋友急忙出來勸他改變主意，指揮演奏《青年進行曲》。但無論他們怎樣勸說，托氏拒不妥協，墨索里尼感到甚丟臉面，只好不觀看演出。由於托斯卡尼尼名聲太大，墨索里尼雖不高興，暫時也無可奈何，且因其曾經支持過法西斯，所以對他還一直心存希望，盼他能重新支持法西斯，提高法西斯黨的威望。有次墨索里尼路過米蘭，指名一定要見托斯卡尼尼。幾次推脫不成，托斯卡尼尼只好去見他。見面後，墨索里尼滔滔不絕，大談藝術、政治和人生信仰等等，而他則直楞楞地盯住墨氏身後的牆壁一言不發。最後，墨索里尼終於表現出見面的目的，要求他加入法西斯黨，但托斯卡尼尼斷然拒絕。

　　法西斯政權的統治越來越嚴酷，而托斯卡尼尼的反對也越來越激烈。1931 年 5 月中旬，他從米蘭到波洛尼亞市立劇院演出，當地的法西斯領導人也要來聽音樂會，並要求開演前要先演奏《國王進行曲》、《青年進行曲》。劇院老闆早就聽說過托斯卡尼尼不願指揮演奏這類頌歌，於是作出妥協，安排他人指揮加奏這兩首樂曲，請他同意。沒想到托斯卡尼尼竟氣得把自己的大衣和帽子扔到地上，大喝一聲：「不行！」當地法西斯領導人聽說後，表示不來聽音樂會。但當天晚上，托斯卡尼尼乘車來到劇院門口，剛下汽車，一群法西斯匪徒突然把他團團圍住，又打又罵，好幾分鐘後托斯卡尼尼才得以脫身，演出只得取消。在他乘車回米蘭要經過的幾條主要街道上，法西斯又組織了群眾遊行，狂呼謾罵他的口號。事情發生後，法西斯當局又怕人知道，下令各報一律不准登載此消息。但托斯卡尼尼畢竟名聲太大，此事還是滿城風雨、家喻戶曉。為了「消除影響」，在當局的統一佈置下，各報對托斯卡尼尼發起了猛烈圍攻，給他扣上種種罪名，由墨索里尼的弟弟所把持的《義大利人民報》寫道：「他認為演奏頌歌會褻瀆藝術，這是對法西斯黨員和義大利人民的純潔良心的污辱。因此，他們的反應是合情合理的。」（《音樂是不會死亡的》，第 129 頁）從此時起，他上了警察局的黑名單，電話全天被監聽。不過警察局的電話錄音，戰後卻成為研究、瞭解他的珍貴檔案。他在電話中對人說：「我盼著趕快離開這兒，因為我實在忍受不下去了！」「我情願拋棄一切，包括家庭在內。我要自由地呼吸。在這兒他們會招死你的！你的想法必須跟那傢伙（筆者註：指墨索里尼）一致！……我可永遠也不會和他想到一塊兒去……永遠也不會！我只是在開始時犯過糊塗，現在一想起來就覺得難為情！」（《音樂是不會死亡的》，第 130 頁）對自己早先因一時糊塗支持過法西斯

的無心之過，他深深懺悔。正是這種懺悔精神，使他能迅速「迷途知返」，而不少人則因缺乏懺悔精神而一錯再錯，最後仍對自己的所作所為百般辯解，拒不悔罪。

對歐洲即將面臨血光之災，托斯卡尼尼早有預感，所以常常接受邀請到國外，尤其是到美國演出。因為他感到，出國可以使自己和自由開放的環境保持接觸，避免長期在專制制度下變得僵化、保守，喪失創造力。但真正要背井離鄉，一時還決心難下。早在1929年春，他到奧地利和德國巡迴演出，獲得巨大成功，到處是鮮花和經久不息的掌聲，媒體好評如潮，對他的指揮天才讚歎不已，在街頭常被人攔住表示祝賀，希望他能多待幾天。巡迴演出的成功使他激動不已，但他卻沒有陶醉在成功的喜悅中，相反的，他卻對奧地利和德國的社會、政治現狀擔心不已，隱隱有種種不祥之兆，感到一場全歐洲的災難可能由此而起。從1930年到1932年，他的足跡幾乎踏遍歐洲，對局勢的發展更加憂心忡忡。1932年他到德國參加瓦格納音樂節，指揮雖然獲得成功，但他卻不願再到德國來。此時已是納粹上臺前夕，德國已經彌漫著濃烈的法西斯氣氛，使他難以忍受。對有「音樂王國」之稱的奧地利，他一直深有好感，特別是對薩爾斯堡音樂節的評價極高。當1938年，法西斯德國吞併奧地利後，他感到一切都完了。這時他最不願意在三個國家指揮演出：德國、奧地利和自己的祖國義大利。在國內，形勢也越來越嚴峻。1938年4月，義大利追隨納粹德國公佈了《種族宣言》，開始迫害猶太人；1939年2月，掀起「純潔文化」運動，開始禁售猶太作家和一切「不正確」的書籍。托斯卡尼尼雖然不是猶太人，但對迫害猶太人憤怒已極，曾和十二位指揮家聯名致電德國納粹當局抗議希特勒排猶，還曾到巴勒斯坦為猶太人義演，以示抗議。他對友人忿忿說道：「跟

在別人屁股後面走，愚蠢至極。那傢伙（筆者註：指墨索里尼）頭腦發昏了，會使我們的義大利遭殃的。種族法令是奇恥大辱。」由於他公開表明自己的態度，義大利各報又開始對他進行新一輪的圍攻，要求「應該及時對污蔑法西斯主義和法西斯革命的人採取嚴厲措施」。（《音樂是不會死亡的》，第135頁）由於他影響巨大，法西斯當局惱羞成怒，義大利駐蘇黎世領事公開揚言應該把托斯卡尼尼抓起來槍斃。他家門口開始有兩名員警日夜監視。1939年秋，七十二歲高齡的他終於下決心離開歐洲，流亡美國。臨走前，他專程回到離開多年的故鄉帕爾馬，來到母校皇家音樂學院，當看到已經發黃的自己青年時代的照片時，白髮蒼蒼的他不禁老淚縱橫。古稀之年踏上流亡之路，很可能客死他鄉，怎能不愴然涕下？

由於受到監視，他只能與老伴匆匆離開義大利，從法國乘船直赴美國，兒女都留在義大利，對極重家庭感情的他來說，因此一直深感痛苦。值得慶幸的是，他剛到美國，德國就入侵波蘭，第二次世界大戰爆發。

托斯卡尼尼對美國並不陌生，以前他曾多次到美國巡迴演出。1929年10月24日，華爾街發生導致世界性災難的「黑色星期五」事件時他正在紐約，是這次全球經濟危機導火線的目擊者。由於常到歐美各地巡迴演出，他對於以後持續數年「大蕭條」的慘狀，較許多人有更直觀的感受。然而，當不少深具良知者，尤以文學家和藝術家為甚，都因這種「大蕭條」而對市場經濟和民主自由制度充滿疑慮，甚至因此轉而成為極權專制制度的支持者時，托斯卡尼尼卻依然對民主自由價值深信不疑，認為極權專制制度更加危險可怕，將給人類造成更大的災難，足見其不僅有良知，而且有洞見。這種社會洞見，是許多感情茂盛的文學家、藝術家所欠缺的。

　　到美國後，美國國家廣播公司交響樂團立即與他簽約，年薪十萬美元，而且不用交所得稅，每週只指揮一場一小時音樂會即可，待遇可謂優厚。然而，他的內心卻充滿憂慮，始終思念牽掛留在國內的兒女，對祖國的命運心憂如焚，因此優渥安定的生活並未使他完全沉浸在音樂世界而忘卻現實，相反的，他一直積極參加各種反法西斯活動，多次舉行義演，積極購買戰時公債，與其他政治避難者一起聯名寫信譴責法西斯，公開支持美國政府參戰。他還常和流亡美國的義大利抵抗組織成員見面，給他們力所能及的經濟資助。為此，羅斯福總統在給他的信中讚揚說：「我們本著人道主義和堅定不移地為自由獻身的精神，讚賞您在音樂領域中作出的極為出色的貢獻。您像所有真正的藝術家一樣，從自己的一生經歷中認識到，藝術只有在享有自由的人中間才能繁榮。正因為如此，您常常登上指揮臺，為受壓迫和受苦受難的大眾演出。」（《音樂是不會死亡的》，第 145 頁）

　　托斯卡尼尼是真誠的愛國者，同時又是理智的愛國者。因此，他能將奪取國家統治權力的法西斯政權與國家本身區分開來。在國內，他看到不少人因「愛國」而支持法西斯政權時，總是痛心疾首地勸人不要將政權與國家混為一談。在國外，他看到不少對法西斯深惡痛絕的外國朋友，也把義大利和法西斯混為一談時，深感不安，也總是耐心地向人說明自己的祖國與法西斯政權的區別。熱愛祖國義大利、譴責法西斯政權，是他的一貫態度，這也是一個真正的愛國者應有的態度。

　　藝術家率真任性的氣質和嫉惡如仇的天性，使托斯卡尼尼根本不知何為世故圓滑，對人對事，從來立場鮮明，總是公開表明自己的態度和看法。面對墨索里尼的威脅利誘，他不屑一顧，橫

眉冷對；而對富爾特文格勒、卡拉揚等屈服投降納粹的同行，他更是嗤之以鼻。

維爾赫姆‧富爾特文格勒（1886-1954）是當時與托斯卡尼尼齊名的德國指揮家，1920 年擔任著名的柏林愛樂樂團指揮，還曾指揮過紐約愛樂樂團。納粹上臺後，他積極參與納粹的文化工作，後來還參加了希特勒的國家社會主義工人黨，並擔任過納粹政府的音樂顧問。對他的投靠納粹，斯托卡尼尼鄙夷地說：「在作為音樂家的富爾特文格勒面前，我願意脫帽致敬。但是，在作為普通人的富爾特文格勒面前，我要戴上兩頂帽子。」（《音樂是不會死亡的》，第 133 頁）富爾特文格勒原本是唯美主義、唯藝術主義者，堅持認為藝術和政治應該而且可以截然分開，兩者之間沒有直接關係。據說這是不論由誰統治，他都不願離開「音樂之鄉」德國和奧地利的重要原因。

奧地利青年音樂家赫伯特‧馮‧卡拉揚（1908-1989）此時已嶄露頭角，顯示出驚人的指揮天才。他是托斯卡尼尼的崇拜者之一，曾像朝聖者似的，騎著自行車千里迢迢前往拜羅伊特去聽托斯卡尼尼指揮的巡迴演出。不久後他來到德國追求自己的事業發展，在 1935 年初，年僅二十七歲就成為亞琛劇院的音樂總監，是德國當時最年輕的音樂總監。根據文件記載，早在 1933 年 4 月 8 日，即希特勒上臺兩個多月後，卡拉揚就在奧地利的薩爾斯堡主動參加了主張吞併奧地利的納粹黨，而他後來卻自稱是在 1935 年迫於無奈才加入納粹黨的。他辯白說自己原來並不是納粹黨員，在亞琛歌劇院當音樂指導時是不是黨員並不重要，但到簽訂就任音樂總監的合同時，他的秘書對他說，亞琛納粹黨部的頭兒已放下話來，說合同難以通過，因為被提名當音樂總監的人居然不是黨員！他坦承，擺在他面前的那張加入納粹黨的申請書等於是一道門檻，跨過去就意味著可以得

到無限的權力和對樂團的資助，可以無拘無束地指揮音樂會，可以巡迴演出，可以有自己的秘書和辦公室，快活如登天堂。但前提條件則是必須入黨，還有不時地為黨員們來一場演出。他認為這些條件都無所謂，就在入黨申請上簽了字。

平心而論，富爾特文格勒的想法和卡拉揚的解釋不能說毫無道理。藝術與政治本應有相當間隔，或者說，藝術家應該享有是堅持「唯藝術」或是以藝術為自己所贊同的政治目的服務的自由或曰基本權利。然而，在法西斯藝術政治高度一體化的「整體性」觀念中，藝術是其政治動員中的重要力量，藝術不僅不能「獨立」而且必須為既定的政治目的服務。否則，藝術家不僅不能從事自己心愛的藝術，甚至會受到有生命危險的嚴懲，嚴酷的現實使「純藝術」或「唯藝術」事實上不可能存在。在這種情境下，尤其是在納粹的滔天罪惡還未充分暴露的情況下，音樂家富爾特文格勒和卡拉揚等人的選擇雖然難以苛責，但終究成為他們的歷史污點，令人遺憾。

相比之下，托斯卡尼尼的選擇更顯難能可貴，令人敬佩。當時與納粹合作的知識份子無外兩種原因，不是出於精明的利害算計就是出於錯誤、糊塗的理論認識。由於與法西斯早有「淵源」，如果托斯卡尼尼願意，完全可以成為法西斯政權中的「元老」級人物，成為不可一世、君臨全國的「音樂沙皇」。這種權柄赫赫為不少人夢寐以求，他卻棄如敝屣，為是非而不計利害，為良心、原則而甘冒生命危險。托斯卡尼尼只是個音樂家，對政治、國家等並無高深的理論，然而當許多博大精深之士，甚至像海德格爾那樣的大哲學家，在這是非難辨的政治風雲中都作出錯誤選擇時，他僅憑自己的良知和常識就明辨是非。「繁詞複說，道之蔽也。」有時，那些看似玄妙高深、冠冕堂皇的理論反使人心靈蒙塵、眼被遮蔽，步入歧途。

　　對富爾特文格勒和卡拉揚的失足，托斯卡尼尼直到戰後都不能原諒。戰爭結束後，奧地利政府邀請他到享有盛譽的薩爾斯堡音樂節擔任指揮，雖然戰前他曾參加過薩爾斯堡音樂節並且評價極高，但現在他卻斷然拒絕，明確地回答說：「謝謝，我不來。我不想和富爾特文格勒及馮・卡拉揚接觸，他們無疑是偉大的音樂家，但他們曾為希特勒和納粹份子效勞。」（《音樂是不會死亡的》，第 146 頁）或許他過於苛刻，但他生性如此，凡事都不妥協，終生未變。

　　戰爭結束時，托斯卡尼尼已年近八旬。在餘下的幾年中，他經常在美國和義大利之間穿梭往返，時而演出，時而灌唱片，忙得不亦樂乎，似乎不知「老之已至」。但 1957 年元旦，他突然病倒，十幾天後便在紐約病逝，距離他的九十歲生日，只差兩個月。

　　終其一生，他屢次捲入政治漩渦，但都是出於良知，絕無任何其他企求。1948 年底，由於他輝煌的藝術成就和勇敢堅決反對法西斯的人格威望，義大利總統任命他為終身參議員，但被他婉拒。他答覆說：「我是一個年邁的義大利藝術家，您的這份突如其來的電報使我甚為不安。函望您諒解，任命我為終身參議員的決定完全違背我的意願，因此我不得不十分遺憾地拒絕接受這項榮譽。我討厭學位、勳章和各種沽名釣譽行為，我希望能謙恭地度過一生。我十分感謝我的國家對我的承認，並為此感到高興；無論在什麼情況下，我都願意為祖國效勞。請您別把我的上述願望誤認為失禮或狂妄……」（《音樂是不會死亡的》，第 160 頁）

牢記「昨日」

　　偉大的作品中總有某種永不過時的東西，吸引著人們一遍遍重讀，從中不斷汲取教益，獲得價值不菲的啟迪，體驗一種難得的美的感受和心靈震撼。茨威格的《昨日的世界：一個歐洲人的回憶》，便是這樣一部永不過時之作。

　　斯蒂芬‧茨威格（1881-1942），是奧地利著名小說家、傳記作家，出身於富裕的猶太家庭。他在小說、人物傳記、短論和詩歌方面均有傑出的成就，如《一個陌生女人的來信》、《象棋的故事》、《一個女人一生中的二十四小時》、《三大師傳》、《異端的權利》、《人類群星閃耀時》等。他的小說和傳記的特點是，對人物內心世界的刻畫深刻細緻，洞燭探幽，因此有「心理現實主義大師」、「靈魂的獵手」之稱。

　　第一次世界大戰爆發後，他積極反戰；1934年，他受到納粹的迫害，流亡國外，1942年在孤寂與理想破滅中，與妻子在巴西雙雙自殺身亡。《昨日的世界》就是他的回憶錄。這本書寫於1939至1940年間，其時二戰正酣，經歷過一戰人類互相廝殺慘景的茨威格，目睹人類再次、而且規模更大，手段也更殘酷的自相殘殺，內心充滿痛苦與絕望。兩年後，他便在巴西自殺，所以這是他生前最後系統性發表的對世界、對社會、對人類的回憶、感受與思考。在他的回憶中，世界大歷史的風雲變幻與個人在時代大動盪中的悲觀離合渾然一體，因此其中的種種感受更細膩、更親切，更有一種震撼人心的力量，種種思考更深刻也更引人深思。

一

對歐洲來說，第一次世界大戰是「昨天」和「今天」的分水嶺，對大多數歐洲平民來說，第一次世界大戰的爆發是突如其來、毫無準備的。這樣重大的事件事先似乎全無預兆，以至連對時局一向關心、對戰爭抱有相當警惕的茨威格，在大戰爆發前夜還與往常一樣，優哉遊哉地前往風光如畫、遊人如織的比利時海濱度假，並自信地與人打賭說肯定不會打仗，否則「就把我吊死在那根夜燈桿子上」。但言猶在耳，戰爭卻如晴天霹靂般突然爆發，茨威格只得中斷度假，匆匆乘火車離開比利時回國，於第二天早上回到維也納。

但出乎意料的是，這天早晨，他發現維也納的街頭此時竟充滿了一種節日的氣氛。到處是彩帶、旗幟、音樂，全城的人此時都開始頭腦發昏，處於亢奮狀態，對戰爭的最初恐懼馬上就變成了滿腔熱情。他寫道：「說實在話，我今天不得不承認，在群眾最初爆發出來的情緒中確有一些崇高的、吸引人的地方，甚至有使人難以擺脫的誘人之處……成千上萬的人儘管在戰前的和平時期相處得比較好，但是從來沒有像戰爭剛開始時的那種感情：覺得他們屬於一個整體。」正是這種整體感，使他們「覺得每個人都得到召喚，要把渺小的『我』融化到那火熱的群眾中去，以便在其中克服各種私心。地位、語言、階級、宗教信仰的一切差別，都被那短暫的團結一致的狂熱感情所淹沒……每個人都經歷著一個提高『自我』的過程；他不再是一個早先孤立的人，而是群眾的一份子，他是人民，是人民中的一員；人民中平時不受尊敬的人得到了重視。」的確，在和平的年代裏，「日常生活」機械、刻板地日復一日，生活本身似乎就是目的，人們為活著而活著，「普通人」似乎永遠都是「普通人」。

而戰爭這類巨大的歷史事件，使不少人感到枯燥的日常生活突然中斷，建功立業不僅「可望」而且「可即」，「普通人」開始成批成打地成為「英雄」，一大批原來不知名的「小人物」突然成為眾人矚目的叱吒風雲之輩，人們感到了一種超越生活、遠在生活之上的更為崇高的目的和意義，生活因此而充滿激情與浪漫……但茨威格意識到，這種「熱烈的陶醉混雜著各種東西：犧牲精神和酒精；冒險的樂趣和純粹的信仰；投筆從戎和愛國主義言詞的古老魅力。那種可怕的、幾乎難以用言詞形容的、使千百萬人忘乎所以的情緒，霎時間為我們那個時代的最大犯罪行為起了推波助瀾、如虎添翼的作用。」

使茨威格更感震驚的是，當時的大多數作家也以狂熱的言詞宣揚對敵國的仇恨和戰爭，「他們完全沒有想到，他們這樣幹，背叛了作家的真正使命：作家是人類一切人性的維護者和保衛者」。面對這種狀況，他意識到自己的使命：利用當時群眾的熱情這種背叛理性的行為作鬥爭，為反對戰爭而鬥爭。「我知道我要反對的敵人——那種把他人置於痛苦與死亡的錯誤的英雄主義；那種喪失良知的預言家們的廉價的樂觀主義。」但這種鬥爭異常困難，因為誰反對戰爭，「誰就會被打成叛徒。時代幾經變遷，但總是這一幫子人，他們把謹慎的人稱為膽小鬼，把有人性的人稱為軟弱的人；而在他們輕率地招惹來的災難降臨的時刻，他們自己也手足無措了」。這種貌似「崇高」的「道德優勢」不僅為群體的狂熱火上澆油，而且使反對者居於「道德劣勢」而難以啟齒，非有「冒天下之大不諱」的勇氣而不敢為。但茨威格明知不可卻勇而為之，積極著文反戰，還用戲劇的形式描寫、肯定在狂熱的時刻被認為是軟弱的膽小鬼而遭人蔑視的「失敗主義者」。不過茨威格馬上發現自己被所有的朋友所孤立，以

致於他也常常懷疑，究竟是眾人皆醉我獨醒，抑或是別人聰明而自己發瘋。

但是，畢竟還有一個偉大的心靈與他一同跳動。羅曼・羅蘭在大戰爆發前就不斷向人們呼籲：「現在是一個需要保持警惕的時代，而且愈來愈需要警惕。煽起仇恨的人，按照他們卑劣的本性，要比善於和解的人更激烈、更富於侵略性，在他們背後還隱藏著物質利益。」戰爭爆發後，羅曼・羅蘭更是積極、勇敢地公開反戰。他與茨威格，這兩個交戰國的偉人走向一起，聯合反戰，在知識界產生了巨大的影響。茨威格寫道，正是在羅曼・羅蘭身上，他「看到了另一種英雄主義，即那種有思想的英雄主義、有道德的英雄主義」。

經過了幾年戰爭的殘酷，群眾初期的狂熱漸漸冷卻下來，反戰、和平終於成為普遍的情緒和願望，但人們已經為此付出了巨大的代價。對突發的重大事件最初的群體性反應，往往未經深思熟慮，因而更多地反映出人性中值得注意的本能、本性。面對洶洶群情，是以「更激烈、更富於侵略性」的東西使之更加狂熱（在一些漂亮的言詞後很可能「還隱藏著物質利益」，自己其實並不「犧牲」），結果釀成大禍，還是冒大不韙，使之更為冷靜、理性，努力防止，起碼是減輕災難，是對每一位「智識者」的道德的真正考驗。

對於手握「話語權」的知識份子來說，要經受真正的道德考驗並不容易。

一戰爆發後，絕大多數作家都以狂熱的文字鼓吹「為祖國而戰」，「他們以為鼓動群眾的熱情和用富有詩意的號召或者科學的意識形態來為美化戰爭打基礎，這就是他們所能做的最好的貢獻」。在茨威格的周圍，幾乎所有的作家都認為，自己的責任就是像古老的

日爾曼時代那樣，用詩歌和文字來激勵士氣、鼓舞衝殺。詩人和劇作家恩斯特‧利騷，就是其中突出的一位。

利騷是茨威格的熟人，出身於一個富有的德國猶太人家庭，是茨威格所認識的最普魯士化，或者說是被普魯士同化得最徹底的猶太人。對利騷來說，德國文化無與倫比，德國利益至高無上，總之，德國就是一切，他似乎比那些「真正的」德國人更加熱愛、信賴德國。

戰火乍起，德英宣戰，利騷慷慨激昂地發表了一首名為《憎恨英國》的詩歌，以簡單、乾脆而富感染力的文字，在民眾中煽起對英國的強烈仇恨。這首詩就像一枚炸彈扔進了彈藥庫，激起巨大反響，德國從來沒有一首詩像這首詩如此迅速地傳遍全國。「各家報紙都轉載了那首詩；教師們在學校裏把它念給孩子們聽。軍官們走到前線，把它朗誦給士兵們聽，直至每一個士兵能把那「仇恨經」背得滾瓜爛熟。但是這還不夠。那首小詩被配上樂曲並改編成大合唱，在劇場演出。不久，在七千萬德國人中，再也沒有一個人不是從頭至尾知道《憎恨英國》那首詩的。」以至德國皇帝都為這首詩中的愛國激情深深感動，授與他一枚紅色的雄鷹勳章，以資鼓勵。總之，「一夜之間，恩斯特‧利騷紅得發紫，享受到一名詩人在那次戰爭中的最高榮譽」。

但現實其實非常勢利，常常會把人狠狠捉弄一番。「戰爭剛一過去，商人們又想要做生意，政治家們真誠地為促進互相諒解而努力，人們想盡一切辦法要拋棄那首要求和英國永遠為敵的詩。為了推卸自己的責任，大家把可憐的『仇恨的利騷』斥之為當時鼓吹瘋狂的歇斯底里仇恨的唯一罪人。」那些 1914 年時熱情讚美他的人，到了 1919 年，卻對他避之唯恐不及，「報紙不再發表他的詩作。當他在

同伴中間露面的時候，立刻出現難堪的沉默。後來，這位孤獨者被希特勒趕出他全心全意為之獻身的德國，並且默默無聞地死去，他是那首詩的悲慘的犧牲品，那首詩曾把他捧得很高，為的是以後把他摔得粉碎。」

在「走出歐洲」這一章中，他回憶了一次大戰前他的印度之行，及與德國軍官、「生存空間」理論的創立者卡爾‧豪斯霍費爾的相識，更加發人深省。

遊船上的人物形形色色，其中一個是正前往日本出任德國駐日武官的卡爾‧豪斯霍費爾。這位軍官出身書香門第，博學多識，教養殊佳，用功甚勤，連在遊船上也整天忙個不停，用望遠鏡細緻地觀察每一處地方，還不停地寫日記、寫報告，查詞典，「一眼就能看出他的非凡的素質和身為德國總參謀部軍官的內在修養」。為了出使日本，他作了非常充份的準備，學習日語和有關日本、東方的各種知識，以致茨威格還從他那裏得到了許多有關東方的知識。茨威格與他在旅行中成為朋友，回到歐洲後還時有往來。

二十年代初，豪斯霍費爾創辦了《地理政治學雜誌》，茨威格以為，地理政治學只不過是要對各民族的個性進行更細緻的研究，豪斯霍費爾首先提出的「生存空間」概念也僅是一個中立的學術詞語。「我以為這種地理政治學的研究完全有助於各民族互相接近的趨勢；說不定豪斯霍費爾的原始意圖也確實根本不是政治性的——但我今天不能這樣說了。我當時總是懷著極大的興趣閱讀他的著作（再說，他在自己的書籍中還引用過我的話呢），而且從未產生過懷疑……沒有人指責他，說他的思想是以新的形式為泛德意志的舊要求提出論據，說他的思想是為一種新的強權政治和侵略政策服務。」所以在十餘年後，希特勒已經掌權的一天，茨威格偶然聽說豪氏成

為希特勒的密友後震驚萬分，簡直不敢相信自己的耳朵。因為他實在看不出「一個非常有文化教養、思想淵博的學者和一個以自己最狹隘、最野蠻的思想去理解德意志民族性的瘋狂煽動家之間會有什麼思想上的直接聯繫」。但「生存空間」的理論，事實上的確成為納粹的意識形態的主要支柱之一，茨威格寫道：「『生存空間』這一概念終於為國家社會主義的裸骨的侵略意圖提供了一件哲學上的偽裝外衣。『生存空間』這個詞，由於它定義的模糊性，表面上看來好像是一個無害的口號，但其產生的後果之一是，它能夠為任何一種兼併──即便是那種最最霸道的兼併進行辯解，把它說成是合乎道德和在人種學上是必要的。」所以，「這一事例清楚說明：一種簡潔而又內容豐富的表述，由於言詞的內在力量可轉化為行動和災難……不管自覺或不自覺，他的理論把國家社會主義的侵略政策，從狹隘的國家範圍推廣到全球範圍，在這一點上，他比希特勒的十分粗暴的顧問們的影響更大」。或許，豪氏一開始是「不自覺」的，但在「生存空間」的理論得到希特勒的賞識後，卻是非常「自覺」的，所以法西斯垮臺後，他於 1946 年自殺身亡。當然，這是茨威格當時所不知道的。

　　知識份子的主要功能之一就是製造「言詞」，所以這種生產與後果之間的關係，就成為一個知識份子難以處理，卻又必須認真對待的問題。

二

　　現實往往複雜無比，能真正洞察其實質，實乃不易。

　　1928 年夏，茨威格收到要他作為奧地利作家代表團的成員，到莫斯科參加列夫・托爾斯泰誕辰一百周年的紀念活動的邀請信。生性謹慎的他，這次卻沒有絲毫猶疑，立即決定接受邀請，前往早已想去，但又一直感到不便前去的俄羅斯。

　　之所以感到不便，是因為茨威格對政治一向厭惡，而到經過十月革命的蘇俄訪問，本身卻就會被政治所「利用」。他坦承，「由於布林會維克的實驗，俄國對一切有知識的人來說，成了戰後最富有魅力的國家。有的人熱情讚美它，有的人瘋狂地與它為敵，但都沒有確切的瞭解……但是人們知道，那裏正在進行一些全新的嘗試，不管那些嘗試是善是惡，它們很可能決定我們這個世界的未來形式」。因此十月革命後，許多歐洲作家都曾抱此心態訪俄，想一窺虛實，但他們回來時有的熱情滿懷，有的失望沮喪，使人真偽難辨。茨威格當然也想前往考察，親睹這個「可能決定我們這個世界的未來形式」的地方，對其作出自己的結論。而且，他的不少作品早已被譯為俄文，有許多俄國讀者，使他更想訪俄。不過，之所以一直猶疑不決、久未成行，是因為「在當時到俄國去的任何旅行，本身就已經意味著一種表態」，而他是個「對教條主義和政治性的事情最為深惡痛絕的人」，決不想輕易作政治性表態，「所以，儘管我有熱烈的好奇心，卻下不了決心到蘇維埃俄國去」。但這次是為紀念信仰非暴力哲學的偉大作家托爾斯泰，可使他的訪問失去政治色彩。

　　在俄國，他度過了一個活動緊接一個活動、非常緊張的十四天。每天都是參觀、集會、演講、訪問、會見、交談、飲宴……所到之處受到熱烈歡迎。到處都是熱火朝天、改天換地，不能不使人激動的場景。他所接觸的各種人物也是豪情滿懷、朝氣蓬勃，相信自己正在成為「新人」，對他們正在創造的新世界、正在進行的新事業充

滿信心。這種氛圍，使茨威格也深受感染。但看多了之後，他又不免心生疑慮：「這個國家將來真的會像它打算的那樣非常迅速地改天換地嗎？宏偉的藍圖將會變得更加龐大呢？還是在俄羅斯人原有的奧勃洛摩夫式的怠惰中變成泡影？我們有時候覺得可信，有時候感到懷疑；我越看得多，心中越糊塗。」他承認，許多來訪作家由於受到幾乎是空前的歡迎，感到自己真正被這裏的廣大群眾所愛戴，會不由自主地對這個新政權大唱讚歌，「我自己在俄國有時幾乎也要大唱讚歌，在一片熱情之中，自己的頭腦也幾乎發昏」。

但是，「我之所以沒有陷入那種魔術般的迷境，與其說我該感謝我自己的內在力量，毋寧說我更應感謝一位我不知名的陌生人，我以後也永遠不會知道他是誰」。事情是這樣的：一次參加大學生的慶祝會後，他被那些熱情洋溢、容光煥發的大學生們團團圍住，透過翻譯熱烈交談，其中一些人還一直興致勃勃地陪他走回旅館，繼續談話。當這些學生走後，房內只有茨威格一人獨處，在脫衣時他突然發現上衣口袋中有一封匿名信，一定是有人在與他擁抱或趁人擁擠的時候悄悄塞進了這封信。信中寫道：「請您不要相信別人對您所說的一切，請您不要忘記，當您看到他們給您看的一切時，他們還有許多東西沒有給您看。您得記住，跟您交談的那些人，絕大多數都沒有把他們想要告訴您的話對您講，而只是講了可以允許跟您講的話。我們所有的人都受到監視，您受到的監視也不會少。您的女翻譯要向上彙報每一句話，您的電話被竊聽，每一步都有人監督著。」接著，信中列舉了一些具體的事例和細節。最後，要求他一定將此信燒掉：「請您不要撕了它，因為有人會從您的紙簍裏把碎片取走，再把它們拼起來。」讀完此信，茨威格不禁倒抽一口冷氣，開始深省，並以冷靜的態度對待這一切。他感到事實真相的複雜性超出想

像，難以判斷，所以回國後他只寫了幾篇簡單的見聞，而不像其他一些作家那樣，訪俄歸來後很快就出書對蘇俄作出或是熱情讚美或是激烈否定的判斷。他感到，自己「這樣的保留態度很好，因為三個月以後，許多事情跟我所見的就不一樣了；一年以後，經過迅猛的變革，當時說過的每一句話都已被事實斥之為謊言。不過話又說回來，我在俄國強烈感覺到的我們那個時代那種疾風暴雨式的事情，仍然是我一生中罕見的」。

《昨日的世界》寫於 1939 至 1940 年，這時史達林殘酷的「大清洗」及這一體制的種種嚴重弊端已廣為外世界所知。但相當多「外界」的知識份子對此卻不願承認，甚或有所不滿也不願公開表達，公開表達出來的仍是熱情讚揚。與他們相比，茨威格的讚揚可說相當有節制，不過一向嫉惡如仇、無所畏懼的茨威格，在談到蘇聯時這種欲言又止的態度本身即足引人深思。

三

希特勒的出現無疑是人類的巨大不幸，但為什麼一個產生過歌德、席勒、貝多芬、康德、黑格爾……的民族，卻如此輕易、徹底地被這個幾乎沒有上過學、一直窮困潦倒、沒有正式職業的流浪漢所征服呢？對此，茨威格作了既充滿感性，又飽含睿智的剖析和沉思。

第一次世界大戰，使歐洲各國在物質和精神上都遭受了巨大的傷害。作為戰敗國，德國的狀況更是等而下之，尤其令人失望。德意志帝國於 1918 年 11 月崩潰，代之而起的是軟弱混亂的魏瑪共和國。這時，通貨膨脹達到令人難以置信的天文數字，一個雞蛋的價

錢高達四十億馬克，一根鞋帶比從前擁有兩千雙鞋的豪華商店還貴，修一扇打碎的玻璃窗比以往買整幢房子還要貴，一本書的價錢比從前有幾百臺機器的印刷廠還要高，幾家工廠的價錢甚至還不如從前一輛手推車貴……馬克不斷貶值，到了1923年11月，一美元竟能兌換四十億馬克，而後就數以兆計，馬克完全崩潰。高通膨必然帶來「高投機」，一些人在各類黑市大發橫財，買下城堡和農莊、輪船和汽車，買下整個街道、整座工廠和礦山。結果，造就了一小批洋洋得意的暴發戶和成千上萬的憤怒的赤貧者，大多數人的終身積蓄化為烏有，社會道德空前敗壞。「凡是會識字和能寫字的人都做起買賣來，搞投機倒把和想法賺錢，而且心中都感覺到：他們大家都在互相欺騙，同時又被一隻為了使國家擺脫自己的負債和義務，而蓄意製造這種混亂局面的隱蔽黑手所欺騙。我自信對歷史比較熟悉，但據我所知，歷史上從未出現過與此類似的瘋狂時代，通貨膨脹的比例竟會如此之大，一切價值都變了，不僅在物質方面是如此；國家的法令規定遭到嘲笑；沒有一種道德規範受到尊重，柏林成了世界的罪惡淵藪。」這時，全體德國人民對此感到忍無可忍，迫切需要秩序、安定、法律、道德，「誰經歷過那些像世界末日似的可怕歲月，都會有這種感覺：當時必然會有一種反衝、一種令人恐怖的反動——儘管他對此十分厭惡和憤恨」。「整個民族都在暗中憎恨這個共和國。這倒不是因為共和國壓制了那種放縱的自由，而是恰恰相反，共和國把自由放得太寬了。」為了復仇，「那時代的人都不會忘記和原諒德意志共和國時期的那些歲月，他們寧願重新招回那些大肆屠殺的人」。

與經濟崩潰相對應的，是德國國家地位的一落千丈。凡爾賽條約規定德國必須支付巨額的戰爭賠款，將從前侵佔的法國、波蘭、丹麥、比利時等國的領土歸還原主，當德國無力支付賠款時，法國

便強佔魯爾工業區相抵，德國軍備還受到嚴格限制，陸軍只能有不超過十萬的志願兵，不許有飛機和坦克，不許建造潛水艇和萬噸以上的艦隻。世界各地的遊人都趕到德國搶購，來自異國的窮人在德國卻過起了帝王般的生活。這所有的一切，都強烈地刺傷了素來自負的德國人的自尊心，在廣大群眾中、尤其是軍人中激發起強烈的復仇心理和極端排外的民族主義思潮。人們自然又將這種民族屈辱歸罪於共和國的軟弱無能，轉而企盼能有一個強有力的政府或個人來報仇雪恥，復興民族。

正是這種經濟混亂、投機盛行、嚴重的通貨膨脹、高失業率、價值觀念崩潰，各種政治危機不斷、由民族屈辱導致強烈的仇外情緒……使「當時德國各階層都迫切要求建立秩序，對他們來說，秩序從來就比自由和權利更重要。歌德就曾說過，沒有秩序比不公正更令他厭惡。所以，當時誰要是許諾秩序，一下子便會有幾十萬人隨著他走」。而且從文化傳統來說，「德意志人民從來是講秩序紀律的人民，所以對自己獲得自由就不知道該怎麼辦了，正急不可耐地巴望著那些來剝奪他們自由的人」。（狡詐的希特勒緊緊抓住這一點，以各種蠱惑人心的方式許諾給德意志帶來秩序。他的確帶來了秩序，帶來了一種沒有任何個人自由，以機械化、程式化進行大屠殺的秩序。

1933 年 1 月，希特勒在萬眾歡呼聲中上臺執政。對於他的危害，甚至某些並不贊同他的德國知識份子也一直不夠留心，一些人學究氣十足地以「學術性」為標準而對希氏的狂言不屑一顧，以為根本不值得認真看待。而且，「德國的知識份子是最看重學歷的，在他們來看，希特勒只不過是一個在啤酒館裏煽風點火的小丑，這使他們上了大當。他們認為，這個小丑絕不會變得非常危險……即使當他在 1933 年的 1 月那一天當上了總理時，竟還有一大批人，甚至連那

些把他推上那個位子的人，還只是把他看作是臨時佔據那個職位的人，把納粹的統治看作是暫時的插曲」。

歷史證明，那種想以「強人」來暫時恢復秩序，而後再歸「良政」的想法，其實是非常危險的。惡魔一旦出籠，人們就無法控制，此時則悔之晚矣。

而從一戰結束到 1933 年希特勒攫取政權的這十餘年間，也是茨威格創作激情噴瀉，最終功成名就的十餘年。

這期間，他的書出了一本又一本，而且發行量越來越高，影響越來越大。如薄薄一冊《人類群星閃耀時》就遍及所有學校，印數很快就高達二十五萬冊；還有一些小說被改編成戲劇或電影。他的作品被譯成包括中文在內的多種文字，據設在日內瓦的「國聯」辦的《智力合作》雜誌統計，他是當時世界上作品被翻譯得最多的作家。甚至在外國旅行時，他也偶爾會被海關人員認出而享受「免檢」的優待，在火車上也曾受到列車員的禮遇……作品的暢銷當然還給他帶來可觀的收入，不僅不必為生計發愁，還可以使他縱情於青年時代的嗜好，大量搜集價格不菲的名人手跡等等。

但當 1933 年希特勒奪取政權之後，這一切突然結束。為了「統一思想」、保持「德意志的精神純潔性」，希特勒納粹德國實行嚴酷的文化專制主義，實施了一系列具體的文化清洗政策，以防止「異端邪說」的「污染」。由於他的猶太血統和作品中的反戰主義與和平精神，他與其他一些猶太作家的書都被納粹宣佈為禁書。這種禁書措施，納粹十分狡猾地分步實施，首先是煽動起民眾的情緒，以「群眾」的名義進行的：「對我們著作的第一次攻擊，是推給一群不負正式責任的人，即身為納粹黨徒的大學生們去幹的。在此之前，他們為了貫徹蓄謀已久的抵制猶太人的決定，導演過一齣『民眾的憤怒』

的醜劇，他們也以同樣的方法，暗示那些大學生們，要他們對我們的著作公開表示『憤慨』。」這些情緒被挑動起來的大學生們成群結夥地衝向書店和圖書館，把他們的書搜走，或按中世紀的習慣，把這些書釘在恥辱柱上示眾，或「把書籍放在大堆的柴薪上，口中念著愛國主義的詞句，把它們燒成灰燼，可惜當時已不容許焚燒活人」。其中最重要的一次是 1933 年 5 月 10 日晚上，一群群興奮激動的德國青年學生在納粹宣傳部長戈倍爾的煽動指揮下，在柏林市中心的歌劇院廣場點燃熊熊烈火，焚燒了包括海涅、馬克思、佛洛伊德、茨威格等人作品在內的二萬冊圖書，作為「反對非德意志精神行動」的主要部分。隨後，開始了一系列更大規模的禁書、焚書活動和對進步思想家的殘酷迫害。許多猶太作家科學家不堪其辱，被迫逃往國外。茨威格寫道，他的書曾經以百萬計，但此時「誰要是手中還有我的一本書，他就得小心謹慎地把它藏起來，而且我的書在公共圖書館裏是始終塞在所謂『毒品櫃』裏的，只有得到官方的特別許可—大多是為了辱罵的目的—才有人為了『學術上』的需要去看那些書籍」。

專制，從本質上說是與人類文明為敵的。

真正的歷史總是被輕易忘卻，一場巨大的劫難，往往過不了多久就被塗抹成淡淡的粉紅色。或許，正是由於對人類的極度失望，茨威格才在個人已經逃過法西斯的劫難，在遠離戰火的南美、仍可過起寧靜舒適生活的時候，毅然結束了自己的生命。

為了不讓「昨日」的悲劇重演，人類一定要與遺忘抗爭，保持對「昨日的世界」慘痛而鮮活的記憶。

（原載於《書屋》2004 年第 9 期）

歷史的「靈感」

——讀《人類的群星閃耀時》

　　出生於 1881 年的奧地利著名作家斯蒂芬·茨威格，不僅在小說、詩歌創作方面聲名卓著，在人物傳記、歷史特寫方面更是名震遐邇，《人類的群星閃耀時》就是他的十二篇歷史特寫集。此書於 1928 年出版時雖然僅收錄五篇，但立即就遍及所有學校，印數很快就高達二十五萬冊，並被譯成多種文字。由於茨威格是猶太人，希特勒上臺後，茨威格的所有著作都被列為禁書，此書自不例外。茨威格本人也於 1934 年受納粹迫害而流亡國外，這位充滿博愛精神的大師眼見戰火紛飛，人類彼此互相殘殺，最終對人類前途悲觀失望，於 1942 年與妻子在巴西雙雙自殺身亡。就在他去世不久，就有出版社在 1943 年將此書再版，並由五篇增補至十二篇，以後仍不斷再版，至今在世界仍擁有大量讀者，逾一個「甲子」仍暢銷不衰，足見此書魅力之強大。

　　茨威格是傑出的作家，對「靈感」在藝術創作中的重要作用自然體會殊深。他知道，沒有任何一位藝術家會始終處於不停的藝術創作之中，而那些最具特色、最有生命力的成功之作，往往只是那突然襲來、稍縱即逝的「靈感」之筆。而「歷史——我們把它讚頌為一切時代最偉大的詩人和演員——亦是如此，它不可能持續不斷地進行新的創造」，「一個真正具有世界歷史意義的時刻——一個人類的群星閃耀時刻出現以前，必然會有漫長的歲月無謂地流逝而去」。在這種關鍵時刻，「那些平時慢慢悠悠順序發生和並列發生的

事，都壓縮在這樣一個決定一切的短暫時刻表現出來。這一時刻對世世代代作出不可改變的決定，它決定著一個人的生死、一個民族的存亡、甚至整個人類的命運」。

這種驚天動地的「關鍵時刻」與平淡無奇的「漫長歲月」之間的關係，實即我們所說歷史「偶然性」與「必然性」的關係。歷史究竟是由無數的「偶然性」決定還是由唯一的「必然性」決定，這是史學界、哲學界爭論了千百年的「形而上」的問題，可能永遠不會有為所有人接受的最後結論。或許，那平淡無奇的漫長歲月是為了歷史的突變準備、積蓄能量，正如地下奔騰的岩漿，在長期積蓄的壓力作用下最終噴洩而出。對個人、國家和民族來說，這種關鍵時刻的選擇，的確是一生一世，存亡興替。如果說，那漫長的悠悠歲月是歷史長河底部平緩的深流，那短暫的「關鍵時刻」就是大河上的驚濤駭浪；如果說，漫長歲月是歷史幕後的長期練習準備，那輝煌的一瞬間就是歷史前臺的眩目演出。茨威格這十二篇歷史特寫，表現的就是歷史的滔滔巨浪、歷史的精彩演出，是歷史的主體——人，在這一瞬間的所作所為。

「差之毫釐，謬以千里。」有時，一秒鐘作出的決斷，將使歷史的結果完全不同。決定歷史命運的滑鐵盧戰役，就有這樣的「一秒鐘」。1815 年 6 月中旬，重掌大權的蓋世雄才拿破崙與反法聯軍激戰數天，取得一些勝利後卻最終兵敗滑鐵盧，結束了自己的政治生命。以後，「滑鐵盧」便成為遭遇重大失敗的代名詞。然而，拿破崙慘敗滑鐵盧卻不乏偶然因素，膽小怕事、唯命是從的格魯希元帥在一秒鐘內作出的錯誤決定，終釀大禍。

面對強大的聯軍，拿破崙決定趁其尚未真正結合成形時分而治之，於是決定先攻打對他威脅最大的比利時方面的英、普聯軍。戰

鬥於 6 月 16 日下午 2 時打響，法軍主力七萬人首先同普軍主力八萬人交戰，拿破崙另派五萬兵力牽制英軍，他希望能夠把英、普軍隊切開，然後各個擊破。在法軍的猛攻面前，普軍立即潰敗，向布魯塞爾撤退。拿破崙明白普軍雖被擊敗，但並未被消滅，於是抽調了一支部隊由格魯希指揮，追擊普軍，以防止其與英軍會合。

擊潰了普軍的拿破崙，親率大軍轉攻英軍，聽到普軍戰敗的英軍害怕孤軍作戰，便迅速撤退到滑鐵盧的方向，英法兩國軍隊在滑鐵盧展開決戰。這時，被拿破崙擊潰的普軍重新集結，兵分兩路，一路增援滑鐵盧附近的英軍，一路直接圍攻法軍右翼。而格魯希仍在離滑鐵盧只有三小時路程的地方尋找普軍，但一直沒有找到。6 月 18 日上午 11 時，決定歷史進程的時刻到來。激烈的戰鬥使雙方傷亡慘重，英軍已無力支持，法軍也疲憊不堪，雙方都在焦急地等待援軍，這時誰的援軍先到，誰就是歷史性會戰的勝利者。這的確是極其關鍵的歷史時刻。黃昏時分，大隊人馬終於從遠處飛馳過來，雙方都在祈禱上帝：來的是自己人！那支部隊越來越近，雙方終於都看得非常清楚，那高高飄揚的是普魯士軍旗！經過浴血奮戰，沒有援軍的法國軍隊最終潰敗。

就在滑鐵盧戰役打響時，格魯希的部隊就聽到一聲聲沉悶的炮聲不斷傳來，感到大地在腳下微微震動。他們立即意識到重大戰役已經開始，由於找不到普軍，所以他的幾名下屬急切地要求格魯希命令部隊「趕快向開炮的地方前進」，以增援拿破崙。然而格魯希只考慮了一秒鐘，就強硬地宣佈自己的決定，在拿破崙撤回成命以前，他絕不偏離自己的責任，前去增援。對這決定歷史的一秒鐘，茨威格感歎道：「這一秒鐘決定了整個十九世紀。而這一秒鐘全取決於這個迂腐庸人的一張嘴吧。」「倘若格魯希在這剎那之間有勇氣、有魄力，不

拘泥於皇帝的命令，而是相信自己、相信顯而易見的信號，那麼法國也就得救了。」「在塵世的生活中，這樣的一瞬間是很少降臨的。當它無意之中降臨到一個人身上時，他卻不知如何利用它。在命運降臨的偉大瞬間，市民的一切美德──小心、順從、勤勉、謹慎，都無濟於事，它始終只要求天才人物，並且將他造就成不朽的形象。命運鄙視地把畏首畏尾的人拒之門外。命運──這世上的另一位神，只願意用熱烈的雙臂把勇敢者高高舉起，送上英雄們的天堂。」

不過，命運有時也會殘酷地捉弄人，讓人只成為「一夜之間的天才」。

1792 年 4 月 25 日，大革命中的法國向普魯士和奧地利宣戰的消息傳到斯特拉斯堡。這座與德國鄰近、具有戰略意義的小城立刻沸騰起來，到處都是激動的人群在演講、喊口號，要求報名參軍。而負責鼓動市民的市長感到還缺一些雄壯的歌曲，便問他認識的一位喜歡音樂的年輕工兵上尉魯熱，是否願意為明天出征討伐敵人的「萊茵軍」譜寫一首戰歌。魯熱為到處彌漫的愛國熱情感染，爽快地答應下來。

4 月 26 日凌晨，勞累了一天的魯熱才回到自己的小房間，開始創作。創作非常順利，今天在街頭看到的一切，和自己心中的各種感情，全都彙集一起。似乎不需創作歌詞，只要把這一天之內有口皆傳的話押上韻，配上旋律和強烈的節奏，即把人民最內在的感受表達出來了。好像也無需作曲，因為戰士的行軍步伐、軍號的節奏、炮車的轔轔聲就如同最好的旋律。「旋律越來越順從那強而有力的歡呼的節拍──全國人民的脈搏。魯熱愈來愈迅速地寫下他的歌詞和樂譜，好像在筆錄某個陌生人的口授似的──在他一個市民的狹隘心靈中從未有過如此的激情。這不是一種屬於他自己的亢奮和熱

情,而是一種神奇的魔力在這一瞬間聚集起來,迸發而出,把這個可憐的半瓶子醋拽到離他自己相距千百倍遠的地方,把他像一枚火箭似的—閃耀著剎那間的光芒和火焰—射向群星。」

第二天早上,他急忙帶著創作好的歌曲趕到市長家中。當天晚上,在市長的客廳裏為那些經過仔細挑選的上流社會人士面前,首次演唱了這首歌曲。客人們出於禮貌,客氣地鼓了掌,市長夫人在給親人的一封信中寫道,這只是她丈夫為了社交想出來「換換消遣的花樣」,這首歌「社交界認為相當不錯」。正如茨威格所說,首先聽到這支歌曲的上流社會人士「顯然不會有絲毫的預感:一首不朽的歌曲藉著它的無形翅膀,已飛降到他們所生活的世界。同代人往往很難一眼就看出一個人的偉大或一部作品的偉大」。往後的幾天,魯熱則不無虛榮心地在咖啡館為自己的同事演唱這首「萊茵軍戰歌」,讓人抄寫複本分送給萊茵軍軍官。這首不為上流社會沙龍所重視的歌曲,卻開始一點點地口耳相傳,終於在廣場、戰場,在群眾和士兵中間找到知音,特別是在馬賽,反響極為熱烈,成千上萬人都在傳唱這首歌曲。7月2日,馬賽的五百名義勇軍唱著這首雄壯的戰歌,向巴黎進軍。

隨著他們的行軍,這道歌傳到沿途各地。7月30日,馬賽義勇軍一遍又一遍地唱著這首歌進入巴黎,成千上萬歡迎他們的巴黎民眾第一次聽到這首歌,但幾小時後這首歌就傳遍全城。於是,「這歌聲像雪崩似地擴散開去,勢不可擋」,歌名也改為〈馬賽曲〉。一、兩個月後,〈馬賽曲〉就成為全軍之歌、全民之歌。許多部隊就是唱著這首歌勇敢地向敵人衝去,敵軍發現當「成千上萬的士兵同時高唱著這首軍歌,像咆哮的海浪向他們的隊形衝去時,簡直無法阻擋這首『可怕』的聖歌所產生的爆炸力量。眼下,馬賽曲就像長著雙

翅的勝利女神奈基，在法國的所有戰場上翔翔，給無數的人帶來熱情和死亡」。後來，〈馬賽曲〉被定為法國國歌。

然而在創作完這首歌曲以後的四十多年中，魯熱卻過著十分卑微的生活。他幹過行行色色的行當，並且不乏欺蒙拐騙，曾因金融案件入獄，為了逃避債主和員警而東藏西躲，最後在1836年去逝。「那一次偶然的機緣曾使他當了三小時的神明和天才，然後又輕蔑地把他重新拋到微不足道的渺小地位，這是多麼殘酷」！如此人生，不能不讓人唏噓再三。

在人生的旅途中，信仰無疑是生命最重要的支柱。正是信仰的力量，使幾被命運「打敗」的德國作曲家韓德爾重獲新生。

韓德爾早年成名，但正在一帆風順的時候社會的音樂欣賞風格驟然大變，他的地位受到前所未有的衝擊。他的幾部歌劇上演也相繼遭到失敗，他經營的歌劇院被迫關閉，常被債主堵在門口，並不斷遭到競爭對手和各色人等無情的諷刺和打擊。1737年4月，內外交困的韓德爾中風偏癱，所有人都認為他的音樂生涯將就此完結。然而，他憑藉著生命中的原動力終於在幾個月後重新站起，又全身心地投入音樂創作。他的創作在幾年中依然不被人接受，遇到的依然是尖刻的冷嘲熱諷，依然是一天天的債主堵門……在走投無路之中，他的勇氣漸漸被消磨，離群索居，心情越來越憂鬱，情緒越來越低沉。曾如泉湧般的創作靈感完全枯竭，生命的原動力也不復存在。他心力交瘁，第一次感到自己已被打敗擊垮，認為自己這回徹底完蛋。他不住地感歎，早知如此，還不如當年就一直半身不遂更好，甚至認為不如當初一死了之來得痛快。在絕望之中，他時時不由自主地喃喃低語那被釘在十字架上的耶穌所喊的話：「我的上帝呀，上帝，你為什麼離開了我？」

1741 年 8 月 21 日晚上，逼債人離開後，韓德爾到街上散步。幾個小時後，當他拖著沉重的腳步回到家時，突然發現桌上放著一個白色紙包，是友人寫的清唱劇《彌賽亞》的劇詞，請他作曲。心情疲憊的韓德爾竟認為這是故意羞辱他，氣憤地爬上床睡去。但怎麼都睡不著，彷彿有種鬼使神差的力量使他無法抗拒，讓他下床重新點燃蠟燭，再次打開稿本認真閱讀。風一打開稿本，他就突如遭電擊一般，魂不守舍，只聽到耳邊樂聲迴響飄蕩、呼喚咆哮。當他一頁頁往下翻的時候，他的手不停地哆嗦，心靈突然被喚醒，每一句歌詞好像都是救主彌賽亞在向他召喚，一切疲勞全都消失，「他還從未感到過自己的精力像現在這樣充沛，也從未感到過渾身充滿如此強烈的創作欲望。那些歌詞就像使冰雪消融的溫暖陽光，不斷地傾瀉到他身上」。他就是要證明：「只有飽經憂患的人才懂得歡樂；只有經過磨難的人才會預感到仁慈的最後赦免；而他就是要在眾人面前證明：他在經歷了死亡之後又復活了。」在他無能為力的時候，沒有一個人能幫助他、安慰他，但現在一種神奇的力量幫助了他，這就是他的信仰。「他信賴上帝，並且看到上帝並沒有讓他躺在墳墓裏」，「上帝再次喚醒他肩負起給人們帶來歡樂的使命」。「讚美聲已充滿他的心胸，在瀰漫、在擴大，就像滾滾火焰噴流而出，使人感到灼痛。」他立即開始寫下一個個音符，無法停止，「就像一艘被暴風雨鼓起了風帆的船，一往直前。四周是萬籟俱靜的黑夜」，「但是在他的心中卻是一片光明，在他的房間裏，所有的音樂聲都在齊鳴，只是聽不見罷了」。

隨後的三個星期，他一步都沒有離開房間，已完全如癡如醉，吃飯時也不停地寫譜，經常淚流滿面，浸濕手稿，最終完成了全部創作。演出獲得巨大的成功，面對眾人的祝賀，他只是謙卑地低聲

說道：「不過，我更相信是神幫助了我。」他並且宣佈，演出這部作品自己永遠不收一分錢，所有的收入都捐給病人和身陷囹圄之人，「因為我自己曾是一個病人，是依靠這部作品治癒的；我也曾身陷囹圄，是它解救了我」。以後每年春天，他都要親自指揮《彌賽亞》的演出，直到老年時雙目失明也不例外，並且信守諾言，收入全部捐出。「他在世間取得的勝利愈偉大，他在上帝面前表現得愈恭敬。」《彌賽亞》成為了韓德爾的靈修聖品，此後他又源源不斷地譜出多部聖樂。這時，他的創作已經不是為了世俗的成功，而是為了內心的信仰。信仰，使他超越了自我。

　　1759 年 4 月 6 日，七十四歲的韓德爾已身染重病，仍照例指揮了演出。幾天後，他終於倒下，再也沒有起來。但《彌賽亞》這部曠世的不朽之作，終於成為著名的宗教樂曲。

　　信仰是生命的支柱，但走向信仰之路卻往往充滿難以想像的坎坷。而俄羅斯著名作家、思想家杜思妥耶夫斯基，幾乎是以生命為代價走向信仰之途的。1849 年 4 月，年僅二十八歲的杜思妥耶夫斯基，因為參加反沙皇的政治活動被捕，被褫奪了貴族身份，並被判處死刑。12 月 22 日，他與其他被判死刑的政治犯，一起被帶到彼得堡謝苗諾夫斯基教堂廣場執行槍決。就在行刑的士兵們要扣動扳機的一剎那，一個軍官騎著快馬，氣喘噓噓地揮著白手帕橫穿廣場，宣佈沙皇聖諭，免除了他們的死刑。根據沙皇聖諭，杜思妥耶夫斯基被改判為流放服苦役。十年後當他從流放地回到彼得堡時，已成一個虔誠的基督教徒。茨威格以二百餘行的長詩，細膩地描述了杜氏思想轉變中最為關鍵、最為驚心動魄的時刻──刑場被赦，並提示了他以後深刻的心理變化的開端。「只有在觸到了死神苦澀的嘴唇之後／他的心才感受到生的甜蜜。／他的靈魂渴望著去受刑和受折

磨，／他清楚地意識到，／這一秒鐘裏的他／正如千年前釘在十字架上的耶穌一樣，／在同死神痛苦地一吻之後／又不得不為受難去愛生活。」

走向信仰之途充滿痛苦，而虔誠的聖徒因為充滿悲天憫人之情，在尋求到信仰之後依然有著深刻的內心痛苦，甚至不能排解。偉大的俄羅斯文豪列夫・托爾斯泰在世界觀激變之後，在個人生活層面，因妻子不同意而無法改變不符合自己信仰的地主莊園式生活而長久深痛；在社會關懷層面，他堅決反對暴力，強烈譴責暴政卻反對以暴易暴，但在現實中又看不到專制的暴力統治能為愛所感化，這種無法化解的矛盾也使他痛苦萬分。他早就產生了棄家出走的念頭，1910 年 10 月 28 日、八十二歲高齡的托翁終於下定決心出走，幾天後因肺炎在途中小站去世。

早在 1890 年，托翁就開始創作劇本《光在黑暗中發光》，劇中的主人公在信仰發生變化後，與家庭和社會發生嚴重衝突，長期內心不安、痛苦，這實際上是他自己的寫照。但這部劇本卻一直沒有寫完，只有一些片斷，因為他找不到解決矛盾和痛苦的辦法。對托翁充滿敬佩的茨威格認為，「把托爾斯泰自己的這個結局作為他那部悲劇片斷的尾聲是最自然不過的了」，所以他以托翁的出走、去世為題材，寫了劇本《逃向蒼天》，「試圖以盡可能忠於歷史和尊重事實與文獻的態度，把這種最後的也是唯一的結局寫出來」。他申明，自己的這番努力並非要完成托氏的劇本，「而僅僅是想為他那一部未完成的劇本和未解決的衝突寫出一個獨立城篇的尾聲，唯一的目的，是要給那齣未完成的悲劇一個悲壯的結局」。

在這齣話劇中，茨威格把托翁的思想矛盾和心靈痛苦，以藝術的手法，形象生動、集中尖銳地表現出來。劇中的「大學生」是革

命者的代表，他們尊重托翁，卻不能贊同他的觀點。他們以許多殘酷的事實說明，沙皇的專制政權以最殘暴的方式鎮壓人民，因此責備他要人民寬容忍讓、用愛感化專制統治者，「實際上是在幫助那些壓迫者」，表示「要仇恨一切給人類造成不公正的人」，甚至是自己的親兄弟，「只要他給人類帶來苦難，我也會把他像一條瘋狗似的打倒在地」。而托翁則表示：「我從不知道什麼叫仇恨」，「即便是仇恨那些對我們人民犯下罪行的人，我也反對」。「即便是罪人，也還是我的兄弟。」「大學生」斬釘截鐵地說，暴力革命的時代已經到來，而托翁則尖銳反駁說：「透過暴力不可能建立一種符合道德的制度，因為任何一種暴力不可避免地會再產生暴力。一旦你們掌握了武器，你們也會很快建立新的專制主義。你們不是破壞專制，而是使他永存下去。」對此詰問，「大學生」無言以對，但卻指出托翁自己生活方式與信念之間的矛盾，認為這也是一種虛偽。這種指責，使托翁心靈受到強烈震撼，不能自已……最終上演了高齡離家出走、「逃向蒼天」的悲壯一幕。

揆諸人類歷史，當年深深困擾托翁的這種矛盾，人們至今仍在思索，依然引起激烈爭論……

這些精彩的歷史特寫，將那瞬間的「關鍵時刻」延長、放大，使我們能夠讀到歷史的心靈，感受到歷史的「靈感」。正如茨威格所說：「歷史是真正的詩人和戲劇家，任何一個作家都甭想去超越它。」

（本文為廣西師範大學新版之《人類的群星閃耀時》序言）

「約翰・克利斯朵夫」的良知為何癱瘓

現在，我還記得近三十年前插隊時在煤油燈下冒險讀羅曼・羅蘭所著《約翰・克利斯朵夫》時的激動與興奮——之所以是「冒險」，因為當時這是絕對禁書。克利斯朵夫那種「不是為了成功，而是為了信仰」的精神，給當時正在苦悶彷徨中的我，極大的精神鼓舞和力量。當然，羅曼・羅蘭亦因此成為我的精神偶像之一。及至「文革」結束，文壇開禁，他的作品重又出版，我當然是悉數買來，幾年前中央電視臺插放連續劇《約翰・克利斯朵夫》時，更是集集不落。不過，不知是電視劇改編得不成功還是因為現在的處境、心境不同，竟全然沒有當年讀小說時那種刻骨銘心的感受。近來讀了他在六十幾年前寫的《莫斯科日記》，對他更感遺憾，甚至有些失望。

羅曼・羅蘭於 1935 年 6 月至 7 月，對莫斯科作了為時一個月的訪問，那是全世界的「進步知識界」都傾慕、信仰蘇聯的時代。對於蘇聯的態度，一時竟成革命、進步、落後甚至反動的試金石。在《莫斯科日記》中，羅曼・羅蘭對這次訪問的經過和觀感都作了詳細的描繪。在日記中，他對蘇聯的許多新氣象作了熱烈的讚揚，但同時他又以作家的敏銳和人道主義思想家的深刻，看到了某些嚴重的問題，對一些現像表示了深深的疑慮。值得玩味的是，他對自己產生這些疑慮似乎又有種負疚感，總要想出一些可以理解的「理由」自我解釋一番，以消除疑慮。同時，要求這部日記在五十年後才能開封。

　　如他雖然稱頌史達林，但對那種過份的、令人作嘔的個人崇拜又大表反感，認為史達林像「羅馬皇帝」一樣欣賞自己的「封神儀式」。不過稍後他又認為這是人們「高興地意識到自己的力量，為成就而自豪，真誠地信任自己的事業和自己的政府──這是成千上萬、甚至千百萬蘇聯男女所體驗到的情感……所有的人都處在集體狂熱的影響之下──期望、快樂和信心的狂熱，狂熱地確信他們在世界上為之效力的事業的正確和宏偉。在歷史上，這被稱為『成功時刻』──人民最充分地經受自己命運的時刻。」「雙手服從大腦──共產黨及其人民委員會。這是可靠的大腦，而且，它可靠地架在肩膀之上。」（1995 年中譯本，第 110 頁）

　　當他得知，有些青年僅僅因為是剝削階級家庭出身，就被剝奪了上大學或進工廠的權利時，極為氣憤。對農民在「集體化」中的悲慘遭遇，他深感同情，對濫殺無辜和種種殘酷的政治迫害（一些兒童都未能倖免）他更難以接受……但後來，他居然全都想通了，認為這是因為蘇聯在國內還有被推翻的統治階級的反抗、國外被帝國主義包圍的形勢所致。「精心選擇的政黨對千百萬非黨人士的不屈不撓的專政是需要的。非黨人士或許比敵人更危險，因為不能確定他們的準確人數……我不能譴責專政（只能因為它努力偽裝起來而譴責它），因為危險仍然存在。」（第 114 頁）所以許多暴行，「包括把不信任轉移到兒童身上，而這種不信任，或許是他們的父輩或者他們根據出身所屬的階級所應得的」。「無論如何，不能不理解這一切。這是『戰時狀態』。這是『戒嚴狀態』……濫用權力是由情勢（和事實）的邏輯所引起的。」（第 115 頁）讀到這些「非黨人士或許比敵人更危險」、「對千百萬非黨人士的不屈不撓的專政是需要的」、這些兒童不被信任（實際是歧視）是「應得的」這一類的文字，不能

不使人不寒而慄。很難想像,這些文字是出自《約翰·克利斯朵夫》、《欣悅的靈魂》、《貝多芬傳》、《托爾斯泰傳》……這些悲天憫人、滿懷博愛精神之作的作者的筆下。

　　作為一個敏感的作家和思想家,他看到蘇聯的領導人擁有極大的、不受任何監督的權力,在生活中實際享有超出人們想像的特權,事實上正在形成一個「新貴」階層。對此,他深表憂慮,屢屢談及,認為今後很可能會產生一個龐大的「特權階層」,他急迫真誠地希望蘇共和史達林能正視、解決這一問題。但隨即他又表示:「如果出現這種情況,我不會大肆宣揚革命的失敗。我從不認為,革命能夠一下子、立即實現人類兄弟般的團結和無階級的社會。每一次革命(而且,這應該不是最後一次,否則人類就會停止前進),每一次革命——這都是在通向偉大理想的道路上被征服的一個階段。蘇聯革命可能成為人類社會在通向這個目標的道路上邁出的最大一步。對蘇聯革命的榮耀來說,這已足夠……無論今後將發生什麼,將始終需要管理人類巨大軀體的中樞。」(第119頁)

　　《莫斯科日記》中類似的思想矛盾與「想方設法」的自我解釋還有許多許多,勿庸再舉。羅曼·羅蘭無疑是傑出的思想家,更是公認的敏感深刻、胸懷博大、充滿愛心的作家,對社會的不公、人類的痛苦與罪惡有著超乎常人的感受、悲憫和憤怒。所以,他在第一次世界大戰的群情狂熱中才能「冒天下之大不韙」堅決反戰,公開主張「讓祖國戰敗」,因此被自己的同胞和政府視為「叛徒」、「賣國賊」,完全被孤立,備受打擊迫害。面對窮兇極惡的法西斯主義,他更是甘冒生命危險,公開揭露其罪惡,要人們認清它的巨大危害。

　　然而,在看到史達林主義的某些弊病甚至罪惡時,羅曼·羅蘭卻不顧事實,對其公開頌揚,只在日記中悄悄吐露自己的疑慮、寫

下所見的某些真實情況，但隨即，又千方百計為其找出種種「可以理解」，亦即「可以原諒」的理由。儘管只是略有微詞，羅曼‧羅蘭仍生怕引起五十年後的讀者對蘇聯、對他的態度和觀點的「誤解」，所以在「日記」的最後再次強調：「當我重讀這些筆記時，我感到擔心，它們可能顯得過於持批判態度，並使把我當作兄弟的人們感到不愉快。我希望，將不會發生這樣的事，那些將閱讀我的日記的人們，能感覺到我對我所寫到的人們的尊敬和依戀，我把刻畫他們的個性特點作為自己的任務（況且我的分析可能是錯誤的）。我不希望，批評性意見以及對某些事情的某種克制態度會歪曲我的主要思想。我在作出總結時，說出了自己的有利於蘇聯和史達林的政策的意見。目前這些政策包含某種消極的東西；這是不可避免的：任何打算都不可能沒有錯誤（『犯錯誤是人所固有的』）。可是，史達林的政策所包含的積極的東西，遠遠超過所有消極的東西。我絲毫不懷疑，世界更美好的未來，是與蘇聯的勝利連在一起的。」（第 137 頁）今日讀此文字，使人不禁啞然失笑。與他的擔憂恰恰相反，五十年後閱讀他的日記的人們不是認為他對蘇聯「顯得過於持批判態度」，反而是對他對這些人物和體制的「尊敬和依戀」感到遺憾，對他當時沒有公開自己的某些批判感到不滿。事實說明，他的擔憂、他對歷史的預測完全錯誤，這使人感到歷史的嘲諷實在過於殘酷。當然，我們不必也無權嘲笑、苛責先賢，但這一切不能不使人心情格外沉重地進行一種歷史的追問：這是為什麼？否則，這段歷史就是一片空白。

很明顯地，並不是對一種外在力量的懼怕，使他不敢對史達林的蘇聯作出批評，而是一種道德性的內在約束使他噤若寒蟬。他確可說是歐洲，不，是全人類的良知，但實際上，是以各種宏偉說詞

為精美包裝的罪惡面前，他的良知卻完全「癱瘓」，所以他雖然看到了種種嚴重的問題，但又為自己會有這種「思想」而深感歉疚，更不願意將其說出，生怕造成各種「不良影響」，甚至進一步為其找出種種「可以理解」的理由。他沒有意識到，這種作法，會使任何罪惡都可以得到解釋。罪惡一旦被開脫，罪犯便更加肆無忌憚。其實，正是「人類良知」的這種迴避或自我欺騙，使更多的人被欺騙，因為他們不僅以自己淵博的學識、更以一種道德的力量，深受芸芸眾生愛戴和信賴。或許他們用心良苦，但終使悲劇更為深重。事實說明，他缺乏的並不是承認、說出真理的勇氣，而是認識真理的理性，所以「良知」就被那些「宏偉說詞」輕易捕獲。事實說明，無論真假，誰佔有了那套「宏偉說詞」，誰就真的佔有了一種巨大的「道德優勢」，而對這種說詞下的罪惡的揭穿，反居「道德劣勢」。羅曼‧羅蘭的同鄉，法國作家紀德的遭遇，就頗能說明問題。紀德在沒有到過蘇聯以前，也曾對蘇聯充滿憧憬，但他在 1936 年應邀訪蘇後，立即敏銳地發現了當時的種種問題，與其他盲目地歌頌史達林和蘇聯的左翼作家不同，他回國後發表了《從蘇聯歸來》一書，對蘇聯當時的問題作了坦率的揭露和批評。儘管紀德一再申明、表白，自己是發自內心地為蘇聯好，相信蘇聯終歸要克服他所指出的重大錯誤，因為「真理無論如何痛苦，它傷人，只為的要醫好他」，（紀德，《從蘇聯歸來》，中譯本，第 16 頁）但他仍受到全世界左派的激烈圍攻，一時間群情洶洶，被指為落後、反動、背叛。因此，對那類虛假言詞的揭露，實際上需要更大的道德勇氣、更強的理性和智慧。

羅曼‧羅蘭可能萬萬不會想到，就在他寫下這些日記的半個多世紀之後，曾經無比強大的蘇聯竟會轟然坍塌，徹底解體。蘇聯的

灰飛煙滅原因當然很多，而像羅曼・羅蘭這種有「人類良知」之稱的人們，明明看到了它的嚴重弊病，卻出於自以為是「道德」的原因，為其「諱疾忌醫」，終於沉屙不治，無疑也是其中一個雖然不大、但仍然重要的原因。

　　但願羅曼・羅蘭這種事與願違的悲劇不再重演。

愛倫堡的困境

愛倫堡是大名鼎鼎的蘇聯作家，生於 1891 年，去世於二十世紀六十年代末，歷經史達林、赫魯雪夫和勃列日涅夫這三個時代。他的過人之處在於，在這三個前者不斷被後者批判、否定的時代，他不僅都能「活過來」，而且都十分走紅，可謂「三朝元老」，在同輩人中，實屬罕見。

愛倫堡在少年時代即參加了社會民主黨的地下工作，同時開始文學創作，十七歲入獄，十九歲到巴黎深造。十月革命後，他參加蘇維埃政府的工作，後以記者的身份長期外駐西歐，與西歐文化界關係既深且遠，甚至成為蘇聯與西方文化關係中一條重要的「紐帶」。作為駐外記者，愛倫堡當然經常返國，但從三十年代中期起，國內的許多新情況與他的思想、教養格格不入，使他茫然不解，甚至痛苦不堪。但對「未來世界」充滿幻想的真誠，使許多人對種種極不正常的現象，不是視而不見就是找出種種為之「解脫」的理由。對此，身處其中的愛倫堡也不例外。

1935 年，他回國在克里姆林宮出席斯達漢諾夫工作者大會，第一次看到了狂熱的個人崇拜。史達林出現時全體起立，開始瘋狂鼓掌，響徹「偉大的史達林，烏拉！」「光榮屬於史達林！」長達十幾分鐘。受到這種群體性狂熱氣氛的感染，他也不由自主地拼命鼓掌，事後才感到手痛。對於越來越嚴重的個人崇拜，他也曾惶惑不解，認為共產黨人、馬克思主義者，天天在講蘇維埃新文化，但眼前的

個人崇拜卻不能不使他想起在偏遠山區看到的「那些薩滿教巫師的崇拜者」，但他「立刻打斷了自己的思路：也許我在用知識份子的觀點看問題吧。我曾多次聽說，我們知識份子常犯錯誤，不懂得時代的要求！『書呆子』、『糊塗蟲』、『腐朽的自由主義者』……但我依然不能理解『最英明的導師』、『各民族天才的領袖』、『敬愛的父親』、『偉大的舵手』、『世界的改造者』、『幸福的締造者』、『太陽』……但是我終於說服了自己：我不理解群眾的心理，總是以一個知識份子，而且是在巴黎度過半生的知識份子的眼光判斷一切。」（《人‧歲月‧生活》〈中〉，海南出版社，1999 年版，第 314、315 頁）在這種社會結構和意識形態中，「知識份子」的確是一負面概念，使許多知識份子在內心深處，都有對「人民」的負疚感和道德原罪感，在抽象的「人民」（實際上往往只是統治者利用的一個符號）面前，放棄（甚至因此深深自責）了自己的理性。

1937 年末，「大清洗」正在高潮之時，他從西班牙內戰前線奉調回國工作，更加嚴酷、恐怖的現實，使他深受震驚。他深知許多被「清洗」的熟人、朋友都是最堅定的布爾什維克，堅信史達林是人民的救星，那些罪行都是被強加的。但同時，他對這個社會的正義性仍深信不疑。因此，他對許多事情感到難以理解，陷入深深的矛盾之中，內心極度痛苦。為了擺脫這種矛盾和痛苦，他兩次給史達林寫信，要求重返西班牙，投入反法西斯戰鬥的前線。他的要求終於如願以償，於是他內心的矛盾得到了解脫，同時又保全了自己的性命，而且依舊「走紅」。他在 1940 年寫的小說《巴黎的陷落》，原先被意識形態主管部門認為有問題而禁止出版，但史達林卻過問此事，贊同出版。於是主管領導立即向他道歉，各出版單位當然紛紛要求搶出此書。由此，也可看出史達林對他的確是網開一面。

　　1956 年，蘇共「二十大」召開，開始批判史達林。愛倫堡新發表的小說《解凍》，透露出新的時代氣息，又聲震一時，以致後來「解凍」甚至成為「某種思潮」的象徵。對於自己這種一百八十度的思想大轉彎，愛倫堡當有種種解說，但有些根本性問題，他卻無法迴避、必須面對。

　　他寫道，當時他和不少人就明白，從上到下許多慘遭「清洗」的人，實際上是清白無辜者，但是對史達林的盲目崇拜又使他們對此不敢懷疑、更不敢獨立思考。因為「在千百萬人的概念裏，史達林成了神話中的半神半人。所有的人都戰戰兢兢地反覆說著他的名字，相信只有他一個人能拯救蘇維埃國家免遭侵犯和瓦解」。神話般的人所做的一切當然不容置疑，偶有疑慮，他們最多認為是因為史達林並不知情，「不僅是我，很多人也認為，罪行是來自一個號稱『史達林式的人民委員』的小人物」。甚至帕斯捷爾納克有次也對他說：「要是有人能把這一切告訴史達林那該有多好！」（中，第 415 頁）

　　個人崇拜無疑是導致罪惡的主要根源之一，但並不能以此解釋一切，所以當悲劇結束後，他必然要不斷面對新一代的質問：你們當時幹什麼去了？在這種悲劇中你起了什麼作用，扮演了什麼角色？有那樣多人受罪、遭到殘酷迫害，你為何倖免？對此，愛倫堡作出種種回答、辯解。這些辯白雖然蒼白無力，卻頗引人深思。

　　他說，當這些罪惡初顯苗頭時他就有所感覺，但他的辯解是「這一切有時敗壞了我的味口，但絕未敗壞我的良心，難道我能預見到事態的發展嗎？」（中，第 260 頁）他承認自己也多次產生懷疑，但一再強調「當時我曾長久地設法說服自己：我不理解人民的感情，我是個知識份子，何況又脫離了俄羅斯的生活。後來我對歡呼聲和做彌撒似的修飾語都習慣了，不再注意它們了。」（下，第 466 頁）

他還強調，他當時之所以保持沉默，是因為雖然明知許多罪惡，但為了革命的總體利益而必須保持沉默。另一個自我辯解的理由是：「是的，我知道許多罪行，但要制止它們我卻無能為力。況且在這種情況下又有什麼可說的呢：就連那些勢力大得多、對情況的瞭解也清楚得多的人也沒能制止罪行」。（下，第 470 頁）他很清楚，在千百萬讀者的心目中，他是一個可以到史達林面前去對某一問題提出不同意見的作家，當時這可是非同尋常的「禮遇」。如此得寵，為何對種種罪惡卻無隻言片語？因此，他比其他作家的「責任」要更重一些。所以，他要繼續辯白說：「其實我同我的讀者們一樣是『齒輪』和『螺絲釘』」（下，第 462 頁），也就是說，自己在罪惡中只是一個被動的工具。這些辯解確實都有一定的道理，但卻不無自相矛盾之處，更重要的是缺乏深深的自責和懺悔。他至多只承認「存在過兩個愛倫堡，他們很少和平共處，往往是一個在侮辱甚至踐踏另一個……」（下，第 490 頁）但他不能不一再面對：「您居然能倖免於難，這是怎麼回事？」的提問，他的回答是：「我不知道。」又反覆辯白說：「如果我是個信教的人，我大概會說，上帝的安排是難以解釋的。」「我生活在這樣一個時代裏：一個人的命運不像一盤棋，而是像抽彩。」然而，「當時我簡直不願再活下去，但即使在這樣的日子裏，我也知道自己選擇了正確的道路」。（中，第 418 頁）明明把命運歸結為所謂「上帝的安排」，像抽彩一般地不能把握，也就是說自己其實並無選擇權，卻又堅信、辯白自己的「選擇」正確，不亦悲夫！之所以會陷入這種自相矛盾的困境，就在於他與那個時代曾經融為一體，否定那時代、那段歷史也就否定了自己的一生，因此他堅決不願徹底「認錯」。這種否定是痛苦的，需要靈魂深處的懺悔。當然，沒有在那種體制下生活過的新一代，很難想像在那種可

怕的生存狀態下「生活」（更確切說是「活著」）的可怕，人的心靈能被扭曲到何等地步，所以他們的質問可能有失寬厚，缺乏「理解的同情」，甚至可說是有些「苛責」。但這並不能成為「當事人」在被質問時刻意迴避、百般辯白的理由，如果都找種種外在的客觀理由，那麼任何罪惡都可找出各種各樣的理由，因此全都可以原諒。一旦如此，人類就會沒有最基本的善惡之別，重新墮入野蠻社會。無論愛倫堡的辯白是情有可原還是毫無道理，他的種種辯解不能不使人進一步追問、深思：人們曾把中國一些「文人學士」拒絕對自己在「那個年代」的所作所為進行懺悔，歸咎於中國文化缺乏懺悔、靈魂拷問的傳統，但俄羅斯文化中那種深深的懺悔精神，那種「靈魂拷問」的悠久傳統卻是舉世公認的。那麼，這種強烈的精神和深厚的傳統，怎會在愛倫堡這一類「文化人」身上喪失殆盡？是什麼使他們毫無懺悔之心？他們拒絕「靈魂拷問」的原因何在？為什麼幾十年後，中國的某些「文人學士」在面對新一代同樣的指責時，他們的辯解幾乎與愛倫堡一樣？這種「無獨有偶」，是否說明其實這無關「傳統」，而是那種相同的「邪惡」所致，其魔力如此之大，以致能迅速摧毀諸如俄羅斯知識份子那樣深厚的「精神傳統」，遑論其他……這種追問和深思可能更加重要，也更有意義。

由於不能完全正視那一段歷史，愛倫堡對一些人與事的分析頗受影響，偏見難免。他對法國作家紀德的漫罵，便非常能夠說明問題。紀德在沒有到過蘇聯以前，也曾對蘇聯充滿憧憬，但他在1936年應邀訪蘇之後，立即敏銳地發現了當時的種種問題，與其他盲目歌頌史達林和蘇聯的左翼作家不同，他回國後發表了《從蘇聯歸來》一書，對蘇聯當時的問題作了坦率的揭露和批評。儘管紀德一再申明，自己相信蘇聯終歸要克服他所指出的重大錯誤，因為「真理無

論如何痛苦，它傷人，只為的要醫好他」（紀德，《從蘇聯歸來》，鄭超麟譯，第 16 頁），但他仍受到全世界左派知識份子的激烈圍攻。幾十年後愛倫堡寫此回憶錄時，歷史已經證明了紀德是對的，愛倫堡此時對史達林時代的揭露、批判，也比當年的紀德有過之而無不及，但令人「嘖嘖稱奇」的是，他不僅不承認紀德的先見之明和道德勇氣、不承認自己當年的蒙昧和怯懦，反而依舊對紀德作了最惡毒的漫罵。在「紀德──他不過是一隻蟎蛾」這整整一章的篇幅中，他用「極度輕率」、自戀……來形容紀德，連紀德對妻子的深深愛戀都成為他嘲笑的內容，甚至咒罵紀德有「精神上的陰部露出症」！（中，第 292 頁）顯然，正是對「過去」的矛盾態度和心理，導致了這種使人深感可悲的理智混亂。

要完全擺脫因襲的重擔，徹底承認過去的錯誤的確不易。當過去的罪行和產生罪行的社會、政治及個人的原因沒有得到徹底清理時，對「過去」沒有清醒、理智、徹底的重新認識時，難免會有種種謬見，會產生種種混亂，「過去」也就很可能重演。愛倫堡的困境，說明了如何認識那一段歷史，的確至關重要。

（原載於《隨筆》，2003 年第 2 期）

關於卡夫卡的「另類閱讀」

　　對於五十年代出生的我們這代人來說，從小讀的外國小說，大都是《青年近衛軍》、《古麗婭的道路》、《鋼鐵是怎樣煉成的》、《牛虻》一類，及至年齡稍大，想方設法，甚至大冒風險所能讀到的也就是托爾斯泰、屠格涅夫、巴爾扎克、狄更斯……對所謂的「現代派」幾乎毫無所知。直到改革開放伊始的七十年代末、八十年代初，「現代派」才一點點地在「污染」聲的批判中被介紹進來。雖然我們此時已經「長大成人」，但仍趨新若鶩，讀「現代派」，一時在大學生，起碼是文科學生中成為風氣。但要真正讀懂「現代派」並不容易，所以當時最受歡迎的甚至還不是那些作品本身—當然，這些作品本身當時極少全譯—而是為數不多的這方面評析文章和著作。這類文章和著作，成為我們能夠瞭解、理解、接受「現代派」的導讀，但在使我們獲益良多的同時，又使我們的閱讀不免會有一種為人所「導」的先入之見。所以當時在讀卡夫卡的時候，我總是一門心思從中尋找各種「導讀」反覆闡明的「異化」、「變形」一類頗為抽象的概念，以證明自己確實「讀懂了」。

　　如今，在二十年多後用「自己的眼睛」重讀卡夫卡時，才發現原來竟有那麼多的天才之見為我們昔日所忽略。其實，卡夫卡不僅很抽象、很玄虛、很超脫、很「形而上」，而且很現實、很社會、很政治、很「形而下」。僅僅是《卡夫卡短篇小說選》（外國文學出版社，1985 年版）中選錄的幾篇短篇小說對社會、政治、人性顯示出

的深刻洞見，就令人震驚不已，尤其是某些巫師般準確的「預見性」，簡直使人難以置信。

「文革」寓言

讀罷〈萬里長城建造時〉和〈女歌手約瑟芬或耗子民族〉這兩篇小說，不能不使人感到這就是關於中國「文革」的寓言。〈萬里長城建造時〉寫於 1917 年，以著名的中國萬里長城的修建為背景。這篇八千多字的小說並沒有故事情節，通篇只是「我」，一位剛滿二十歲的平民百姓，被徵修長城後的關於「我們」（中國）的歷史、政治、社會和文化的感想。未讀這篇小說，人們自然會懷疑這位生活在遙遠的布拉格、在八十年前（1924）就早早去世的猶太裔德語作家，對中國究竟能有多少瞭解呢？然而讀罷這篇小說，卡夫卡的許多描述、猜測和「預見」之準確、深刻，不能不令人悚然心驚。

小說寫道，修長城是來自皇帝的命令，為什麼及如何修，是「我們」這些平民百姓所根本不知道的。而且「我們」「實際上是在──研究了最高領導的命令以後才認識了自己本身的，並且發現，沒有上級的領導，無論是學校教的知識還是人類的理智，對於偉大整體中我們所佔有的小小的職務是不夠用的。在上司的辦公室裏──它在何處，誰在那裏，我問過的人中，過去和現在都沒有人知道──在這個辦公室裏，人類的一切思想和願望都在轉動，而一切人類的目標和成功都以相反的方向轉動。但透過窗子，神的世界的光輝，正降落在上司的手所描畫的那些計畫之上」。（第 275 頁）──這似乎是

預示了中國「文革」的經典話語：對於毛主席的話，理解的要執行，不理解的也要執行，一句頂一萬句，緊緊跟隨偉大領袖的偉大戰略部署，支援世界革命，實現全球一片紅……再讀下去，對「文革」的場景，卡夫卡甚至還有具體描寫：「某些高級官吏，由於一場美好的晨夢的激發而心血來潮，匆匆召集一次會議，又草草作出決議，當晚就叫人擊鼓將居民從床上催起，去執行那些決議，哪怕是僅僅為了搞一次張燈結綵，以歡慶一位昨天對主子們表示了恩惠的神明，而在明天，彩燈一滅，就立刻把他們鞭趕到黑暗的角落裏去。」（第277頁）──現在四十歲以上的人們不知還記不記得三十年前，三天兩頭不論願意不願意，夜半三更都必須從被窩中爬出，張燈結綵、敲鑼打鼓，慶祝偉大領袖發表最新、最高指示，貫徹最新、最高指示不過夜，否則就是吃不了兜著走的態度問題、立場問題……

而且，1924年3月，卡夫卡寫的一篇名字非常怪誕的小說──〈女歌手約瑟芬或耗子民族〉，更令人拍案叫絕。據說這是他的最後一部作品，因為三個月後他就溘然去世。為什麼他在死前要寫這樣一篇如此古怪荒誕的小說？是不是他在冥冥之中預感到了什麼？我們不得而知。但這確實是一則關於一個靠文藝起家、野心勃勃的女人與一個「繁殖力非常強」，即人口眾多的民族之間，彼此控制與反控制的寓言。

「我們的女歌手」名叫約瑟芬，「我們」整個民族都被她的歌聲迷住，都覺得她的歌聲不同凡響，只有她才有這種奇妙的歌聲，她的歌聲使「我們」擺脫日常瑣事的煩惱而達到一種高尚的境界……總之，「別個誰都沒有這種能耐」。但「我」和少數人終於發現，她的歌聲其實並無特別之處，甚至只不過是在吹口哨。而吹口哨是「我們民族」固有的藝術本領和特徵，約瑟芬其實也並不比別人吹得好。

一次有人非常委婉地向她指出這一點，但她卻認為這太過份了，「她當時露出的那樣狂妄自大的冷笑，是我以前從未見過的」。（第 342 頁）在她唱歌的時候，總是圍滿了入迷的聽眾，「像耗子一般悄然無聲，彷彿我們得到了盼望已久的、至少由於我們自己吹口哨而無法得到的寧靜平和，我們沉默著」。（第 342 頁）曾有一個不懂世事的小女孩，在約瑟芬唱歌的時候也天真地吹起了口哨，聲音竟與約瑟芬的完全一樣，但卻遭到其他人的齊聲譴責，再也不敢出聲了。約瑟芬非常會利用這種「與她的歌唱的純潔性相對立的種種干擾」作鬥爭，「這有助於喚醒大眾，雖然不能教會他們理解，卻也能使他們學會肅然起敬」。（第 343 頁）大規模的群眾集會更是她煽起狂熱崇拜的有效手段，甚至少數對她不感興趣者在這種集會中也發現，「我們很快也就淹沒在大眾的熱情裏了，他們身子挨著身子，暖乎乎地擠在一起，屏息諦聽」。一旦某次發現聽眾不多，「她自然會大發脾氣了，使勁跺腳，破口大罵，完全不像個少女，她甚至還咬牙」。而「大家非但絲毫不遏制她的過份要求，反而極力迎合她；派信差去召集聽眾」，「在周圍各條路上佈置了崗哨，向來者示意，讓他們加快步子」，「直到最後湊齊了相當數量的聽眾」。（第 344 頁）

這位約瑟芬，總以這個民族的保護人自居，認為藝術的作用無比重要，以為「她的歌聲能把我們從政治的或經濟的的逆境裏解救出來，它的作用就在於此，她的歌唱即使不能除災，那至少也能給我們力量去承受不幸」。（第 346 頁）結果，她靠著文藝便「輕而易舉」地就「裝扮成這個民族的救星」，控制了這個民族。「約瑟芬幾乎是不受法律管束的，她可以為所欲為，即使讓全民族遭殃，她也會得到寬恕的。」（第 352 頁）偶有對她表示不滿者，她的諂媚者便群起而攻之，以示堅決捍衛。為什麼約瑟芬能輕易將這個民族玩弄

於股掌之中呢？卡夫卡的回答是：「這恐怕主要與我們的生活方式有關」，「我們這個族類繁殖力非常強，每一代都不計其數」，一代的兒童還沒長大，新一代的兒童又源源而來，使我們這個民族充滿不成熟的孩子氣，「約瑟芬向來從我們民族的這股孩子氣中得到好處，佔了便宜」。但另一方面，由於人口眾多又互相排擠，甚至在兒童時期就互相爭鬥，結果是「我們的民族不僅有孩子氣，它在某種程度上還未老先衰」，沒有經過激情盎然的青春期便進入暮氣沉沉的成年，這樣反而使我們內心深處對激情與亢奮有種迫切的需要。約瑟芬又裝腔作勢地以她的歌聲迎合、煽動了這種「激情」。（第 349、350 頁）

儘管權傾一時，但這個野心勃勃的「女歌手」仍不滿足，「總是神經質地感到不快」，提出的要求越來越過份，使這個民族無法滿足她的要求，結果她反而怨恨這個如此善待她的民族。「在她的心目中，她的權力是不容置疑的；至於她的權力是怎樣得來的，那又有什麼關係呢！」（第 356 頁）終於，越來越多的人認清了她的真面目，對她越來越反感。於是，這個權勢欲極強的女戲子與這個像耗子一樣沉默、有耗子那樣極強的繁殖力的民族之間，開始了一種控制與反控制的鬥爭。經過幾個回合的較量，雖然她使出渾身解數，但最終還是被這個民族徹底拋棄。

其實，是她「自動破壞了她征服民心而到手的權力。真不知她怎麼會獲得這種權力，其實她很少瞭解民心。」而「在我們這個民族的永恆的歷史中，她不過是一段小小的插曲而已，而這個民族終將彌補這個損失」。（第 358、359 頁）

當時誰能想到卡夫卡的這則「臨終預言」會如此靈驗！這不就是四十多年後，江青和我們全民族關係的寫照麼？這位「女歌手」的脾氣特性、所作所為、突然權傾一時又終被這個民族拋棄的經歷，

與江青何其相似乃爾。更令人稱絕的是，卡夫卡還反覆強調「我們這個族類繁殖力非常強」（世界上人口繁衍最多的不就是我們這個族類嗎？），由於人口眾多而從小就習慣內鬥，正是這個民族竟曾被這樣一個人玩弄於股掌之上的原因，「主要與我們的生活方式有關」！

卡夫卡甚至預感到我們這個民族對苦難的易於淡忘，善將歷史中沉重苦澀的殷紅褪成輕淡甜膩的粉紅，所以在〈萬里長城建造時〉的結尾，他有意增加了這樣一個不無突兀卻意味深長的情節：有一次，一位乞丐來到「我們」中間，講述我們民族過去的苦難，結果，這個打攪了我們的甜蜜生活因此不合時宜、使人掃興、令人厭煩的乞丐被「我們」推趕出了房間。因為「古老的事情早已聽到過，昔日的傷痛早已消弭。記得在我看來，雖然乞丐的話無可辯駁地說出了可怖的生活，但大家卻笑著直搖頭，什麼也不願聽」。（第282頁）──時下，不是有人認為「文革」記憶妨礙了現在的幸福生活，所以要竭力淡化「文革」記憶、有意強化民族的健忘症麼？不是有人一方面對國人說，現在對文革的記憶已是「白頭宮女在，閒坐說玄宗」，沒有任何意義，一方面為了迎合西方「學院左派」的玫瑰色「文革想像」，而把「文革」塑造成「盛大的節日」麼？

人權與主權的衝突

在二十世紀末、二十一世紀初世紀之交的時刻，人權與主權的關係驟然尖銳，成為一個讓政治家頭痛、讓學術界激烈爭論的全球性問題。然而，早在二十世紀初年，幾乎無人意識到這一潛在問題時，卡夫卡就洞察到這個問題的尖銳性。寫於1914年的〈在流放地〉

這篇小說，不僅表現了人權與主權的激烈衝突，而且卡夫卡還異常鮮明地表明了自己的觀點和態度。

一位「旅行家」來到「流放地」觀看一位軍官對犯人的行刑時，與這位軍官就司法程式問題進行了激烈辯論，結果令人大出意外，這位軍官最終不僅釋放了犯人，而且自己突然走上為處決犯人而精心設計的機器自我處決。——這便是卡夫卡的小說〈在流放地〉的故事梗概。

「這是一架不尋常的機器」，小說一開始，就是這位軍官對這種殺人機器的誇耀，而後便以不小的篇幅，從各種角度、以各種方法對這架機器殺人的殘酷、複雜和精密作了細緻描述和表現。這架機器為流放地的老司令官一人設計，從下往上，分為「床」、「耙子」和「設計師」三個部分，犯人在這架機器上要經過這三部分，共十二個小時的各種殘酷折磨之後才被處死，這些不同的酷刑按設計好的程式，一環緊扣一環、一道緊接一道順序進行，一切都按部就班，有條不紊。更絕的是，一個外行的旁觀者根本分不清各種刑罰之間的區別。而且，整個流放地的機構都是精心設計的，正如這位軍官得意洋洋所說：「流放地的機構已經十全十美，即使繼任者腦子裏有一千套計畫也會發現，至少在好多年裏，他連一個小地方也無法改變。」（第 140 頁）因為他知道，流放地的新司令官多少有改變舊制之意，委託這位異國的「旅行家」實地考察、彙報。

卡夫卡可能沒有想到，就在他寫完這篇小說二十餘年後，這種「精心設計」的殺人機器和「十全十美」的集中營就真的出現。成批成批屠殺猶太人的殺人工廠、焚屍爐、奧斯維辛、索比堡、古拉格……殺人、流放的確達到了高度的組織化、機器化和程式化。

　　但這篇小說篇幅更多、更為精彩、也更令人深思的，還是旅行家與軍官之間的觀念衝突和辯論。

　　無論這位軍官如何喋喋不休，受流放地新任司令官邀請的「旅行家」對這架機器不僅毫無興趣，而且愈加反感。他感興趣的是司法程式的問題，是對犯人的審判、處決是否公正。他發現犯人根本沒有經過任何形式的審判就被判決，流放地司令官的命令就是一切，於是向軍官問道：「他難道既是軍人，又是法官，又是工程師、化學師和製圖師？」軍官馬上回答：「他的確是的」。如此，犯人便沒有任何辯護的機會。旅行家認為這太不公平，一再向軍官提出，要給犯人為自己辯護的機會。對此，軍官發表了長篇大論，從方方面面論述了讓犯人自我辯護的種種弊病和現行「審判」的好處：「這一切都很簡單。要是我先把這個人叫來審問，事情就要亂得不可開交。他就會說謊，倘若我揭穿他的謊話，他就會撒更多的謊來圓謊，就這樣沒完沒了。」（第 145 頁）經過一番爭辯，旅行家感到左右為難，「私自盤算道：明白地干涉別人的事總是凶多吉少。他既非流放地的官員，又不是統轄這個地方的國家的公民。要是他公開譴責這種死刑，甚至真的設法阻止，人家可以對他說：你是外國人，請少管閒事。」這裏，卡夫卡明確提出了人權與主權的關係。

　　在雙方的交鋒中，軍官表示了對老司令官的無比推崇，和對新司令官要改變舊制的強烈不滿：「新上任的那位當然露出想干涉我的判決的意思，可是到目前為止我還是把他頂了回去，今後一定還頂得住。」（第 144 頁）這番話使受新司令官邀請而來的旅行家不禁更對干涉此事躍躍一試，「審判程式的不公正和處決的不人道是明擺著的。也沒有人能說他在這件事裏有什麼個人的利害關係，他

與犯人素昧平生，既非同胞，他甚至也根本不同情這人」。（第151頁）因此他認為自己似乎應該對新司令官施加影響，促其下決心改變舊制。

這位軍官彷彿看透了旅行家的心思，依舊滔滔不絕，極力想透過說服旅行家來使新司令官改變主意，堅持舊制。他承認，現在幾乎無人贊同舊制，只有他是「唯一的擁護者」和「老司令官傳統唯一的信徒」，所以今天只有旅行家一人來旁觀行刑，而過去卻是人山人海，群情高昂，「我們是多麼心醉神迷地觀察受刑的人臉上的變化呀，我們的臉頰又是如何地沐浴在終於出現但又馬上消逝的正義的光輝之中啊！那是多麼美好的時代啊，我的同志！」（第154頁）說到動情之處，他幾乎忘了是在和誰說話。這種變化的原因，當然是老司令官的去世和新司令官要變法。此時，軍官幾乎是在哀求旅行家：「今天是您來到島上的第二天，您根本不瞭解前任司令官和他的做法，您一向受到歐洲的思想方法的拘囿，也許您一般地在原則上反對死刑，對這種殺人機器更是不以為然……您見識過也知道尊重各個民族的種種奇風異俗，因此不會像在自己國內那樣，用激烈的方式反對我們的做法。」（第155頁）他不僅要求旅行家不明確表示反對，甚至希望旅行家連「在我們國家裏審判程序不是這樣的」或「我們從中世紀以來就不用酷刑了」這類話都不要說，因為這仍會給新司令官變革的藉口，「他的話準是這樣的：『一位有名的西方旅行家，他是派出來考察世界各國刑事審判程序的，他剛才說我們執行法律的傳統做法是不人道的。出諸這樣一位人物的這樣的意見，使我再也無法支持過去的做法了。』」（第156頁）不過，他向旅行家說道：「我並不是要您說謊，我絕無此意；您只需敷衍了事地答上兩句，例如：『是的，我看過行刑了。』，或者是『是的，人家對我

說過了。』這就行了，不用再多……」（第 158 頁）卡夫卡意味深長地藉這位濫殺無辜、草菅人命的軍官之口點明了旅行家的身份：他是西方人，是「派來考察世界各國刑事審判程式的」；而且，他的話極有份量，會使新司令官感到「再也無法支持過去的做法了」而執意改革。揆諸今日之世界，卡夫卡近百年前的洞見確實入木三分，令人咋舌。

更令人深思的是，卡夫卡不僅預言了人權與主權的衝突，而且表明了自己的觀點和態度。在小說的結尾，經過反覆激烈辯論後，旅行家始終堅持要向新司令官表明自己的看法。眼見事情已無法改變，這位軍官沉默片刻後便將犯人釋放，卻又一件件地脫光了自己的衣裳，走上這架殺人機器，自己殘酷地結束了自己的生命。他是以身殉「道」？是不願見到變化？還是害怕以後會受到懲罰？……對此，卡夫卡惜墨如金，未著隻字，要讀者自己來猜測、想像、體味。小說中的這位軍官是踐踏人權、不講法治的象徵，卡夫卡以他的死亡作為小說的結尾當非偶然，而是有意隱喻這種體制的必然覆滅。

這種人權重於主權的觀點，來源於卡夫卡對國家和人民關係的看法。在小說〈往事一頁〉中，他甘冒觸犯眾怒之險，表明了自己的態度。這篇小說寫於 1917 年，當時第一次世界大戰仍在激烈進行，千千萬萬的平民百姓正在慷慨激昂地為國家浴血奮戰，為「救亡」而英勇犧牲，民族主義、國家主義更是氣焰萬丈。對此，卡夫卡非常不以為然，決心用小說來消解這種強烈的民族主義、國家主義情緒。以一篇全文還不到兩千字的小說，消解千百萬人著魔般亢奮的民族主義、國家主義情緒，無疑連杯水車薪都不如，但這種明知不可而為之的精神，不僅表明了一個作家應有的理性，更表現了

作家應有的良知和勇氣。這篇小說的故事情節雖然非常簡單，卻能使人久久回味。

小說中的「我」是一個小小的鞋匠，修鞋鋪就開在皇宮面前的廣場上。一天清晨開門一看，發現全城不知何時已被來自遠方的遊牧民族佔領。侵略者的燒殺搶掠從平民開始，鞋匠、肉販等都備受騷擾。這時，「我」來到皇宮門口，看到皇帝站在一扇窗後。「平常，他可從不到宮內靠廣場的房間來，而總是生活在最裏面的花園中」，這次卻垂頭喪氣地站在靠廣場的窗後，眼睜睜地看著宮前發生的事情。（第229頁）

最終，不堪種種磨難之苦的平頭百姓們聚在一起互相問道：「我們要承受這樣的負擔和磨難到什麼時候呢？皇上的宮殿把遊牧人吸引來，他卻沒辦法把他們趕出去。宮門始終閉著；往常耀武揚威地出出進進的衛隊，眼下全待在裝了鐵柵的窗戶後面。拯救祖國的事結果全得由我們工匠和商人來幹，這樣的重任我們卻擔當不起哩；須知，我們也從未誇過口，說自己有這種能耐。事情純屬誤會；而我們呢，卻將毀於這個誤會。」（第229頁）

卡夫卡的這篇小說，起碼從某一角度對「天下興亡，匹夫有責」這種說法提出了質疑。在「天下」「興」的時候，皇帝們總是「貪天之功據為己有」，從不認為「匹夫有責」、「與有榮焉」，自然也就不許匹夫有參政議政、「參與」國家大事的權利；但每當「天下」將「亡」的時候，皇帝們總是疾呼「匹夫有責」，彷彿事之所以致此，人人都要承擔一份罪責，匹夫自然就有承擔「救亡」重擔的責任與義務。

話當然還要說回來，如果「天下」不是「一姓」之天下，而是所有匹夫也都享有一份權利的「天下」，那麼自然應擔起「救亡」之

責;不過如果「天下」為某「一姓」之私物,當皇帝大呼「匹夫有責」時,鞋匠、肉販……等所有平民百姓的確應該冷靜地想想,自己是否真的「有責」。很可能,「拯救祖國」「這樣的重任我們卻擔當不起哩」!卡氏此言,可謂語重心長。

〈在流放地〉和〈往事一頁〉表明,在卡夫卡的觀念中,個人權利是高於、重於國家的基本權利的。同時他意識到這樣一個事實,即對個人權利觀念的強調,主要是從西方的歷史經驗、傳統中發展而來,但在全球性歷史發展中將成為一種擴散開來的普世性觀念,將與其他一些傳統發生衝突。就此而言,或可根據已成學界時尚的「後殖民理論」,說他是「西方中心論者」。但任何一種理念都產生於具體、特殊的語境之中,所以每種理念的源起都具有地方性,倘因此認為任何理念都沒有普世性,那所謂的交流、交往將沒有意義,不同文明之間根本無法溝通,終將爭戰不休。事實上,正是在不同文明、觀念的交往、碰撞甚至衝突中,某些符合最基本人性的價值觀和理念,終將逐漸演化成普遍性的價值觀和理念,成為全人類的基本信念和共識。

「饑餓藝術家」的雙重隱喻

在寫於 1922 年的〈饑餓藝術家〉中,卡夫卡塑造了一個以「表演饑餓」為生的藝術家。這位以展覽自虐為生的藝術家,不啻是現在十分走紅的「行為藝術」的先驅,自虐能成為藝術,在當時確難想像,所以不能不深歎卡氏想像力之豐富、對未來的洞察力之深刻。當然,卡氏塑造的這位藝術家的故作姿態固然令人噴飯,但最後他

確因「饑餓」而亡，倒還不失真誠。而這種真誠，恰恰又是今日另一類「饑餓藝術家」們所根本沒有的。

小說的開始寫道：「近幾十年來，人們對饑餓表演的興趣大為淡薄了。從前自行舉辦這類名堂的大型表演收入是相當可觀的，今天則完全不可能了。那是另一種時代。」（第 285 頁）在那個時代，這位「饑餓藝術家」風靡全城，以致人們要通宵達旦排隊買票來觀看表演。表演以每四十天為一場，這期間，藝術家在一個地鋪乾草的鐵籠中除偶喝點水外一直粒米不進，任人觀看，觸摸其嶙嶙瘦骨。他時而向人點頭，回答各種提問，時而對誰也不理會，只是呆呆地望著前方出神，完全陷入沉思。為了消除對他「偷吃」的疑慮，公眾還推選出了看守人員，每三人一班，日夜值班。其實這完全是多餘的，「他的藝術的榮譽感禁止他吃東西」。他最感幸福的是天亮以後，由他出錢讓人買來豐盛的早餐，讓那些通宵值班的壯漢們狼吞虎嚥一番，而他卻根本不為所動，這樣反襯出他的能耐。每四十天期滿時，他仍拒絕進食，結果經理和他人不得不強迫給他進食。這時他總是忿忿地想，為什麼在他的饑餓表演正要達到最出色的程度時打斷他呢？只要讓他繼續表演下去，他不僅能成為空前偉大的饑餓藝術家──這一步看來他已經實現了──而且還要自我超越，達到常人難以理解的高峰，「為什麼要剝奪他達到這一境界的榮譽呢？」「他自己尚且還能繼續餓下去，為什麼他們卻不願忍耐著看下去呢？」（第 289 頁）就這樣，雖然他度過了名揚四海、光彩照人的歲月，但「他的心情通常是陰鬱的，而且有增無已，因為沒有一個人能夠認真體察他的心情」。對於一些好心人的安慰和憐憫，「他就會──尤其是在經過了一個時期的饑餓表演之後──用暴怒來回答，那簡直像隻野獸似的猛烈地搖撼著柵欄，真是可怕之極。」（第 290、291 頁）

時代的變化更加無情，人們對「饑餓表演」突然失去了興趣。但這位藝術家對這種表演已經「愛得發狂，豈肯放棄」，便宣稱「只要准許他獨行其事（人們馬上答應了他的這一要求），他要真正做到讓世界為之震驚，其程度非往日所能比擬。饑餓藝術家一激動，竟忘掉了時代氣氛，他的這番言詞顯然不合時宜，在行的人聽了只好一笑置之」。（第 293 頁）他的驚世之舉是無限期絕食，開始時還真有些人看，而且「在他周圍吵嚷得震天價響，並且不斷形成新的派別互相謾罵」。（第 294 頁）但使他傷心的是沒有一派是真正理解他的，至多不過是想看看熱鬧而已。不久連熱鬧也無人觀看，這位藝術家完全被人遺忘。在他餓得奄奄一息的時候，才被人發現，但為時已晚。他最後的話是：「因為我找不到適合自己口胃的食物。假如我找到這樣的食物，請相信，我不會這樣驚動視聽，並像你和大家一樣，吃得飽飽的。」（第 296 頁）

當時的讀者很難想到，這會是關於幾十年後開始流行的「行為藝術」的隱喻。現在，一些行為藝術家正是以卡氏所描繪的因自虐而成為成功藝術家的。有人在盛夏，將腐臭不堪的浸泡死魚、爛蝦的髒水塗在自己身上，然後讓蒼蠅、蚊子爬滿全身；有人將導管插入血管，讓血液一滴滴流下，只為了知道體重因此減少了多少克；還有人將自己在一個可供人參觀的房間裏關了一年……從中都可以看到「饑餓藝術家」的影子，有的甚至可以說是如出一轍！

但這篇小說還有更深一層的隱喻。

多年前我讀這篇小說時，「饑餓藝術家」那種「故作姿態」雖令人哭笑不得，但總感覺這只是卡夫卡一貫的「誇張」、「荒誕」，並未在意。如今閱歷加深，誠感這並非全是卡氏之「妄想」，可說別有深意。生活中確有另一種「饑餓藝術家」，但他們卻沒有卡夫卡筆下「饑

餓藝術家」那種至為難得的真誠。他們故作姿態地向世人展示「饑餓」，實際卻比多數人吃得多、吃得好；一邊作「聖鬥士」狀地痛詆「市場」和「流行」，而懷念自己倚仗權勢、耀武揚威、不可一世的「那個時代」，一邊又老謀深算地利用「這個時代」的市場，炮製「流行」而名利雙收；看別人用洋家電等就怒斥為「賣國」、「漢奸」，其實自己早就想方設法，一趟趟過海跨洋，挣足了外幣又鑽山打洞，把子女送往國外……能博取「饑餓」之名卻又並不真正「忍饑挨餓」──如此精明的「人生策略」，是天才如卡夫卡者當年也沒有想到的。

　　有人說過，一個天才的如椽巨筆往往超越自己的時代和社會。卡夫卡的作品確如一面能超越時空的深邃魔鏡，映照出人性、社會最久遠、最複雜、最幽暗的方方面面。

（原載於《書屋》，2003 年第 3 期）

跋

　　「歷史學以人類的活動為特定的對象，它思接千載，視通萬里，千姿百態，令人銷魂，因此它比其他學科更能激發人們的想像力。」這是法國著名歷史學家馬克·布洛赫的名言。初讀此言時，我進入歷史研究這個「行當」未久，對此自難有體會，甚至頗有疑慮：果真如此？而今，對這門「高投入、低產出」學科的甘苦深有體會，同時也深感布洛赫所言不虛。或許正是「歷史」的薰染，使我不知不覺養成了用「歷史的眼光」四周張望、上下打量的習慣。

　　讀書、讀史全憑興之所至，毫無目的，是我的「陋習」之一，因此這本書所談之歷史人物、歷史事件可謂「龐雜」。內容固然龐雜，但無非是歷史人物與歷史事件。透過這些人物的命運，折射出那個時代與社會的方方面面。進一步說，歷史人物必然處身於歷史事件之中，而歷史事件也只能透過歷史人物發生、表現出來，所以說到底，這些「雜亂無章」的文章還是分析、透視不同時代、不同國籍、不同職業、不同經歷、不同思想的歷史人物在歷史縫隙中的矛盾、困惑與思考，人性的閃光與幽暗。

　　我非常喜歡現代史學大家白壽彝先生的〈司馬遷寓論斷於序事〉一文。1980 年，白先生感歎當時歷史敘述的乾癟無文，史學家似乎已經不會「講故事」，往往將豐富多彩、生動無比的歷史，被簡化成幾個抽象、枯燥的「公式」，所以將他在 1961 年發表過的〈司馬遷寓論斷於序事〉一文重新發表。他認為：「今天，我們史學界，應該

在這方面向司馬遷學習，要使我們的作品能吸引人，能讓人愛看，才能發生更大的效果。一般讀者反映，說我們的歷史書，寫得乾巴巴的，人家不愛看。我們應該接受這個意見，改變我們的文風。儘管做起來很困難，但這是我們應該努力的。」重發此文，說明白先生對它格外重視，實際是對史學界那種「乾巴巴」、已喪失「寓論斷於序事」能力的焦慮。此事看似容易，但白先生深知其實「做起來很困難」，一種定式、習慣一旦形成，已經「格式化」，則非朝夕之間便可改變，所以我們應如先生所說，繼續努力，「使我們的作品能吸引人，能讓人愛看」。

古羅馬的西塞羅有言：「人若不知出生以前發生之事，則將永如幼童。」說明了歷史的重要。歷史是人類對過去的記憶、知識的積累、進步，必須以記憶為基礎。歷史，是我們心智成熟、健康成長不可缺少的精神維生素。遺忘、喪失、塗抹歷史，則將如托克維爾所說：「心靈便在黑暗中行走」。

國家圖書館出版品預行編目

歷史的裂縫——對歷史與人性的窺探 / 雷頤作.
-- 一版.—臺北市：秀威資訊科技, 2009.02
　　面；　　公分.--(史地傳記；PC0068)
BOD 版
ISBN 978-986-221-153-3(平裝)

1.近代史　2.中國史　3.史學評論

627.6　　　　　　　　　　　　　　　98000047

史地傳記類　PC0068

歷史的裂縫──對歷史與人性的窺探

作　　者 / 雷頤
主　　編 / 蔡登山
發 行 人 / 宋政坤
執行編輯 / 詹靚秋
圖文排版 / 陳湘陵
封面設計 / 蕭玉蘋
數位轉譯 / 徐真玉　沈裕閔
圖書銷售 / 林怡君
法律顧問 / 毛國樑　律師
出版印製 / 秀威資訊科技股份有限公司
　　　　　台北市內湖區瑞光路 583 巷 25 號 1 樓
　　　　　電話：02-2657-9211　　　　傳真：02-2657-9106
　　　　　E-mail：service@showwe.com.tw
經 銷 商 / 紅螞蟻圖書有限公司
　　　　　台北市內湖區舊宗路二段 121 巷 28、32 號 4 樓
　　　　　電話：02-2795-3656　　　　傳真：02-2795-4100
　　　　　http://www.e-redant.com

2009 年 2 月 BOD 一版
定價：420 元

讀者回函卡

感謝您購買本書，為提升服務品質，請填妥以下資料，將讀者回函卡直接寄回或傳真本公司，收到您的寶貴意見後，我們會收藏記錄及檢討，謝謝！
如您需要了解本公司最新出版書目、購書優惠或企劃活動，歡迎您上網查詢或下載相關資料：http:// www.showwe.com.tw

您購買的書名：_____

出生日期：_____年_____月_____日

學歷：□高中 (含) 以下　　□大專　　□研究所 (含) 以上

職業：□製造業　□金融業　□資訊業　□軍警　□傳播業　□自由業
　　　□服務業　□公務員　□教職　　□學生　□家管　　□其它_____

購書地點：□網路書店　□實體書店　□書展　□郵購　□贈閱　□其他

您從何得知本書的消息？

　□網路書店　□實體書店　□網路搜尋　□電子報　□書訊　□雜誌

　□傳播媒體　□親友推薦　□網站推薦　□部落格　□其他_____

您對本書的評價：(請填代號　1.非常滿意　2.滿意　3.尚可　4.再改進)

　封面設計____　版面編排____　內容____　文／譯筆____　價格____

讀完書後您覺得：

　□很有收穫　□有收穫　□收穫不多　□沒收穫

對我們的建議：_____

_____

_____

_____

請貼
郵票

11466
台北市內湖區瑞光路 76 巷 65 號 1 樓
秀威資訊科技股份有限公司　　　收
　　　　BOD 數位出版事業部

....

（請沿線對折寄回，謝謝！）

姓　　名：＿＿＿＿＿＿＿＿＿　年齡：＿＿＿＿　性別：□女　□男

郵遞區號：□□□□□

地　　址：＿＿＿＿＿＿＿＿＿＿＿＿＿＿＿＿＿＿＿＿＿＿＿

聯絡電話：(日)＿＿＿＿＿＿＿＿＿　(夜)＿＿＿＿＿＿＿＿＿＿

E-mail：＿＿＿＿＿＿＿＿＿＿＿＿＿＿＿＿＿＿＿＿＿＿＿